甘肃省选拔高校毕业生下基层考试专用教材

公共基础知识测试

（第十四次修订）

追求卓越教育创新研发中心 编

中国铁道出版社有限公司
CHINA RAILWAY PUBLISHING HOUSE CO., LTD.

图书在版编目(CIP)数据

公共基础知识测试 / 追求卓越教育创新研发中心编.
—北京:中国铁道出版社有限公司,2022.1
选拔高校毕业生下基层考试专用教材
ISBN 978-7-113-28684-2

Ⅰ.①公… Ⅱ.①追… Ⅲ.①基层干部-招聘-考试-
中国-自学参考资料 Ⅳ.①D630.3

中国版本图书馆 CIP 数据核字(2021)第 270972 号

书　　名:公共基础知识测试
　　　　　GONGGONG JICHU ZHISHI CESHI
作　　者:追求卓越教育创新研发中心

责任编辑:马慧君　　　编辑部电话:(010) 51873005
封面设计:王　岩
责任校对:安海燕
责任印制:赵星辰

出版发行:中国铁道出版社有限公司(100054,北京市西城区右安门西街 8 号)
网　　址:http://www.tdpress.com
印　　刷:三河市宏盛印务有限公司
版　　次:2022 年 1 月第 1 版　2022 年 1 月第 1 次印刷
开　　本:850 mm×1 168 mm　1/16　印张:21.5　字数:523 千
书　　号:ISBN 978-7-113-28684-2
定　　价:68.00 元

前言

自2009年天水"追求卓越培训班"创办以来，始终坚持"用'爱·责任与品质，追求卓越，成就梦想！'"的核心理念。师资团队方面，我们形成了追求卓越教育特有的师训模式，主要以博、硕研究生，教授，副教授为主，且术业有专攻，善于分析考情，能够经得住多方面的考验。我们对学生的爱、对家长的责任，培育了卓越教育的高品质。

教学服务方面，我们要求每一个员工视学生如兄妹，视家长如父母，诚实守信，杜绝欺骗！在教材的研发上，一本"公共基础知识测试"集中了十几位优秀老师的教研成果。经过十几年的发展，追求卓越教育的培训效果受到社会和广大学员的一致好评。甚至有学员还珍藏着2010年的培训教材，由此可见卓越教育的品质。

在教育培训过程中，我们始终坚持以学员利益为根本，坚持学员在培训中的主体地位，以学员为中心，以教材为支柱，以考试为导向，专业学管全程跟踪服务，注重从学员潜能开发和能力培养设计培训内容。通过课前预习测试、课堂精讲精练、课后巩固复习、综合模考分析、网络直播答疑和冲刺预测等系列培训，学员能够进一步巩固并明确所学考点、把握考向、掌握技巧，大幅度提高应试能力。同时，通过严格管理、励志教育和学校文化建设，激发学员学习的积极性和主动性，为考试成功打下坚实的基础。

为帮助广大考生在2022年的各类考试中脱颖而出，我们深入研究了全国各省市公共基础知识真题和甘肃省公共基础知识命题特点，紧扣各类社会招考公共基础知识所涉内容，在分析研判公共基础知识命题趋势的基础上，充分挖掘《公共基础知识测试》培训教材精华，对《公共基础知识测试》(第十三次修订)进行修改并完成了《公共基础知识测试》(第十四次修订)教材。本书针对新增考点进行了精准修订，《公共基础知识测试》(第十四次修订)培训教材覆盖了甘肃省基层服务项目公共基础知识考试科目绝大部分内容，并对每个知识点进行了深入浅出的讲解，并同步对核心考点编写了有针对性的模考题，真正做到了精讲、勤练、模考相结合，各个击破学习难点。这次修订由追求卓越公考部名师团队共同研讨，统一思路，精心编写，最后由追求卓越创始人张文斌副教授协调统稿、定稿。

本教材条理清晰、结构严谨、表述规范。同时，依据新规定和权威文献对相关知识进行了更新，保证了教材内容的时效性和权威性，希望能帮助广大考生最大限度掌握公共基础知识的考点和答题技巧，提高学习效率，最终在考试中获得成功。同时，考生可以结合追求卓越教育精心编写的《公共基础知识核心考点精解》《公共基础知识专项模考题》《公共基础知识高频考点突破教材》《公共基础知识真题汇编与解析（1－2 册）》《公共基础知识冲刺卷》《公共基础知识预测卷》等系列资料，进行合理的选择和系统训练，全面提高上岸的成功率。

在此书即将付梓之际，特别感谢对培训事业无私奉献和全身心投入的追求卓越全体教师和员工，特别感谢提供诸多宝贵意见和建议的广大考生，特别感谢天水师范学院过去多年对培训班的指导和帮助，特别感谢中国铁道出版社有限公司的领导和编辑的全力支持和专业指导，汇集所有人的努力，这本教材才得以顺利出版！卓越团队的经验和智慧将为考生提供专业、有效、实用的考试辅导。14 年公考辅导经验，凝聚了卓越的品质！“学管师”配合教师进行教学，严格的管理和精细化的教学将为考生提供有效的辅导！

“实干兴邦，空谈误国。”没有华丽的辞藻，唯有脚踏实地，我们“追求卓越培训班”不会辜负广大考生和家长的期望。编写一本为广大考生认可的教材实在不易，尽管我们付出了卓越的辛劳，但由于时间有限及考情多变，本书难免有不足之处，欢迎各位同仁及广大学员提出宝贵意见，以便我们在教学中及后续再次修订时予以补正。

“不忘初心、牢记使命。”让我们一起“追求卓越，挑战极限，在绝望中寻找希望，人生终将辉煌”！

祝大家考试成功！

品质教育，卓越缔造！

甘肃追求卓越教育创新研发中心
2021 年 12 月 12 日

目录

第一篇　马克思主义哲学

第二篇　党章、党规知识

第三篇　经　　济

第四篇　毛泽东思想和中国特色社会主义理论体系

第五篇　法律常识

第六篇　公文常识

第七篇　管理常识

第八篇　计算机应用基础

第一篇

马克思主义哲学

命题趋势

从近年考试真题分析，马克思主义哲学的分值有所下降，但难度有所提高。命题角度主要有两个，一个是考查对哲学概念、命题、观点的理解程度，这类题目要求考生必须熟练掌握马克思主义哲学的基本内容；二是把名言警句、古代诗文等作为题干或选项，考查考生能否识别出其中蕴含的哲学道理，这类题型除了要求掌握哲学原理外，还要求考生具有较强的审题能力，所以考生在练习中要善于归纳总结，锻炼准确判断、快速捕捉相关知识点的能力。

核心考点

第一讲　哲学总论：马克思主义的哲学观、哲学的基本问题、哲学的基本派别、马克思主义理论常识。

第二讲　唯物论：物质、物质和运动、运动和静止、时间和空间、意识的本质、意识的能动作用、物质与意识的辩证关系、实践、尊重客观规律与发挥主观能动性。

第三讲　唯物辩证法：唯物辩证法的总特征、联系、发展、规律、联系和发展的基本规律、对立统一规律、矛盾、内因与外因、矛盾的普遍性与特殊性、主次矛盾与矛盾的主次方面、质量互变规律、否定之否定规律、联系和发展的基本环节。

第四讲　认识论：实践与认识、认识的辩证运动、真理与谬误、真理的性质。

第五讲　唯物史观：历史观的基本问题、社会存在、社会意识、社会基本矛盾、生产力与生产关系矛盾运动的规律、经济基础与上层建筑矛盾运动的规律、社会革命与社会改革、人民群众是历史的创造者、群众路线。

备考方法

(1)在理解的基础上记忆，在记忆的前提下理解。马克思主义哲学的概念、命题和表述都有一定的抽象性，学习过程中切忌囫囵吞枣、不求甚解地死记硬背。没有消化理解，记得吃力忘得也快，所以考生要对每一个考点都力求在准确理解的基础上加以记忆。

(2)注意不同原理之间的内在联系，在完整的知识框架内消化考点。在掌握知识“点”的基础上，注意“点”与“点”之间的逻辑关系，既要掌握每一个具体考点，也要善于总结考

笔记

笔记

点的联系，这样才能在解题中达到融会贯通、触类旁通、灵活运用。

（3）理论联系实际。在学习的过程中，应该自觉联系生活实际，善于通过实际例子、名人名言、社会时政等帮助自己理解消化考点，通过锻炼自己运用哲学原理分析思考问题提高自己的解题能力。

考点精讲

第一讲　哲学总论

考点一　马克思主义的哲学观

一、哲学是理论化、系统化的世界观

世界观是人对整个世界的总体看法和根本观点。

二、哲学是世界观与方法论的统一

1. 方法论的概念

方法论是人认识世界和改造世界遵循的根本方法的观点和理论体系。

2. 世界观和方法论的统一

世界观决定方法论，方法论体现世界观。

三、哲学是关于自然知识、社会知识和思维知识的反思、概括和总结

哲学和具体科学的关系：一般和个别、共性与个性的关系。

四、马克思主义哲学是关于整个世界发展的一般规律的学说

考点练习

【例题1】（单选）爱因斯坦指出："如果把哲学理解为在最普遍和最广泛的形式中对知识的追求，那么显然哲学就可以被认为是全部科学之母。"这强调的是（　　）。

A. 哲学是检验认识是否具有真理性的唯一标准

B. 哲学是各门具体科学的概括和总结

C. 哲学是理论化、系统化的世界观

D. 哲学和科学都属于上层建筑

考点二　哲学的基本问题

哲学的基本问题是存在与思维的关系问题（或物质与意识的关系问题）。这个问题

包括两个方面的内容。

(1)存在和思维谁是世界的本原,即物质与意识何者是第一性、何者是第二性的问题。(对这个方面的不同回答是划分唯物主义与唯心主义的唯一标准)

(2)存在和思维有没有同一性,即思维能否正确认识存在的问题。(对这个方面的不同回答是划分可知论与不可知论的标准)

可知论 认为世界是可以被认识的。不可知论 认为世界是不可能被认识或不能被完全认识。

笔记

考点练习

【例题2】(单选)思维和存在的关系问题之所以成为哲学的基本问题,这是由(   )决定的。

A. 哲学是各门具体科学的理论指导

B. 哲学作为世界观的性质和特点

C. 哲学是世界观和方法论的统一

D. 哲学能够使人认识自身的本质

【例题3】(单选)唯物主义和唯心主义是哲学的两大基本派别,它们的根本分歧是(   )。

A. 意识能否正确地反映物质

B. 物质和意识究竟谁决定谁

C. 意识有没有能动作用

D. 世界观和方法论是否统一

考点三 哲学的基本派别

哲学的基本派别是唯物主义和唯心主义。

唯物主义:世界的本原是物质,物质是第一性的、意识是第二性的,物质决定意识,意识依赖物质。

唯心主义:世界的本原是意识,意识是第一性的,物质是第二性的,意识决定物质,物质依赖意识。

一、唯物主义的历史形态

1. 朴素唯物主义

基本观点:认为世界的本原是一种或几种具体的物质。

代表观点:水(火等)是世界的本原、阴阳理论、五行学说等。

缺点:朴素性(直观性)、猜测性。

2. 形而上学唯物主义(机械唯物主义)

基本观点:认为原子是世界的本原。

代表观点:原子论;拉美特利的“人是机器”。

缺点:机械性、形而上学性、不彻底性。

笔记

3. 辩证唯物主义和历史唯物主义(马克思主义哲学)

马克思主义哲学首要和基本的观点是实践。

把唯物主义和辩证法、唯物主义自然观和唯物主义历史观统一起来。

考点练习

【例题4】(单选)下列选项中,关于朴素唯物主义的说法错误的是(　　)。

A. 朴素唯物主义把世界的本源归根为某种或某几种具体的物质形态

B. 中国古代的五行说属于朴素唯物主义

C. 朴素唯物主义是依据比较严谨、深奥的自然知识所作的理论概括

D. 朴素唯物主义具有直观性的特点

【例题5】(单选)下列属于唯物主义观点的是(　　)。

A. 眼开则花明,眼闭则花寂

B. 只要闭上眼睛,世界就没有悬崖

C. 阴阳二气,充满太虚,此外更无他物

D. 人有多大胆,地有多大产

二、唯心主义的基本形态

1. 主观唯心主义

把人的主观精神(如人的目的、意志、感觉、经验、心灵等)夸大为唯一的实在,当成本原的东西,认为客观事物以至整个世界,都依赖于人的主观精神。

孟子:"万物皆备于我"。
慧能:"不是风动,不是幡动,仁者心动"。
陆九渊:"宇宙即是吾心,吾心即是宇宙"。
王阳明:"心外无物、心外无事、心外无理"。
贝克莱:"物是观念的集合""存在即是被感知"。
康德:"人为自然立法"。

——主观唯心主义

2. 客观唯心主义

把客观精神(如理念、上帝、绝对精神等)看作世界的主宰和本原,认为现实的物质世界只是这些客观精神的外化和表现。

柏拉图:"理念论"。
基督教:"神创论"。
黑格尔:"绝对精神"。
朱熹:"未有天地之先,毕竟先有一个理""理生万物"。

——客观唯心主义

笔记

考点练习

【例题 6】(单选)唯心主义是哲学的两大基本派别之一,是同唯物主义相对立的哲学思想体系。下列属于客观唯心主义代表的是( )。

A. 孟子　　B. 庄子

C. 贝克莱　　D. 黑格尔

【例题 7】(单选)下列说法中体现唯物主义和唯心主义根本分歧的是( )。

A."生死有命,富贵在天"与"物是观念的集合"

B."世异则事异,事异则备变"与"天不变,道亦不变"

C."气者,理之依也"与"理生万物"

D."不入虎穴,焉得虎子"与"秀才不出门,全知天下事"

考点四 马克思主义理论常识

(1)马克思主义的科学内涵——关于无产阶级和人类解放的科学。

(2)马克思主义产生的自然科学前提——19 世纪的细胞学说、能量守恒和转化定律、生物进化论。

(3)马克思主义基本形成的标志——《关于费尔巴哈的提纲》和《德意志意识形态》的发表。

(4)马克思主义公开问世的标志——《哲学的贫困》和《共产党宣言》的发表。

(5)马克思主义的组成部分——马克思主义哲学、马克思主义政治经济学、科学社会主义。

(6)马克思主义的理论来源——德国古典哲学、英国古典政治经济学和英法空想社会主义。

(马克思主义哲学的直接理论来源——黑格尔的辩证法思想[合理内核]和费尔巴哈的唯物主义思想[基本内核])

(7)马克思的理论贡献——创立唯物史观和剩余价值学说。

(8)马克思主义的理论特征——实践基础上的科学性与革命性的统一。

(9)马克思主义的理论品质——与时俱进。

(10)马克思主义的政治立场——一切理论和奋斗都应致力于实现以劳动人民为主体的最广大人民的根本利益。

考点练习

【例题 8】(单选)下列关于马克思主义的说法正确的是( )。

A. 来源于德国古典哲学、英国古典经济学和希腊古典哲学

B.《哲学的贫困》是标志马克思主义基本形成的著作

C. 马克思主义是关于工人阶级和人类解放的科学

D. 马克思主义的理论品质是科学性和革命性的统一

笔记

【例题9】(多选)作为马克思、恩格斯一生最重要的理论发现,使得社会主义从空想变成科学的是(　　)。

A. 辩证法学说　　B. 历史唯物主义学说

C. 剩余价值学说　　D. 劳动价值学说

【例题10】(判断)马克思、恩格斯为世界上第一个无产阶级革命政党——共产主义者同盟起草的党纲是《共产党宣言》。(　　)

第二讲　唯　物　论

考点一　物质

物质是不依赖于意识,又能为意识所反映的客观实在。

物质的唯一特性是客观实在性。

考点二　运动

1. 运动的概念

运动是标志物质世界一切事物和现象变化及其过程的哲学范畴。

2. 物质和运动不可分离

(1)运动是物质的根本属性和存在方式,物质离不开运动,没有不运动的物质,设想没有运动的物质是形而上学。

(2)物质是运动的承担者和载体,运动离不开物质,没有脱离物质的运动,设想没有物质的运动是唯心主义。

考点练习

【例题1】(单选)马克思主义哲学认为世界的本质是物质,自然界、人类社会都是物质的,世界的真正统一性在于它的物质性。离开运动谈物质,就会导致(　　)。

A. 唯心主义　　B. 形而上学　　C. 二元论　　D. 不可知论

考点三　运动与静止

1. 静止的概念

静止是标志物质运动在一定条件下、一定范围内处于暂时稳定、相对平衡状态的哲学范畴。

笔记

2. 运动与静止的关系：既对立又统一

(1)对立：运动是绝对的、无条件的，静止是相对的、有条件的。

(2)统一：运动静止相互依存、相互渗透(绝对运动之中有相对静止，动中有静；相对静止中包含绝对运动，静中有动)。

> 运动应当在它的对立面即静止中找到自己的尺度。
>
> ——恩格斯

3. 割裂绝对运动与相对静止的错误观点

(1)夸大相对静止、否认绝对运动是形而上学。

(2)夸大绝对运动、否定相对静止是相对主义诡辩论。

> 董仲舒："道之大出于天，天不变，道亦不变"。
>
> 刻舟求剑
>
> ——否认物质是运动的，不懂得绝对静止的事物是没有的。
>
> 人连一次也不能踏进同一条河流。
>
> ——相对主义

考点练习

【例题2】(单选)下列句子体现了运动与静止的辩证关系的是(　　)。

A. 年年岁岁花相似，岁岁年年人不同　　B. 不是风动，不是幡动，仁者心动

C. 动者恒动，静者恒静　　D. 金无足赤，人无完人

考点四　时间和空间

时间和空间是物质运动的存在形式。

时间是物质运动的持续性、顺序性，其特征是一维性(不可逆性)。

空间是物质运动的广延性、伸张性，其特征是三维性。

考点练习

【例题3】(单选)时间是指物质运动过程的持续性和顺序性，具有一维性。下列古语体现时间一维性的是(　　)。

A. 机不可失，时不再来　　B. 神龟虽寿，犹有竟时

C. 食能以时，身必无灾　　D. 养兵千日，用兵一时

考点五　意识的本质

意识是人脑的机能和属性，是客观存在的主观反映。

笔记

观念的东西不外是移入人的头脑并在人的头脑中改造过的物质的东西而已。

——马克思

考点练习

【例题4】（单选）有人认为，既然人的意识是对客观外部世界的反映。那么人脑海里的“鬼”“神”意识就是对外在世界上鬼、神真实存在的反映。这种观念的错误在于（　　）。

A. 夸大了意识的能动作用　　B. 把意识看成是物质的产物

C. 认为意识是对存在的直观反映　　D. 混淆了人类意识自然演化的阶段

【例题5】（多选）象形字大都是通过描摹与最初的人类活动有关的实物的外形而成。这种造字方法反映的哲学道理有（　　）。

A. 物质决定意识　　B. 意识是客观存在在人脑中的主观映像

C. 实践是检验真理的唯一标准　　D. 感性认识依赖于理性认识

考点六　意识的能动作用

意识的能动作用是指意识能动地反映世界和通过实践改造世界的能力和作用。

1. 意识能动作用的主要表现

(1)意识活动具有目的性和计划性。

(2)意识活动具有主观选择性和主动创造性。

(3)意识通过实践改造客观世界(意识能动作用最突出的表现)。

(4)影响和调节人体的生理过程和活动。

2. 意识发挥能动作用的条件

(1)必须认识和遵守事物的客观规律。

(2)必须依赖一定的物质条件和物质手段。

(3)必须通过社会实践来实现(实现意识能动作用的根本途径)。

考点练习

【例题6】（单选）在中国特色社会主义理论体系中，战略目标体系明确，其中既有小目标，又有中目标，还有大目标。小目标是全面建成小康社会，中目标是建成社会主义现代化强国、实现民族复兴中国梦，大目标是最终实现共产主义。这蕴含的哲理是（　　）。

①科学理论对实践起促进作用　　②发展是渐进性和飞跃性的统一

③意识的根源在于客观存在　　④意识活动具有目的性和计划性

A. ①②　　B. ①③　　C. ②④　　D. ③④

笔记

【例题 7】(单选)随着科技的发展,人们已经可以利用基因技术通过生物工程创造出新的物种。以下选项中对这种现象的理解正确的是(　　)。

A. 新物种产生于人的意识

B. 人们可以创造物质

C. 意识具有能动地改造世界的能力和作用

D. 有时候意识第一性、物质第二性

考点七　物质与意识的辩证关系

马克思主义哲学第一次正确地解答了哲学的基本问题即物质与意识的关系问题。

(1)物质决定意识。世界的本原是物质,物质是第一性的,意识是第二性的,物质决定意识,意识依赖物质,物质决定意识的起源、本质和作用。

(2)意识反作用于物质。意识能动地反映世界并通过指导实践改造世界,正确意识指导实践、促进事物的发展;错误意识会引导人们采取错误的行动,阻碍事物的发展。

世界的物质统一性原理是马克思主义哲学的基石,是一切从实际出发、实事求是的理论基础。

考点练习

【例题 8】(多选)下列说法中不利于人们正确地发挥主观能动作用的有(　　)。

A.“思想有多远,我们就能走多远”

B.“只要有梦想,就会有收获”

C.“要从实际出发,不要从可能出发”

D.“世上没有不可能的事”

【例题 9】(单选)画饼不能充饥,但人们却能“望梅止渴”。这说明(　　)。

A. 生活中并不是都是物质决定意识

B. 意识活动的内容和形式是由人脑决定的

C. 既要坚持物质第一性,又要看到意识的能动作用

D. 人们可以改变规律起作用的条件

考点八　实践

马克思主义哲学是从人的实践活动出发来理解人生活于其中的世界的。实践的观点是马克思主义哲学首要的基本的观点。

1. 实践的本质

实践是主体能动地改造客体的社会性的客观物质活动。

笔记

2. 实践的特点

客观物质性(或直接现实性)、自觉能动性、社会历史性。

3. 实践的基本形式

物质生产实践、处理社会关系的实践、科学实验。

考点练习

【例题 10】(单选)下列关于实践的说法不正确的是(　　)。

A. 实践是主观见之于客观的东西　　B. 实践具有社会历史性

C. 实践是社会生活的本质　　D. 实践是最根本的认识方法

【例题 11】(单选)下列选项中属于最基本的实践活动的是(　　)。

A. 工人在工厂织布　　B. 法官在法庭审案

C. 作家进行文学创作　　D. 运动员在赛场比赛

【例题 12】(判断)科学实验是人类社会最基本的实践,人民群众是社会实践的主体。(　　)

考点九　尊重客观规律与发挥主观能动性

尊重客观规律是发挥主观能动性的前提和基础。发挥主观能动性是发现和利用客观规律的必要条件。

天行有常,不为尧存,不为桀亡。

——规律是客观的

劈柴不照纹,累死劈柴人。

拔苗助长

——违背客观规律

有条件要上,没条件创造条件也要上。

量力而行,尽力而为。

把革命精神和科学态度结合起来。

——坚持发挥主观能动性和尊重客观规律的统一

不以规矩,不成方圆。

——事物的发展是有规律的,发挥主观能动性必须尊重客观规律

审时度势

——把发挥主观能动性与尊重客观规律和客观条件结合起来

庖丁解牛

——把握客观规律就能取得事半功倍的效果

工欲善其事,必先利其器。

巧妇难为无米之炊。

——主观能动性的发挥受客观条件的限制

笔记

考点练习

【例题 13】(单选)下列表述中,符合马克思主义哲学原理的是(　　)。

A. 人有多大胆,地有多大产　　B. 是亦彼也,彼亦是也

C. 心外无物,心外无事　　D. 天灾不由人,抗灾不由天

【例题 14】(单选)成语是中华文化中的瑰宝,蕴含着丰富的哲理。下列能体现尊重规律客观性的成语是(　　)。

A. 揠苗助长　　B. 掩耳盗铃　　C. 庖丁解牛　　D. 乐极生悲

第三讲　唯物辩证法

考点一　唯物辩证法的总特征

唯物辩证法与形而上学的对立

唯物辩证法	形而上学
联系观点	孤立观点
发展观点	静止观点
全面观点	片面观点

是否承认事物的矛盾是事物发展的源泉和动力,是唯物辩证法与形而上学的根本分歧和斗争焦点

联系和发展是唯物辩证法的总特征。

考点练习

【例题 1】(单选)下列古语中不包含辩证思想的是(　　)。

A. 君子之道,辟如行远,必自迩;辟如登高,必自卑——《中庸》

B. 道之大原出于天,天不变,道亦不变——《举贤良对策》

C. 一家仁,一国兴仁;一家让,一国兴让;一人贪戾,一国作乱——《大学》

D. 骐骥骅骝一日而驰千里,捕鼠不如狸狌,言殊技也;鸱鸺夜撮蚤,察毫末,昼出瞋目而不见丘山——《庄子·秋水》

考点二　联系

1. 联系的概念

联系是指事物之间以及事物内部诸要素之间相互影响、相互制约和相互作用的

笔记

关系。

2. 联系的特点

客观性、普遍性、多样性、条件性。

螳螂捕蝉，黄雀在后。

——普遍联系的观点是我们任何时候都不能忘记的

喜鹊叫喜，乌鸦叫丧。

——否认事物联系的客观性

竭泽而渔，杀鸡取卵。

——无视联系的客观性，只顾眼前利益，不顾长远利益

花在树则生，离枝则死；鸟在林则乐，离群则悲。

——事物的部分离不开整体

城门失火，殃及池鱼。

——任何事物都是在一定条件下互相联系着，整个世界是一个普遍联系的有机整体

考点练习

【例题2】（单选）改革开放是一场深刻而全面的社会变革，每一项改革都会对其他改革产生重要影响，每一项改革又都需要其他改革协同配合。要更加注重各项改革的相互促进、良性互动，整体推进，重点突破，形成推进改革开放的强大合力。这段话体现的哲学原理是（　　）。

A. 矛盾是同一性和斗争性的统一　　B. 事物是普遍联系的

C. 事物的发展是前进性和曲折性的统一　　D. 矛盾是社会发展的动力

【例题3】（单选）下列与“城门失火，殃及池鱼”相近的选项是（　　）。

A. 塞翁失马，焉知非福　　B. 江山易改，本性难移

C. 蝴蝶效应　　D. 喜鹊报喜，乌鸦报丧

考点三　发展

1. 发展的实质

新事物的产生和旧事物的灭亡，新事物取代旧事物、战胜旧事物。

2. 新事物的概念

新事物是指符合事物发展规律、具有强大的生命力和远大前途的事物。

判断新旧事物的标准：①是否符合事物发展的必然趋势；②是否具有强大的生命力和发展前途。

3. 新事物战胜旧事物的原因

(1)新事物代表事物发展的方向。

(2)新事物优于旧事物，具有旧事物不可比拟的优越性。

(3)在社会历史领域，新事物得到了人民群众的拥护和支持。

笔记

年年岁岁花相似，岁岁年年人不同。

——事物都是发展变化的，一成不变的事物是没有的

野火烧不尽，春风吹又生。

沉舟侧畔千帆过，病树前头万木春。

青山遮不住，毕竟东流去。

——新事物必然战胜旧事物

星星之火，可以燎原。

——新事物开始比较弱小，但它具有强大的生命力，最终能战胜旧事物

考点练习

【例题 4】(单选)"沉舟侧畔千帆过，病树前头万木春"，这句唐诗蕴含的哲学原理是(　　)。

A. 矛盾是事物发展的动力

B. 事物是本质和现象的统一

C. 事物的发展是质变和量变的统一

D. 新事物代替旧事物是事物发展的总趋势

【例题 5】(单选)"仁者乐山，智者乐水。"下列与水有关的名句中蕴含新事物取代旧事物哲理的是(　　)。

①无边落木萧萧下，不尽长江滚滚来　②春江潮水连海平，海上明月共潮生

③芳林新叶催陈叶，流水前波让后波　④飞流直下三千尺，疑是银河落九天

A. ①③　B. ②④　C. ②③　D. ①④

考点四　规律

1. 规律的概念

规律是事物联系和发展过程中所固有的本质的、必然的、稳定的联系。

2. 规律的特点

客观性、普遍性、稳定性、重复性。

(规律不能被改变、不能被消灭、不能被创造，只能被发现和利用)

考点练习

【例题 6】(单选)唐朝诗人李商隐《谒山》诗云："从来系日乏长绳，水去云回恨不胜。欲就麻姑买沧海，一杯春露冷如冰。"下列观点与该诗所含哲理相符的是(　　)。

①天行有常，不为尧存，不为桀亡　②天行健，君子以自强不息

③有意栽花花不开，无心插柳柳成荫　④沉舟侧畔千帆过，病树前头万木春

A. ①②　B. ①③　C. ②③　D. ③④

笔记

【例题7】（多选）荀子曰："天有常道矣，地存常数矣，君子有常体矣。"下列诗句中与此寓意相近的有（　　）。

A. 沉舟侧畔千帆过，病树前头万木春　　B. 蝉噪林逾静，鸟鸣山更幽

C. 天行有常，不为尧存，不为桀亡　　D. 草木本无意，荣枯自有时

考点五　联系和发展的基本规律

对立统一规律揭示了事物发展的源泉和动力。

质量互变规律揭示了事物发展的形式和状态。

否定之否定规律揭示了事物发展的方向（趋势）和道路。

考点练习

【例题8】（单选）唯物辩证法认为，揭示了事物发展的形式和状态的是（　　）。

A. 社会存在决定社会意识的规律　　B. 矛盾规律

C. 质量互变规律　　D. 否定之否定规律

考点六　对立统一规律

1. 唯物辩证法的实质和核心是对立统一规律

（不要混淆唯物辩证法的总特征、实质与核心与矛盾问题的精髓）

(1)揭示了联系的本质内容和发展变化的内在动力。

(2)是贯穿唯物辩证法的中心线索，是理解唯物辩证法的钥匙。

(3)矛盾分析法是认识世界和改造世界的根本方法。

(4)是否承认矛盾是事物发展的源泉和动力，是唯物辩证法与形而上学的根本分歧和斗争焦点。

2. 对立统一规律的内容

任何事物都包含矛盾，矛盾就是对立面双方既对立又统一，由此推动事物的运动、变化和发展。

考点七　矛盾

1. 矛盾的概念

矛盾是反映事物与事物之间、事物内部各要素之间既对立又统一的关系的哲学范畴。

2. 矛盾的基本属性

(1)斗争性：矛盾着的对立面之间相互排斥、相互分离的性质和趋势。

(2) 同一性：矛盾着的对立面之间相互依存、相互渗透、相互转化的性质和趋势。

笔记

相互依存：有无相生、难易相成、长短相形、高下相倾、音声相和、前后相随。

相互渗透：感性认识中有理性认识，理性认识中有感性认识。

相互转化：失败乃成功之母。

垃圾是放错地方的资源。

祸兮福之所倚，福兮祸之所伏。

塞翁失马，焉知非福。

物极必反、相反相成。

只要再多走一小步，仿佛是向同一方向迈进一小步，真理就会变成谬误。

耐得寂寞，才能不寂寞；耐不得寂寞，偏偏寂寞。

注意：

矛盾双方的转化需要一定的条件，向着自己的对立面转化。

考点练习

【例题 9】（单选）先进与落后，胜利与失败等无不在一定条件下相互转化，这主要说明矛盾具有（　　）。

A. 特殊性　　B. 实践性　　C. 规律性　　D. 同一性

【例题 10】（多选）习近平同志指出，要善于运用底线思维的方法，凡事从坏处准备，努力争取最好的结果，做到有备无患遇事不慌，牢牢把握主动权。从哲学上看，底线思维强调的是（　　）。

A. 坚持实践的观点，勇于探索

B. 坚持发展的观点，不断创新

C. 正确发挥意识的能动性，未雨绸缪

D. 坚持两点论，把握矛盾转化的条件

【例题 11】（单选）下列各句与"塞翁失马，焉知非福"蕴含哲理相同的是（　　）。

A. 尺有所短，寸有所长　　B. 乐极生悲，否极泰来

C. 千里之行，始于足下　　D. 动中有静，静中有动

考点八　内因与外因

1. 内因和外因的概念

内因是事物内部各要素之间的同一与斗争，即内部矛盾。外因是事物之间的同一与斗争，即外部矛盾。

2. 内因和外因的关系

(1)对立

①内因是事物发展变化的内在根据，是根本原因，决定事物的性质和发展方向，是第

笔记

一位的原因。

②外因是事物发展变化的必要条件，它能加速和延缓事物的发展，是第二位的原因。

(2)统一

①外因通过内因而起作用。

②内因和外因在一定的条件下可以相互转化。

3. 方法论意义

内因与外因的辩证关系是中国共产党坚持独立自主、自力更生方针和对外开放政策的哲学基础。

种瓜得瓜，种豆得豆。

——物质运动有其客观规律。内因是事物发展的内在根据

严师出高徒。

常在河边走，哪能不湿鞋。

近朱者赤，近墨者黑。

——一方面看到外因是事物发展的条件，另一方面忽视了内因是事物发展的根据，外因必须通过内因起作用

灭六国者，六国也，非秦也；族秦者，秦也，非天下也。嗟乎！使六国各爱其人，则足以拒秦；使秦复爱六国之人，则递三世可至万世而为君，谁得而族灭也？（杜牧《阿房宫赋》）

物必先腐之，而后虫生之。人必先疑之，而后谗入之。

——内因是事物发展的根据，外因必须通过内因起作用

怨天尤人。

——否认内因是事物发展的根据，过分强调客观条件而忽视主观努力的错误观点

富贵不能淫，贫贱不能移，威武不能屈，此之谓大丈夫。

——内因是事物发展的根据，外因通过内因起作用

考点练习

【例题 12】(单选)以下成语、名言、诗句，其中强调内因作用的是(　　)。

①天行健，君子以自强不息

②橘生淮南则为橘，橘生淮北则为枳

③一趾之疾，丧七尺之躯

④机遇只偏爱那种有准备的头脑

A. ①③　　B. ②④　　C. ②③　　D. ①④

【例题 13】(单选)我国坚持独立自主、自力更生和对外开放方针的哲学依据是(　　)。

A. 主要矛盾和次要矛盾辩证关系

B. 矛盾的普遍性和特殊性辩证关系

C. 矛盾的主要方面和次要方面辩证关系

D. 内因和外因辩证统一

考点九 矛盾的普遍性与特殊性

笔记

1. 矛盾的普遍性的概念

矛盾的普遍性是指矛盾存在于一切事物的发展过程中，又贯穿于一切事物发展过程始终。

（矛盾无处不在，矛盾无时不有；事事有矛盾，时时有矛盾）

矛盾普遍性的方法论意义具体如下。

(1)树立矛盾观点，敢于承认矛盾，正确分析矛盾和解决矛盾。

(2)坚持矛盾分析法，坚持"两点论"，反对形而上学"一点论"。

2. 矛盾的特殊性的概念

矛盾的特殊性是指不同事物的矛盾、同一事物的矛盾在不同发展过程和阶段、诸多矛盾及其矛盾不同方面都有其特点。

矛盾特殊性的方法论意义具体如下。

(1)分析矛盾的特殊性是正确认识事物的基础。

(2)分析矛盾的特殊性是正确解决矛盾的关键。

(3)分析矛盾的特殊性就是坚持具体问题具体分析。具体问题具体分析是马克思主义活的灵魂。

3. 矛盾的普遍性和特殊性的辩证关系

矛盾的普遍性和特殊性的辩证关系的原理是矛盾问题的精髓。

(1)对立。共性、一般比个性、个别更普遍、更深刻；个性、个别比共性、一般更丰富、更具体。

(2)统一。①普遍性存在于特殊性之中，并通过特殊性表现出来；特殊性包含着普遍性。②矛盾的普遍性和特殊性在一定条件下相互转化。

矛盾的普遍性和特殊性的辩证关系的原理，是我们坚持马克思主义普遍真理同中国具体实际相结合，建设中国特色社会主义的理论基础。

量体裁衣、对症下药

——一切从实际出发，具体问题具体分析

世界上绝没有两片相同的树叶。

一把钥匙开一把锁。

——事物矛盾的特殊性

白马非马。

——割裂普遍性与特殊性的关系

邯郸学步。

——共性的东西可以借鉴，但不可以不顾个性，一味模仿，生搬硬套

入山问樵，入水问渔。

——一切从实际出发，具体问题具体分析

竹外桃花三两枝，春江水暖鸭先知。

——一般存在于个别之中，并通过个别表现出来

是亦彼也，彼亦是也。

——违背了矛盾的特殊性

笔记

考点练习

【例题 14】(单选)2021 年中央一号文件指出，开展农村低收入人口动态监测，对有劳动能力的农村低收入人口，坚持开发式帮扶，帮助其依靠双手勤劳致富。对脱贫人口中丧失劳动能力且无法通过产业就业获得稳定收入的人口，按困难类型及时给予专项救助、临时救助。这体现了唯物辩证法中的(　　)。

A. 坚持用发展的眼光来看待问题

B. 实事求是做到一切从实际出发

C. 想问题办事情要重视矛盾的特殊性

D. 社会意识对社会存在具有能动的反作用

【例题 15】(单选)下列选项和“因材施教”表示的哲理相同的是(　　)。

A. 真金不怕火炼　　B. 有志者事竟成

C. 不以规矩，不能成方圆　　D. 一把钥匙开一把锁

考点十　主次矛盾与矛盾的主次方面

1. 主要矛盾和次要矛盾

(1)主要矛盾是处于支配地位，对事物发展起决定作用的矛盾；次要矛盾是处于从属地位，对事物发展不起决定作用的矛盾。

(2)主要矛盾与次要矛盾的关系。

①主要矛盾规定、影响次要矛盾的存在、发展和解决；次要矛盾对主要矛盾有制约作用，影响主要矛盾的解决和事物的发展。

②主要矛盾和次要矛盾在一定条件下相互转化。

画龙点睛

挽弓当挽强，用箭当用长；射人先射马，擒贼先擒王。

扬汤止沸，不如釜底抽薪。

牵牛要牵牛鼻子。

好钢用在刀刃上。

——要抓主要矛盾

一个篱笆三个桩，一个好汉三个帮。

荷花好看也要绿叶扶持。

——次要矛盾对主要矛盾的解决产生重大影响

2. 矛盾的主要方面和次要方面

(1)矛盾的主要方面是指处于支配地位，起主导作用的方面；矛盾的次要方面是指处于被支配地位，不起主导作用的方面。

笔记

(2)矛盾的主要方面和次要方面的关系。

①矛盾的主要方面支配次要方面，事物的性质是由主要矛盾的主要方面决定的；矛盾的次要方面影响和制约主要方面。

②矛盾的主、次方面在一定条件下相互转化。

3. 两点论和重点论

主要矛盾和次要矛盾、矛盾的主要方面和次要方面的关系，要求我们必须坚持两点论与重点论的统一。

两点论是既要看到主要矛盾，又要看到次要矛盾；既要看到矛盾的主要方面，又不忽视矛盾的次要方面。反对只顾一方，忽视另一方的形而上学一点论。

重点论是必须分清主次，主要抓住主要矛盾和矛盾的主要方面。反对不分主次的形而上学均衡论。

黄金无足色，白璧有微瑕。

——对任何事物都要坚持两点论

人非圣贤，孰能无过。

水能载舟，亦能覆舟。

金无足赤，人无完人。

智者千虑必有一失，愚者千虑亦有一得。

尺有所短，寸有所长。

人有悲欢离合，月有阴晴圆缺。

良药苦口利于病，忠言逆耳利于行。

——矛盾具有普遍性，事物都是一分为二的

效率优先，兼顾公平。

把握重点，统筹兼顾。

——抓主要矛盾，不忽视次要矛盾

考点练习

【例题 16】(多选)下列各项体现了抓主要矛盾的重要性的有(　　)。

A. 提纲挈领　　B. 一把钥匙开一把锁

C. 牵牛要牵牛鼻子　　D. 眉毛胡子一把抓

【例题 17】(单选)为政之要，贵在得人；治国之要，关键在人。党的十八大以来，习近平总书记在系列讲话中多次强调要抓住领导干部这个“关键少数”。这蕴含的哲理与下列观点最为接近的是(　　)。

A. 人多心齐泰山移，众人拾柴火焰高

B. 好钢使在刀刃上，用力用在节骨眼

C. 分清主流和支流，细节能决定成败

D. 一滴水要永恒，那就把它放到大海

笔记

考点十一 质量互变规律

1. 量变和质变

量变是事物数量和场所的变更，特点是渐进性的、不显著的变化。

质变是事物的规定性的变化，是一种质态向另一种质态的飞跃，特点是剧烈的、显著的变化。

2. 区分量变和质变的标志

事物的变化是否超出了度的范围。

3. 量变和质变既对立又统一

相互依存：①量变是质变的前提和必要准备；②质变是量变的必然结果。

相互渗透：①在总的量变过程中有部分质变；②在质变过程中有量的扩张。

相互转化：量变引起质变，质变又引起新的量变。（质变体现和巩固了量变的成果，并为新的量变开辟道路）

4. 割裂量变和质变产生的错误观点

只承认质变，否认量变是激变论；只承认量变，否认质变是庸俗进化论。

冰冻三尺，非一日之寒。

不积跬步，无以至千里；不积细流，无以成江海。

合抱之木，生于毫末；九层之台，起于垒土；千里之行，始于足下。

勿以善小而不为，勿以恶小而为之。

善不积不足以成名，恶不积不足以灭身。

万丈高楼平地起。

千里之堤，毁于蚁穴。

防微杜渐

再长的路，一步步也能走完；再短的路，不迈开双脚也无法到达。

——事物的变化都是从量变开始的，量变积累到一定程度就会引起质变

宜将剩勇追穷寇，不可沽名学霸王。

——要不失时机地促成事物的质变，推动事物的发展

考点练习

【例题 18】（多选）下列表述中，能够反映“量变引起质变”规律的有（ ）。

A. 积羽沉舟，集腋成裘　　B. 绳锯木断，水滴石穿

C. 千里之堤，溃于蚁穴　　D. 不入虎穴，焉得虎子

【例题 19】（单选）以下成语均包含量变与质变关系的一组是（ ）。

A. 量力而行和庖丁解牛　　B. 防微杜渐和竭泽而渔

C. 水滴石穿和愚公移山　　D. 田忌赛马和因势利导

笔记

考点十二 否定之否定规律

1. 肯定与否定

肯定是事物保持自身存在的方面，即肯定这一事物是它自身的方面。

否定是促使该事物灭亡的方面，即促使它转化为其他事物的方面。

2. 辩证否定观

(1)否定是事物的自我否定，是事物内部矛盾运动的必然结果。

(2)否定是发展的环节，是新事物代替旧事物。

(3)否定是联系的环节，是新事物吸收旧事物的合理因素。

(4)否定是发展环节和联系环节的统一，辩证否定的实质是扬弃，是新事物对旧事物既克服又保留。

方法论意义：对我国传统文化和外国文化都要采取批判继承的态度，把继承和创新结合起来，要分清精华和糟粕，古为今用，洋为中用，既要反对肯定一切的复古主义和全盘西化，又要反对否定一切的历史虚无主义和盲目排外的错误。

3. 形而上学否定观

否定是外力作用的结果，是简单的消灭；肯定就是肯定一切，否定就是否定一切。

> 是就是，不是就不是；除此之外，都是鬼话。
>
> ——形而上学否定观

4. 否定之否定

(1)事物发展的周期性

事物的发展过程是从肯定到否定，再到否定之否定，完成一个发展周期。

经过两次否定实现的是事物的自我发展、自我完善，其根据在于矛盾的对立和统一。

(2)事物发展是前进性与曲折性的统一

事物发展的总趋势、总方向是前进的、上升的，事物发展的具体道路是曲折的，事物的发展是前进性与曲折性的统一。(事物的发展是经过两次辩证的否定，由肯定阶段到否定阶段再到否定之否定阶段，从而使事物的发展表现为螺旋式上升和波浪式前进)

割裂前进性和曲折性的统一，只看到事物发展的曲折性，否认前进性是循环论；只看到事物发展的前进性，否认曲折性是直线论。

考点练习

【例题 20】(单选)下列关于否定之否定规律的说法错误的是(　　)。

A. 它是唯物辩证法的根本规律

B. 它的表现形态是各种各样的

C. 它揭示了事物发展的全过程和总趋势

D. 体现事物发展曲折性与前进性的统一

【例题 21】(单选)下列选项中,体现辩证的否定观的是(　　)。

A. 一叶落,而天下知秋矣　　B. 取其精华,去其糟粕

C. 千里之堤,溃于蚁穴　　D. 是就是,非就非;除此之外,都是鬼话

【例题 22】(单选)下列成语,与“一波三折”体现相同哲理的是(　　)。

A. 高瞻远瞩　B. 先入为主　C. 揠苗助长　D. 好事多磨

考点十三　联系和发展的基本环节

一、整体与部分

1. 对立

(1)整体是事物的全局和发展的总过程,部分是事物的局部或发展的各个阶段。

(2)整体居于主导地位,统率着部分,具有部分不具有的功能;部分在事物的存在和发展过程中处于被支配地位,服从服务于整体。

2. 统一

(1)整体由部分构成,离开部分,整体就不复存在。

(2)部分的功能及其变化会影响整体的功能,关键部分的功能及其变化甚至对整体的功能起决定作用。

(3)部分是整体中的部分,离开了整体,部分就不成其为部分。

(4)整体的功能、状态及其变化也会影响部分。

二、原因与结果

1. 原因与结果的概念

原因与结果是揭示事物与现象引起与被引起关系的一对范畴。引起某种现象的现象就是原因,被某种现象引起的现象就是结果。

2. 因果联系的特点

(1)具有前后相继性。先因后果,但在此之后并不等于因此之故。

(2)具有因果必然性。

(3)具有复杂多样性。(因果联系的形式可以是一果多因、同果异因、一因多果、同因异果、多因多果、复合因果等)

读书破万卷,下笔如有神。

——一定的结果都是由一定的原因引起的

一分耕耘,一分收获。

——因果联系的观点

三、必然性与偶然性

1. 必然性和偶然性的概念

必然性和偶然性是揭示事物发生、发展和灭亡过程中确定和非确定趋势的一对范畴。

必然性是事物联系和发展中一定要发生,不可避免的趋势。

偶然性是事物联系和发展中不确定的趋势。

2. 必然性与偶然性的辩证关系

(1)对立

它们是事物发展中两种不同的趋势,产生的原因和在事物发展中的地位和作用不同。

(2)统一

①必然性存在于偶然性之中,它总是通过大量的偶然性表现出来并为自己开辟道路,没有脱离偶然性的必然性。

②偶然性是必然性的表现形式和补充,它背后总是隐藏着必然性,受必然性制约,没有脱离必然性的偶然性。

③二者在一定条件下相互转化。

(只承认必然性,否认偶然性,是形而上学机械决定论。只承认偶然性,否认必然性,是唯心主义非决定论)

四、可能性与现实性

1. 可能性与现实性的概念

现实性是指包含内在根据的、合乎必然性的存在。

可能性是指包含在现实事物中,预示事物发展前途的种种趋势,是潜在的尚未实现的东西。(事物的发展都是从可能到现实,并蕴含着新的可能的过程)

2. 区分可能性和不可能性:在现实中是否有根据

区分现实可能性和抽象可能性:现实中根据是否充分,条件是否具备。

(抽象可能性是指在现实中缺乏充分根据,尚不具备必要的条件,因而在目前是无法实现的可能性)

五、现象与本质

1. 现象与本质的概念

现象是事物的外部联系和表面特征,是本质的外在表现。

本质是事物的根本性质,是事物各要素的内在联系。

(现象与本质的辩证关系是科学认识既必要又可能的依据)

2. 真象与假象

真象是正面的、直接表现本质的现象。假象是从反面歪曲颠倒地表现本质的现象。

(假象不同于错觉,前者属于客观范畴,后者属于主观范畴)

六、内容与形式

1. 内容与形式的概念

内容是指构成事物的一切要素的总和。形式是把内容诸要素统一起来的结构或表现内容的方式。

2. 内容和形式的关系

(1)内容和形式相互区别。内容是活跃多变的,形式是相对稳定的。

(2)内容和形式相互依存。

(3)内容和形式相互作用。

笔记

笔记

①内容决定形式。有什么样的内容就要求有什么样的形式与之相适应；内容的发展变化决定着形式迟早要发生相应的变化。

②形式反作用于内容。当形式适合于内容时就促进内容的发展；当形式不适合内容时就阻碍内容发展。

③二者在一定条件下可以相互转化。二者的相互作用构成了它们的矛盾运动。

考点练习

【例题23】(单选)“一个和尚挑水吃，两个和尚抬水吃，三个和尚没水吃。”这句话反映的哲理是(　　)。

A. 整体功能总是小于局部功能　　B. 部分决定整体处于统帅地位

C. 部分的结构状况会影响整体功能的发挥　　D. 整体决定部分处于统帅地位

【例题24】(多选)下列选项中，属于因果联系的有(　　)。

A. 摩擦生热，热胀冷缩　　B. 冬去春来，夏尽秋至

C. 电闪雷鸣，风来雨至　　D. 勤学出智慧，实践出真知

第四讲　认　识　论

考点一　实践与认识

实践的观点是马克思主义认识论首要的基本的观点。

1. 实践是认识的基础，对认识起决定作用

(1)实践是认识的来源。

近水知鱼性，近山识鸟音。

——实践为认识的产生提供了可能

不入虎穴，焉得虎子。

——实践出真知

纸上得来终觉浅，绝知此事要躬行。

——认识源于实践，认识必须与实践相结合

吃一堑，长一智。

不登高山，不知天之高也；不临深谷，不知地之厚也。

不经一事，不长一智。

没有调查就没有发言权。

——实践是认识的来源

不出户，知天下；不窥牖，见天道。其出弥远，其知弥少。是以圣人不行而知，不见而明，不为而成。

——否认了实践是认识的来源

笔记

(2)实践是认识发展的动力。

社会一旦有技术上的需要,这种需要就会比十所大学更能把科学推向前进。
人的智力是按照人如何学会改变自然界而发展的。
——恩格斯

(3)实践是检验认识真理性的唯一标准。

听其言必责其用,观其行必求其功。
——强调实践对认识的检验作用

(4)实践是认识的目的。

哲学家们只是用不同的方式解释世界,问题在于改变世界。
——马克思

2. 认识对实践的指导作用

正确的认识指导人们的实践取得成功,错误的认识把人们的实践引向失败。

考点练习

【例题 1】(单选)认识主体与认识客体之间最基本的关系是(　　)。

A. 反映与被反映的认识关系　　B. 改造与被改造的实践关系

C. 相互依存的关系　　D. 相互作用的关系

【例题 2】(单选)下列不能体现实践决定认识的有(　　)。

A. 近水知鱼性,近山识鸟音

B. 没有革命的理论就没有革命的行动

C. 春江水暖鸭先知

D. 不入虎穴,焉得虎子

【例题 3】(单选)中国工程院院士袁隆平曾结合自己的科研经历,语重心长地对年轻人说:"书本知识虽然重要,电脑技术也很重要,但是书本、电脑里面种不出水稻来,只有在田里才能种出水稻来。"这表明(　　)。

A. 实践是人类认识的基础和来源

B. 实践水平的提高有赖于认识水平的提高

C. 由实践到认识的第一次飞跃比认识到实践的第二次飞跃更重要

D. 理论对实践的指导作用没有正确与错误之分

【例题 4】(单选)习近平总书记指出,理念是行动的先导,一定的发展实践都是由一定的发展理念来引领的。发展理念搞对了,目标任务就好定了,在理论和实践上有新的突破,对破解发展难题、增强发展动力、厚植发展优势具有重大指导意义。这表明(　　)。

A. 实践是认识的来源　　B. 意识可以转化为物质

C. 认识对实践有指导作用　　D. 主观和客观可以相互转化

笔记

考点二 认识的辩证运动

1. 人认识发展的总过程

实践、认识、再实践、再认识，循环往复以至无穷。

2. 人具体的认识过程（认识过程中的两次飞跃）

（1）由感性认识到理性认识是认识过程中的第一次飞跃。

①感性认识是对事物现象和外部联系的认识，是认识的初级阶段。

形式：感觉、知觉、表象。特点：直接性、具体形象性。内容：现象。

②理性认识是对事物本质和内部联系的认识，是认识的高级阶段。

形式：概念、判断、推理。特点：间接性、抽象性。内容：本质。

感性认识与理性认识的辩证关系具体如下。

①理性认识依赖于感性认识，是认识论中的唯物主义。

②感性认识有待于发展为理性认识，是认识论中的辩证法。

③感性认识和理性认识相互渗透。

（2）由理性认识到实践是认识过程中的第二次飞跃。

第二次飞跃比第一次飞跃更加重要的原因具体如下。

①只有把理论用于指导实践，才能实现对客观世界的改造。

②理性认识回到实践中去才能得到检验、丰富和发展。

黑格尔："对于同一句格言，出自饱经风霜的老年人之口与出自缺乏阅历的青少年之口，其内涵是不同的。"

——丰富的经验积累能加深我们对事物的认识

学而不思则罔，思而不学则殆。

——占有感性材料是获得理性认识的前提条件，对感性材料进行加工制作是获得理性认识的关键

考点练习

【例题 5】（单选）人类认识发展的道路和基本规律是（　　）。

A. 由感性认识到理性认识，再由理性认识到感性认识的循环往复

B. 认识、实践、认识的循环反复

C. 实践、认识、再实践、再认识的辩证运动

D. 由实践到认识，由认识到实践的两次飞跃

笔记

【例题6】(多选)十多年前,科学家发现人类的几十种疾病的致病原因是基因突变。现在已经把三千种左右的疾病与基因突变挂钩,但尚未完全搞清基因突变与疾病病因的关系。这是因为(　　)。

A. 认识总是受到主客观条件的限制　　B. 人们不可能完全掌握认识对象的本质

C. 客观世界总在不断的变化中　　D. 认识对象本质的暴露和展现有一个过程

【例题7】(单选)认识的辩证发展过程是实践、认识、再实践、再认识,循环往复,以至无穷。这一原理运用于实际,形成了中国共产党的(　　)。

A. 从群众中来到群众中去的工作方法　　B. 理论联系实际的作风

C. 批评与自我批评的作风　　D. 为人民服务的宗旨

考点三　真理与谬误

1. 真理的概念

真理是人们对客观事物及其规律的正确认识。

真理与谬误的根本区别就在于主观是否与客观相符合。

2. 真理与谬误的辩证关系

(1)真理与谬误是对立的。(就一定范围和一定对象的认识而言,真理就是真理、谬误就是谬误,不能混淆)

(2)真理和谬误相比较而存在、相斗争而发展。

(3)真理和谬误在一定条件下相互转化。

考点练习

【例题8】(单选)真理和谬误的界限在于(　　)。

A. 是否符合马克思主义　　B. 是否符合经济社会发展规律

C. 是否符合客观事物的本质和规律　　D. 是否符合人民群众的利益和愿望

【例题9】(判断)真理是有用的,因此有用即真理。　　(　　)

考点四　真理的性质

1. 真理的客观性

①真理的内容是客观的。②检验真理的标准(社会实践)是客观的。

坚持真理的客观性就是在真理问题上坚持唯物主义。

> 真理是人类经验的组织形式,是社会组织起来的经验。
>
> ——主观真理论

笔记

2. 真理的绝对性和相对性

(1)真理的绝对性(绝对真理)

①任何真理都包括不以人的意志为转移的客观内容,这是绝对的、无条件的。

②人的认识本性和认识任务是能够正确认识无限发展着的物质世界的,每个真理的获得都是对无限发展着的物质世界的接近,这也是绝对的、无条件的。

(2)真理的相对性(相对真理)

①从客观世界的整体看,任何真理只是对客观世界某一阶段、某一部分的正确认识,认识有待扩展。

②就特定事物看,任何真理是对客观对象一定方面、一定层次和一定程度的正确认识,认识有待深化。

(3)真理的绝对性与相对性的辩证关系

①相对之中有绝对,任何相对真理中都包含绝对真理的颗粒。

②绝对通过相对性表现,无数相对真理的总和构成绝对真理。

③从真理的发展来看,任何客观真理都是由相对真理向绝对真理转化的一个环节。

当一位杰出的老科学家说什么是可能的时候,他差不多总是对的;当他说什么是不可能的时候,他差不多总是错的。

——真理既有绝对性、确定性又有相对性、不确定性

只要再多走一小步,仿佛是同一方向迈的一小步,真理便会变成错误。

——真理有其适用的范围

考点练习

【例题 10】(单选)辩证法与形而上学在真理观上的对立在于是否承认(　　)。

A. 真理具有相对性　　B. 真理具有客观性

C. 真理具有主观性　　D. 真理具有绝对性

【例题 11】(单选)即使像 1+1=2 这样简单的公式,也有它不成立的地方。例如,在布尔代数中,1+1=0。而布尔代数在电子线路中却有着广泛的应用。这说明(　　)。

A. 人的认识只能是近似正确的　　B. 真理的客观性是相对的

C. 真理是具体的有条件的　　D. 人的认识具有反复性

第五讲　唯物史观

考点一　历史观的基本问题

社会存在与社会意识的关系是历史观的基本问题。

社会存在和社会意识谁是第一性的问题是划分历史唯物主义与历史唯心主义的唯一

标准。

历史唯物主义认为社会存在第一性，社会存在决定社会意识。

历史唯心主义认为社会意识第一性，社会意识决定社会存在。

> 不是意识决定生活，而是生活决定意识。
>
> ——马克思
>
> 从历史的观点来看……我们只能在我们时代的条件下进行认识，而且这些条件达到什么程度，我们便认识到什么程度。
>
> ——恩格斯

考点二 社会存在

社会存在是指社会物质生活条件的总和，是社会生活的物质方面，主要是指物质生活资料的生产方式，也包括地理环境、人口因素。

(1)生产方式是生产力和生产关系的有机统一，对社会发展起决定作用。

①生产方式是人类社会赖以存在和发展的基础，是人类其他活动的首要前提。

②生产方式决定社会的结构、性质和面貌，制约着人们的经济生活、政治生活和精神生活等全部社会生活。

③生产方式的变化决定整个社会历史的变化发展，决定社会形态从低级向高级的更替和发展。

(2)地理环境是社会存在和发展的永恒的、必要的条件，而且它作为劳动对象也不断进入人们的物质生产领域。

(3)人口因素也是重要的社会物质生活条件，对社会发展起着影响和制约的作用。

考点三 社会意识

社会意识是社会的精神方面，是对社会存在的反映。

1. 社会意识的特点

(1)对社会存在的依赖性：社会意识的内容来源于社会存在；社会意识随社会存在的变化发展而变化发展。

(2)社会意识的相对独立性：社会意识具有能动性和独特的发展规律。

①社会意识与社会存在发展变化的不完全同步性。

②社会意识与社会经济发展水平的不平衡性。

③社会意识的发展具有历史传承性。

④社会意识各种形式之间相互影响、相互制约和相互作用。

⑤社会意识对社会存在具有能动的反作用，先进的社会意识促进社会发展，落后的社会意识阻碍社会发展，这是社会意识相对独立性最突出的体现。

笔记

笔记

2. 社会意识的划分

根据对社会存在反映程度和特点的不同把社会意识划分为社会心理和社会意识形式。

根据反映经济基础与否把社会意识形式划分为意识形态和非意识形态。

(1)意识形态包括政治思想、法律思想、道德、宗教、艺术、哲学等，反映特定的经济基础并为之服务，具有阶级性。

(2)非意识形态包括自然科学、语言学、逻辑学等，不反映特定的经济基础，没有阶级性。

3. 社会存在与社会意识的辩证关系

社会存在决定社会意识，社会意识反作用于社会存在。

考点练习

【例题1】(单选)社会存在是指社会的物质生活条件，它有多方面的内容，其中最能体现人类社会物质性的是(　　)。

A. 全部自然界　　B. 地理环境

C. 人口因素　　D. 生产方式

【例题2】(单选)下列社会意识形式中，不属于上层建筑的社会意识形式是(　　)。

A. 语言学　　B. 哲学　　C. 道德　　D. 艺术

【例题3】(单选)近年来，"中国创造""中国经验""中国现象""中国模式"等成了国际流行词。流行词的变化发展记录了时代前进的脚步，这表明(　　)。

A. 人们的社会意识都是一样的

B. 社会意识具有相对独立性

C. 社会意识与社会存在是同步变化发展的

D. 社会存在的变化发展决定社会意识的变化发展

考点四　社会基本矛盾

(1)社会基本矛盾是生产力与生产关系的矛盾、经济基础与上层建筑的矛盾，是社会发展的基本动力，其中生产力是最终决定力量。

(2)阶级斗争是社会基本矛盾在阶级社会中的表现，是阶级社会发展的直接动力。

考点练习

【例题4】(单选)下列关于社会基本矛盾的说法错误的是(　　)。

A. 任何社会的基本矛盾都是生产力和生产关系、经济基础和上层建筑的矛盾

B. 社会主义社会的基本矛盾是非对抗性的矛盾

C. 当上层建筑适合经济基础时，就能够推动社会的发展，否则就会阻碍社会的发展

D. 社会历史的发展是在社会基本矛盾的不断解决中实现的

笔记

考点五 生产力与生产关系矛盾运动的规律

1. 生产力的概念

生产力是人类在生产实践中形成的改造和影响自然以使其适应社会需要的物质力量。

（生产力是社会进步的根本内容，生产力发展水平是衡量社会进步的最高的根本的标准）

生产力的基本要素：劳动者、劳动资料、劳动对象。劳动资料、劳动对象统称为生产资料。

(1)劳动者是指具有生产经验和劳动技能的从事劳动的人，它是生产力中最活跃的因素，居于主导地位，起主导作用。

(2)劳动资料是指在劳动过程中用来改变和影响劳动对象的一切物质资料和物质条件，其中生产工具是最主要的，是衡量生产力发展水平的客观标准。

(3)劳动对象是劳动过程中被加工的东西，包括天然存在的劳动对象和经过加工的劳动对象。

2. 生产关系的概念

生产关系是人们在物质资料生产过程中形成的经济关系。

生产关系包括生产资料所有制形式、人们在生产中的地位和相互关系、产品的分配方式。

生产资料所有制形式在生产关系中起决定作用，人们在生产中的地位及其相互关系和产品的分配方式对生产资料所有制也有影响和制约作用。

3. 生产力与生产关系矛盾运动的规律

(1)生产力决定生产关系。生产力的性质决定生产关系的性质；生产力的发展变化决定生产关系的发展变化。

(2)生产关系反作用于生产力。适应生产力性质和发展要求的生产关系促进生产力的发展，不适应生产力的性质和发展要求的生产关系阻碍生产力的发展。

(3)二者的相互作用构成二者的矛盾运动，推动生产发展和社会新旧制度的更替。

> 手推磨产生的是封建主的社会，蒸汽磨产生的是工业资本家的社会。
>
> ——马克思

考点练习

【例题 5】(单选)下列关于生产力和生产关系的说法，错误的是(　　)。

A. 生产力比生产关系更稳定

B. 生产关系对生产力有能动的反作用

C. 生产力的性质决定生产关系的性质

D. 生产力与生产关系的矛盾是物质生产过程的内部矛盾

笔记

考点六 经济基础与上层建筑矛盾运动的规律

1. 经济基础与上层建筑

经济基础是指由社会一定发展阶段的生产力所决定的生产关系的总和。

上层建筑是指建立在一定经济基础之上并为之服务的政治法律设施、政治法律制度和社会意识形态。

（上层建筑包括政治上层建筑和观念上层建筑）

2. 国体与政体

国体是社会各阶级在国家中的地位和作用，是国家性质划分的依据。

政体是国家政权的组织形式和管理形式。

国体决定政体，政体必须与国体相适应；政体反作用于国体，影响国体的巩固和发展。

3. 经济基础与上层建筑矛盾运动的规律

(1)经济基础决定上层建筑。

经济基础决定上层建筑的产生和性质；决定上层建筑的变化发展。

(2)上层建筑反作用于经济基础。

上层建筑反作用的性质取决于经济基础的性质，当上层建筑为先进的经济基础服务时就推动社会进步；当上层建筑为落后的经济基础服务时就阻碍社会进步。

(3)二者的相互作用构成二者的矛盾运动，推动社会发展。

考点练习

【例题 6】(单选)新中国成立 70 多年来之所以能够取得历史性发展成就，根本原因在于中国共产党领导中国人民致力于伟大的社会革命，从经济体制、政治体制、思想文化等方面进行深刻变革。这表明(　　)。

A. 上层建筑决定经济基础的性质　　B. 上层建筑决定经济基础的发展方向

C. 经济基础决定上层建筑　　D. 上层建筑对经济基础具有能动的反作用

考点七 社会革命与社会改革

1. 社会革命

含义：阶级斗争的最高形式和最高表现。

实质：先进阶级推翻反动阶级的统治，用先进的社会制度代替落后的社会制度。

首要的基本的标志：国家政权从反动阶级手里转移到先进阶级手里。

根本问题：国家政权问题。(暴力革命是社会革命的基本形式，但也存在和平发展的可能性)

笔记

2. 社会改革

含义：在一定社会制度下为解决生产关系不适合生产力、上层建筑不适合经济基础的某些部分或环节使该制度得到自我完善或持续存在与发展而对社会体制进行的改善与革新。

社会主义改革是社会主义制度的自我完善和自我发展，这是由社会主义基本矛盾决定的。

考点练习

【例题7】(单选)“革命是解放生产力，改革也是解放生产力。”这一论断表明社会改革和社会革命(　　)。

A. 都以夺取国家政权为目的　　B. 都不改变社会制度的根本性质

C. 都是要解决社会基本矛盾　　D. 都要采取暴力冲突的形式

【例题8】(多选)习近平总书记深刻指出：“改革开放只有进行时没有完成时。”这一论述，高度概括了改革开放的巨大作用，深刻阐述了坚持改革开放对决定中国命运的重大意义。“改革开放只有进行时没有完成时”这一判断的社会历史唯物主义依据是(　　)。

A. 社会存在决定社会意识，社会意识具有反作用

B. 上层建筑一定要适应经济基础的状况

C. 生产关系需要不断调整以适应生产力发展的要求

D. 社会意识具有相对独立性

考点八　人民群众是历史的创造者

1. 两种根本对立的历史观

(1)历史唯物主义从社会存在决定社会意识的前提出发，主张群众史观，认为人民群众是历史的创造者，是历史发展的决定力量。

(2)历史唯心主义从社会意识决定社会存在的前提出发，主张英雄史观，认为少数英雄人物是历史的创造者，是历史发展的决定力量。

2. 人民群众的概念

人民群众是指推动历史发展的绝大多数社会成员的总和，人民群众是一个历史范畴，在不同国家和同一国家的不同历史时期有不同的内容，包含着不同的阶级、阶层和集团，最稳定的主体部分始终是劳动群众及其知识分子。

3. 人民群众是历史的创造者

(1)社会物质财富的创造者。

(2)社会精神财富的创造者。

(3)人民群众是实现社会变革的决定力量。

人民群众创造历史的活动及作用，又受到社会历史条件特别是经济条件的制约。

笔记

> 人们自己创造自己的历史，但是他们并不是随心所欲地创造，并不是在他们自己选定的条件下创造，而是在直接碰到的、既定的、从过去继承下来的条件下创造。
>
> ——马克思

考点九 群众路线

群众路线是党的根本路线，它的内容是一切为了群众，一切依靠群众；从群众中来，到群众中去（也是党的基本领导方法）。

考点练习

【例题 9】（单选）人民群众之所以是历史的创造者，最根本的原因在于（　　）。

A. 人民群众占人口的大多数

B. 人民群众有无穷的智慧

C. 人民群众的活动总是合理的

D. 人民群众是社会生产力的体现者

【例题 10】（单选）坚持以人民为中心，就必须坚持人民主体地位，坚持立党为公、执政为民，践行全心全意为人民服务的根本宗旨，把党的群众路线贯彻到治国理政全部活动之中，把人民对美好生活的向往作为奋斗目标。"坚持以人民为中心"的理论基础是唯物史观关于（　　）。

A. 总体的人在总体的历史过程中的主体地位的原理

B. 人的本质是一切社会关系的总和的原理

C. 人民群众的活动受到社会历史条件制约的原理

D. 人民群众是历史的创造者的原理

综合模考题

一、单项选择题

1. 下列关于哲学思想的说法正确的是（　　）。

A. 一切包含唯物辩证思想的哲学都认为世界是发展变化的

B. 一切包含辩证法思想的哲学都认为世界是可知的

C. 可知论是唯物主义，不可知论是唯心主义

D. 一切形而上学的思想都是唯心主义

2. 以下选项围绕哲学基本问题第一方面探讨的是（　　）。

A. 凡可状皆有也，凡有皆象也，凡象皆气也

B. 动者恒动，静者恒静

C. 水能载舟，亦能覆舟

D. 世界上没有不可认识的事物，只有尚未被认识的事物

笔记

3. 下列诗句中，与“风定花犹落，鸟鸣山更幽”包含相同哲理的是（   ）。

A. 野火烧不尽，春风吹又生

B. 坐地日行八万里，巡天遥看九天河

C. 沉舟侧畔千帆过，病树前头万木春

D. 天若有情天亦老，人间正道是沧桑

4. 下列选项中与“巧妇难为无米之炊”体现的哲学原理一致的是（   ）。

A. 劈柴不照纹，累死劈柴人

B. 旧时王谢堂前燕，飞入寻常百姓家

C. 前事不忘，后事之师

D. 溪云初起日沉阁，山雨欲来风满楼

5. 有一首描述在战争中缺了钉子的马掌会导致国家灭亡的童谣：“钉子缺，蹄铁卸，战马蹶；战马蹶，骑士绝；骑士绝，战事折；战事折，国家灭。”这首童谣包含的哲学原理是（   ）。

A. 事物是普遍联系的　　B. 事物是变化的

C. 事物的现象是本质的表现　　D. 事物的量变引起质变

6. “一带一路”建设是党中央、国务院统筹国内国际两个大局作出的重大决策。建设“一带一路”共同打造开放、包容、均衡、善惠的区域经济合作架构，将让中国与世界更加紧密地联系在一起，推动更多国家和地区开展全方位合作，共克时艰，共创辉煌。这说明（   ）。

A. 联系就是事物内部各要素间的相互影响

B. 整体功能状态及其变化会影响部分

C. 任何两个事物之间都存在必然的多样的联系

D. 要用综合的思维方式来认识“一带一路”的建设与发展

7. 下列选项中，反映矛盾同一性道理的俗语是（   ）。

A. 不见高山，不显平川　　B. 灯不拨不亮，理不辩不明

C. 不是鱼死，就是网破　　D. 前事不忘，后事之师

8. 下列对谚语或俗语包含的哲理表述正确的有（   ）。

①兼听则明，偏信则暗——反对片面的观点看问题

②士别三日，刮目相看——反对用静止的观点看问题

③射人先射马，擒贼先擒王——看问题要善于分清主流和支流

④入山问樵，入水问渔——坚持共性与个性的统一

A. ①②　　B. ②④　　C. ③④　　D. ①③

9. 全面推开营改增，加快财税制度改革，用短期财政收入的“减”换取持续发展势能的“增”，以增值税分享比例的调整来调动中央和地方两个积极性。这一改革思路蕴含的哲理是（   ）。

A. 想问题、办事情要充分发挥主观能动性

B. 事情发展是前进性与曲折性的统一

C. 矛盾双方在一定条件下互相转化

D. 事物间的联系是无条件普遍存在的

笔记

10. 下列词语最能体现矛盾同一性原理的是(　　)。

A. 居安思危　　B. 未雨绸缪

C. 厚积薄发　　D. 鹤立鸡群

11. “物必先腐,而后虫生”所体现的哲理是(　　)。

A. 必然性与偶然性的辩证关系　　B. 内因与外因的辩证关系

C. 可能性与现实性的辩证关系　　D. 现象与本质的辩证关系

12. “蓬生麻中,不扶自直;白沙在涅,与之俱黑。”下列典故和成语体现的道理与之一致的是(　　)。

①孟母三迁　②耳濡目染　③东施效颦　④近朱者赤,近墨者黑

A. ①②④　　B. ①②③　　C. ①③④　　D. ②③④

13. 我国古代有人提出“杀盗非杀人”,这些说法的错误在于割裂了(　　)。

A. 矛盾的同一性和斗争性的联系

B. 矛盾的特殊性和普遍性的联系

C. 矛盾的主要方面和次要方面的联系

D. 主要矛盾和次要矛盾的联系

14. 唯物辩证法要求我们坚持两点论和重点论相统一的方法。下列说法体现这一方法的是(　　)。

A. 空谈误国,实干兴邦　　B. 为官发财,应当两道

C. 四面出击,全面突破　　D. 反腐要“老虎”“苍蝇”一起打

15. “集腋成裘,聚沙成塔”与“骐骥一跃,不能十步;驽马十驾,功在不舍”共同蕴涵的哲理是(　　)。

A. 抓住时机,促成质变　　B. 要重视量的积累

C. 量变是渐进的、不显著的变化　　D. 要重视事物的质变

16. 下列说法中,与“牵一发而动全身”包含同一哲理的是(　　)。

A. 勿疏小善,方恢大略　　B. 一着不慎,全盘皆输

C. 愚者千虑,必有一得　　D. 天下难事,必作于易

17. 科学家尼葛庞蒂说:“预测未来的最好办法就是把它创造出来。”从认识和实践的关系看,这句话对我们的启示是(　　)。

A. 认识总是滞后于实践

B. 实践和认识互为先导

C. 实践高于(理论的)认识,因为它不仅具有普遍性的品格,而且具有直接现实性的品格

D. 实践与认识是合一的

18. 历史唯物主义认为,社会发展的根本动力是(　　)。

A. 物质与意识之间的矛盾

B. 政治与经济之间的矛盾

C. 人民日益增长的物质文化需要同落后的社会生产之间的矛盾

D. 生产力和生产关系、经济基础和上层建筑之间的矛盾

19. 习近平总书记强调，人民是我们党执政的最深厚基础和最大底气。为人民谋幸福、为民族谋复兴，这既是我们党领导现代化建设的出发点和落脚点，也是新发展理念的“根”和“魂”。只有坚持以人民为中心的发展思想，坚持发展为了人民、发展依靠人民、发展成果由人民共享，才会有正确的发展观、现代化观。习近平总书记的讲话带给我们的启示是（　　）。

A. 社会意识决定社会存在　　B. 人民群众是历史的创造者

C. 经济基础决定上层建筑　　D. 认识源于实践

20. 习近平同志的系列重要讲话贯穿了马克思主义哲学的思想精髓。以下讲话内容与其所含哲学意蕴，不相对应的是（　　）。

A. 领导要做群众的先生，先得做群众的学生——实事求是

B. 想问题、作决策、办事情，不能非此即彼——辩证思维

C. “空谈误国，实干兴邦”——实践是检验真理的唯一标准

D. 既注重总体谋划又注重牵住“牛鼻子”——两点论和重点论的统一

二、多项选择题

1. 下列论断属于客观唯心主义的是（　　）。

A. 自由选择的意志高于一切

B. 世界是上帝创造的

C. 世界万事万物都是绝对精神派生的

D. 理在气先

2. 以下说法既体现唯物辩证法联系观点，又体现发展观点的是（　　）。

A. 邯郸学步　　B. 吐故纳新

C. 牵牛要牵牛鼻子　　D. 青出于蓝而胜于蓝

3. “天行健，君子以自强不息”，这是中华民族千百年来盛行的至理名言，也是我们伟大民族精神的内涵，当前在追求中国梦，实现“两个一百年”奋斗目标的伟大征程中，仍然需要大力弘扬和培育这种伟大的民族精神。从哲学的角度看，这是因为（　　）。

A. 正确的意识促进事物的发展，错误的意识阻碍事物的发展

B. 意识对物质具有能动的反作用

C. 意识的作用是万能的，可以创造一切

D. 意识的反作用需要通过实践才能体现出来

4. 建设中国特色社会主义的辩证唯物主义理论的依据是（　　）。

A. 一切从实际出发，实事求是　　B. 运动和静止的辩证关系

C. 具体问题具体分析　　D. 矛盾普遍性和特殊性辩证关系

5. “一带一路”建设是一项宏大系统工程，要突出重点，远近结合，有序推进。要坚持共商、共建、共享原则，积极与沿线国家的发展战略相互对接，这段话所蕴含的哲学原理有（　　）。

A. 事物是普遍联系的　　B. 矛盾是事物发展的根本动力

C. “两点论”与“重点论”的统一　　D. 事物发展是质变和量变的统一

笔记

笔记

6. 下列说法中，属于矛盾同一性表现的有（　　）。

A. 真理和谬误相比较而存在

B. 离开内容没有形式，离开形式没有内容

C. 贫生于富，弱生于强

D. 因祸得福，转败为胜

7. 下面与“牵牛要牵牛鼻子”哲学寓意一致的有（　　）。

A. 纲举目张　　B. 蛇打七寸　　C. 集腋成裘　　D. 分清主流

8. 下列格言或成语中，体现质量互变规律的有（　　）。

A. 九层之台，起于垒土　　B. 千里之堤，溃于蚁穴

C. 月晕而风，础润而雨　　D. 有无相生，前后相随

9. 马克思主义哲学中的辩证法、认识论、历史观在本质上是一致的，体现这种一致性的公式有（　　）。

A. 个别——一般——个别　　B. 实践——认识——实践

C. 群众——领导——群众　　D. 团结——批评——团结

10. “只要再多走一小步，仿佛是同一方向迈的一小步，真理便会变成错误”，这句话意味着（　　）。

A. 任何真理都有自己适用的条件和范围

B. 真理和谬误是认识过程中的两个阶段

C. 真理和谬误没有确定的界限

D. 真理和谬误的对立只是在非常有限的领域内才有绝对的意义

三、判断题

1. 一切唯物主义都主张物质决定意识，意识对物质具有反作用。（　　）

2. “千里之行，始于足下”，是对立统一规律在生活中的实际表现。（　　）

3. 事物的发展是前进性与曲折性的统一，循环论和直线论都是对事物发展的形而上学的错误观点。（　　）

4. 辩证唯物主义和旧唯物主义都坚持反映论，认为认识是主体对客体的能动的反映。（　　）

5. 在历史观中，思维与存在的关系问题表现为社会意识与社会存在的关系问题。（　　）

6. 生产关系和生产力、上层建筑和经济基础之间的矛盾是社会主义的基本矛盾。（　　）

第二篇

党章、党规知识

命题趋势

从近几年考试的情况看，党章、党规知识分值时有变化。分析 2021 年真题，预计 2022 年所占分值依然较低，考生在备考时要注意以下两个方面：一是掌握党章对党员、党的组织原则、组织体系等内容的具体规定；二是掌握党的十八大以来出台的一些重要的党内法规的要点。

核心考点

第一讲　党章知识：入党、预备党员、民主集中制、党的全国代表大会、党的中央委员会、党的基层组织、党的纪律。

第二讲　党规知识：中国共产党组织处理规定（试行），中国共产党党员权利保障条例，有关党内法规对党支部的规定，有关党内法规对党内监督、问责和纪律处分的规定。

备考方法

党章、党规的掌握主要以记忆为主，要抓住重点考点强化记忆，同时通过各种练习不断复习巩固。

考点精讲

第一讲　党章知识

考点一　党员

1. 入党

年满 18 岁的中国工人、农民、军人、知识分子和其他社会阶层的先进分子，承认党的纲领和章程，愿意参加党的一个组织并在其中积极工作、执行党的决议和按期交纳党费的，可以申请加入中国共产党。

笔记

笔记

2. 预备党员

(1)预备党员的预备期为一年。需要继续考察和教育的,可以延长预备期,但不能超过一年。

(2)预备党员的义务同正式党员一样。预备党员的权利,除了没有表决权、选举权和被选举权以外,也同正式党员一样。

考点二 党的组织原则与组织体系

1. 党的民主集中制

(1)党员个人服从党的组织,少数服从多数,下级组织服从上级组织,全党各个组织和全体党员服从党的全国代表大会和中央委员会。

(2)党的最高领导机关,是党的全国代表大会和它所产生的中央委员会。党的地方各级领导机关,是党的地方各级代表大会和它们所产生的委员会。党的各级委员会向同级的代表大会负责并报告工作。

(3)党的各级委员会实行集体领导和个人分工负责相结合的制度。凡属重大问题都要按照集体领导、民主集中、个别酝酿、会议决定的原则,由党的委员会集体讨论,作出决定;委员会成员要根据集体的决定和分工,切实履行自己的职责。

(4)党的中央和省、自治区、直辖市委员会实行巡视制度,在一届任期内,对所管理的地方、部门、企事业单位党组织实现巡视全覆盖。中央有关部委和国家机关部门党组(党委)根据工作需要,开展巡视工作。党的市(地、州、盟)和县(市、区、旗)委员会建立巡察制度。

2. 党的全国代表大会

(1)党的全国代表大会每 5 年举行一次,由中央委员会召集。

(2)党的全国代表大会的职权是:①听取和审查中央委员会的报告;②审查中央纪律检查委员会的报告;③讨论并决定党的重大问题;④修改党的章程;⑤选举中央委员会;⑥选举中央纪律检查委员会。

3. 党的中央委员会

(1)在全国代表大会闭会期间,中央委员会执行全国代表大会的决议,领导党的全部工作,对外代表中国共产党。

(2)党的中央委员会每届任期 5 年。中央委员会全体会议由中央政治局召集,每年至少举行一次。

(3)党的中央政治局、中央政治局常务委员会和中央委员会总书记,由中央委员会全体会议选举。

4. 党的基层组织

(1)党的基层组织是党在社会基层组织中的战斗堡垒,是党的全部工作和战斗力的基础。

(2)党的基层组织,根据工作需要和党员人数,经上级党组织批准,分别设立党的基层委员会、总支部委员会、支部委员会。

(3)党支部是党的基础组织,担负直接教育党员、管理党员、监督党员和组织群众、宣传群众、凝聚群众、服务群众的职责。

笔记

考点三　党的纪律

(1)党的纪律主要包括政治纪律、组织纪律、廉洁纪律、群众纪律、工作纪律、生活纪律。

(2)对党员的纪律处分有五种:警告、严重警告、撤销党内职务、留党察看、开除党籍。

(3)留党察看最长不超过两年。党员在留党察看期间没有表决权、选举权和被选举权。

第二讲　党规知识

考点一　中国共产党组织处理规定(试行)

(1)组织处理是指党组织对违规违纪违法、失职失责失范的领导干部采取的岗位、职务、职级调整措施,包括停职检查、调整职务、责令辞职、免职、降职。

(2)停职检查期限一般不超过6个月。受到调整职务处理的,1年内不得提拔职务、晋升职级或者进一步使用。受到责令辞职、免职处理的,1年内不得安排领导职务,2年内不得担任高于原职务层次的领导职务或者晋升职级。受到降职处理的,2年内不得提拔职务、晋升职级或者进一步使用。

(3)领导干部在政治表现、履行职责、工作作风、遵守组织制度、道德品行等方面,有苗头性、倾向性或者轻微问题,以批评教育、责令检查、诫勉为主,存在以下情形之一且问题严重的,应当受到组织处理:

①在重大原则问题上不同党中央保持一致,有违背“四个意识”“四个自信”“两个维护”错误言行的;

②理想信念动摇,马克思主义信仰缺失,搞封建迷信活动造成不良影响,或者违规参加宗教活动、信奉邪教的;

③贯彻落实党的基本理论、基本路线、基本方略和党中央决策部署不力,做选择、打折扣、搞变通,造成不良影响或者严重后果的;

④面对大是大非问题、重大矛盾冲突、危机困难,不敢斗争、不愿担当,造成不良影响或者严重后果的;

⑤工作不负责任、不正确履职或者疏于管理,出现重大失误错误或者发生重大生产安全事故、群体性事件、公共安全事件等严重事故、事件的;

⑥工作不作为,敷衍塞责、庸懒散拖,长期完不成任务或者严重贻误工作的;

⑦背弃党的初心使命,群众意识淡薄,对群众反映强烈的问题推诿扯皮,在涉及群众生产、生活等切身利益问题上办事不公、作风不正,甚至损害、侵占群众利益,造成不良影响或者严重后果的;

⑧形式主义、官僚主义问题突出,脱离实际搞劳民伤财的“形象工程”“政绩工程”,盲目举债,弄虚作假,造成不良影响或者重大损失的;

笔记

⑨违反民主集中制原则，个人或者少数人决定重大问题，不执行或者擅自改变集体决定，不顾大局闹无原则纠纷、破坏团结，造成不良影响或者严重后果的；

⑩在选人用人工作中跑风漏气、说情干预、任人唯亲、突击提拔、跑官要官、拉票贿选、违规用人、用人失察失误，造成不良影响或者严重后果的；

⑪搞团团伙伙、拉帮结派、培植个人势力等非组织活动，破坏所在地方或者单位政治生态的；

⑫无正当理由拒不服从党组织根据工作需要作出的分配、调动、交流等决定的；

⑬不执行重大事项请示报告制度产生不良后果，严重违反个人有关事项报告、干部人事档案管理、领导干部出国(境)等管理制度，本人、配偶、子女及其配偶违规经商办企业的；

⑭诬告陷害、打击报复他人，制造或者散布谣言，阻挠、压制检举控告，造成不良影响或者严重后果的；

⑮违反中央八项规定精神、廉洁从政有关规定的；

⑯违背社会公序良俗，造成不良影响或者严重后果的；

⑰其他应当受到组织处理的情形。

(4)领导干部在推进改革中因缺乏经验、先行先试出现失误，尚无明确限制的探索性试验中出现失误，为推动发展出现无意过失，后果影响不是特别严重的，以及已经履职尽责，但因不可抗力、难以预见等因素造成损失的，可以不予或者免予组织处理。

考点二 中国共产党党员权利保障条例

党员的权利包括(十三项)：

(1)党员有党内知情权，有权按照规定参加党的有关会议、阅读党的有关文件，了解党的路线方针政策和决议，本人所在党组织贯彻党中央决策部署以及上级党组织决定、落实全面从严治党主体责任、开展重点工作情况以及其他党内事务。

(2)党员有接受党的教育培训权，有权提出教育培训要求，参加党组织安排的集中学习教育、专题学习教育、集中轮训、脱产培训、网络培训。

(3)党员有党内参加讨论权，有权在党的会议上和党报党刊上参加关于党的理论、政策的学习讨论，并充分发表意见；有权按照规定在党内参加有关重要决策和重要问题的讨论，参加党组织开展的征求意见等活动，反映真实情况，积极建言献策。

党员在讨论党的基本理论、基本路线、基本方略的过程中，应当自觉同党中央保持高度一致。

(4)党员有党内建议和倡议权，有权以口头或者书面方式对本人所在党组织、上级党组织直至中央的各方面工作提出建议和倡议，有权按照规定在干部选拔任用中推荐优秀干部，在党组织巡视巡察、检查督查中对党的工作提出建议。

(5)党员有党内监督权，有权在党的会议上以口头或者书面方式有根据地批评党的任何组织和任何党员，揭露、要求纠正工作中存在的缺点和问题，在民主评议中指出领导干部和其他党员的缺点错误；有权向党组织反映对本人所在党组织、领导干部、其他

笔记

党员的意见。党员以书面方式提出的批评意见应当按照规定送被批评者或者有关党组织。

党员有权向党组织负责地揭发、检举党的任何组织和任何党员的违纪违法事实，提出处理、处分有违纪违法行为党组织和党员的要求。

党员进行批评、揭发、检举以及提出处理、处分要求，应当通过组织渠道，不得随意扩散传播、网络散布，不得夸大和歪曲事实，更不得捏造事实、诬告陷害。

(6)党员有党内提出罢免撤换要求权，有权向所在党组织或者上级党组织反映领导干部不称职的情况，负责地提出罢免或者撤换不称职领导干部的要求。

党员提出罢免或者撤换要求应当严肃负责，按照组织原则，符合有关程序。

(7)党员有党内表决权，有权按照规定在党组织讨论决定问题时参加表决，在表决前了解情况，在讨论中充分发表意见。表决时可以表示赞成、不赞成或者弃权。

(8)党员有党内选举权，有权参加党内选举，了解候选人情况、要求改变候选人、不选任何一个候选人和另选他人。

党员有党内被选举权，有权经过规定程序成为候选人和当选。

(9)党员有党内申辩权，有权实事求是地对被反映的本人问题向党组织作出说明、解释；在基层党组织讨论决定对自身处分或者作出鉴定时，有权参加和进行申辩，其他党员可以为其作证和辩护。

(10)党员有党内提出不同意见权，对党的决议和政策如有不同意见，在坚决执行的前提下，有权向党组织声明保留，并且可以把自己的意见向党的上级组织直至中央反映；有权按照规定在党组织讨论决定“三重一大”事项或者征求意见、干部选拔任用以及公示等过程中提出不同意见。

党员不得公开发表同中央决定不一致的意见。

(11)党员有党内请求权，遇到重要问题需要党组织帮助解决的，有权按照规定程序逐级向本人所在党组织、上级党组织直至中央提出请求，并要求有关党组织给予负责的答复。

(12)党员有党内申诉权，对于党组织给予本人的处理、处分或者作出的鉴定、审查结论不服的，有权按照规定程序逐级向本人所在党组织、上级党组织直至中央提出申诉。

党员认为党组织给予其他党员的处理、处分或者作出的鉴定、审查结论不当的，有权按照规定程序逐级向党组织直至中央提出意见。

(13)党员有党内控告权，合法权益受到党组织或者其他党员侵害的，有权向本人所在党组织、上级党组织直至中央提出控告，要求对侵害其合法权益的行为依规依纪进行处理。

考点三 有关党内法规对党支部的规定

(1)党支部：①是党的基础组织；②是党组织开展工作的基本单元；③是党在社会基层组织中的战斗堡垒；④是党的全部工作和战斗力的基础。担负直接教育党员、管理党员、监督党员和组织群众、宣传群众、凝聚群众、服务群众的职责。

笔记

(2)凡是有正式党员3人以上的，都应当成立党支部，党支部党员人数一般不超过50人。

(3)党支部应当运用"三会一课"制度，对党员进行经常性的教育管理。党员应当按期参加党员大会(一般每季度召开1次)、党小组会(一般每月召开1次)和上党课(一般每季度1次)，进行学习交流，汇报思想、工作等情况。党员领导干部应当参加双重组织生活。(党支部委员会会议一般每月召开1次)

(4)党支部应当每月开展1次主题党日，贴近党员思想和工作实际，组织党员集中学习、过组织生活、进行民主议事和开展志愿服务等。

(5)党支部每年至少召开1次组织生活会，也可以根据工作需要随时召开，一般以党员大会、党支部委员会会议或者党小组会形式进行。

(6)党支部一般每年开展1次民主评议党员。

考点四 有关党内法规对党内监督、问责和纪律处分的规定

(1)党内监督的重点对象是党的领导机关和领导干部特别是主要领导干部。

(2)党委(党组)在党内监督中负主体责任，书记是第一责任人。党的各级纪律检查委员会是党内监督的专责机关，履行监督执纪问责职责。

(3)问责应当分清责任。党组织领导班子在职责范围内负有全面领导责任，领导班子主要负责人和直接主管的班子成员在职责范围内承担主要领导责任，参与决策和工作的班子成员在职责范围内承担重要领导责任。对党组织问责的，应当同时对该党组织中负有责任的领导班子成员进行问责。

(4)对于违犯党的纪律的党组织，上级党组织应当责令其作出检查或者进行通报批评。对于严重违犯党的纪律、本身又不能纠正的党组织，上一级党的委员会在查明核实后，根据情节严重的程度，可以予以：①改组；②解散。

综合模考题

一、单项选择题

1. 下列关于《中国共产党章程》的说法正确的是(　　)。

A. 党的一大制定了中国共产党党史上第一部党章

B. 党的十二大首次将入党誓词载入党章

C. 党的十五大将"一个中心，两个基本点"的基本路线载入党章

D. 党的十八大第一次将科学发展观写入党章

2. 根据《中国共产党章程》，下列说法正确的是(　　)。

A. 申请入党的人，要有一名正式党员作介绍人

B. 预备党员的预备期为半年

C. 党的中央委员会每届任期5年

D. 凡是有正式党员5人以上的基层单位，都应当成立党的基层组织

笔记

3. 2021年1月4日，中共中央印发修订后的《中国共产党党员权利保障条例》(以下简称“《条例》”)。下列有关《条例》的说法正确的是(　　)。

A. 新修订的《条例》规定党员享有12项权利

B. 新修订的《条例》设立“保障措施”专章，构建系统全面的保障措施体系

C. 党员受留党察看处分期间，保留表决权，没有选举权和被选举权

D. 捏造事实、伪造材料诬告陷害不属于党员不正确行使权利的情形

4.《中国共产党党内监督条例》规定，发现领导干部有思想、作风、纪律等方面苗头性、倾向性问题的，有关党组织负责人应当及时对其(　　)谈话。

A. 诫勉　　B. 问责

C. 函询　　D. 提醒

5. 下列不属于“三会一课”主要内容的是(　　)。

A. 定期召开支部党员大会　　B. 定期召开党小组会

C. 定期召开党政联席会　　D. 按时上好党课

6. 2020年3月9日，中共中央办公厅发布《党委(党组)落实全面从严治党主体责任规定》，根据该规定，党组(党委)应当加强对本单位(本系统)全面从严治党各项工作的领导。在加强党的建设方面，下列理解不准确的是(　　)。

A. 支持纪检监察机关履行监督责任，一体推进不敢腐、不能腐、不想腐

B. 持续整治“四风”特别是形式主义、官僚主义，反对特权思想和特权现象

C. 把党的思想建设摆在首位，坚定政治信仰，强化政治领导，提高政治能力，净化政治生态

D. 党组(党委)带头遵守党内法规制度，严格落实党内法规执行责任制

二、多项选择题

1. 中共中央办公厅印发《中国共产党组织处理规定(试行)》(以下简称《规定》)。《规定》指出，组织处理，是指党组织对违规违纪违法、失职失责失范的领导干部采取的岗位、职务、职级调整措施，包括(　　)。

A. 停职检查　　B. 调整职务

C. 责令辞职、免职、降职　　D. 警告、严重警告

2. 按照党章规定，党的组织体系包括(　　)。

A. 中央组织　　B. 地方组织

C. 省市组织　　D. 基层组织

3. 民主集中制是党的(　　)。

A. 根本组织制度　　B. 领导制度

C. 政治制度　　D. 工作制度

4. 党员齐某受到留党察看两年处分。在留党察看处分期间，齐某没有党内(　　)。

A. 表决权　　B. 发言权

C. 选举权　　D. 被选举权

5. 党的十九大提出以党的政治建设为统领，全面推进党的政治建设、思想建设、组织建设、作风建设、纪律建设，把制度建设贯穿其中，并特别强调把党的政治建设摆在首位。之所以要把党的政治建设摆在首位，是因为(　　)。

笔记

A. 旗帜鲜明讲政治是我们党作为马克思主义政党的根本要求

B. 坚定政治立场是党的根本宗旨

C. 政治建设是党的根本性建设，决定党的建设方向和效果

D. 政治属性是政党的第一属性

6. 以下由党的全国代表大会选举产生的是（　　）。

A. 中央政治局　　B. 中央书记处

C. 中央委员会　　D. 中央纪律检查委员会

第三篇

经　济

命题趋势

从公共基础考试经济学部分来看，2018年和2019年，经济常识考查的分值基本稳定在15分上下，分值涵盖马克思主义政治经济学、社会主义市场经济理论、微观经济学、宏观经济学、国际经济学以及经济时事热点。但是2020年和2021年公共基础知识经济学部分仅仅考查几道题，变化特别大。预计2022年经济部分命题分值不会太多，考生要突出重点来复习。考查题型主要是单选题和多选题。

核心考点

经济常识部分主要包括马克思主义政治经济学、社会主义市场经济理论、微观经济学、宏观经济学和国际经济学等考点。其中，社会主义市场经济理论、微观经济学、宏观经济学将会是近年考试重点。

备考方法

首先，要以讲义中的知识点梳理为备考复习的主要内容，形成以核心考点为基础的知识逻辑图，强化基本知识的掌握、理解和运用。其次，要加强对知识点的灵活理解，摒弃死记硬背的复习方法。三是要集中强化练习，加强对各种题干和语境下的判断分析能力。

考点精讲

第一讲　马克思主义政治经济学

考点一　马克思主义政治经济学的若干基本知识点

1. 马克思主义政治经济学的定义

马克思主义政治经济学，是研究一定社会生产、分配、交换和消费等经济活动环节的经济关系和经济规律的科学。

2. 马克思主义政治经济学的研究出发点

物质资料的生产是马克思主义政治经济学研究的出发点，是人类社会存在和发展的

笔记

笔记

基础。

3. 马克思主义政治经济学的研究对象

社会生产关系是马克思主义政治经济学研究的对象，是人们在生产资料所有制基础上形成的，并在社会生产过程中所发生的生产、分配、交换、消费等关系的总和。

4. 马克思主义政治经济学的理论来源

马克思主义政治经济学是适应19世纪中叶无产阶级与资产阶级斗争的需要，由马克思和恩格斯在对英国古典政治经济学、法国空想社会主义学说的批判性继承，以及同资产阶级庸俗经济学的斗争中创立的。

5. 物质资料生产

物质资料生产是指人类通过自身的劳动，征服自然、改造自然，将自然界原有的自然物质改变成为适合于人类需要的物质财富的活动。

物质资料的生产过程需要具备三个简单生产要素：劳动者的劳动、劳动资料和劳动对象。

(1)劳动者的劳动即劳动力的支出。主要是指具有一定生产经验和劳动技能的劳动者有目的地改造自然的活动。它是生产的最基本的要素，具有决定性作用。

(2)劳动资料主要是指人们在生产过程中用以改变和影响劳动对象的一切物质手段和物质条件，包括生产工具和辅助材料，即劳动资料＝生产工具＋辅助材料，其中最重要的是生产工具。生产工具具有衡量社会生产力先进与否的重要作用——生产工具是生产力发展水平的客观尺度。

(3)劳动对象即劳动者在生产过程中所加工的一切物质资料。

在物质资料生产的三个简单要素中，劳动资料和劳动对象合称为生产资料，即：生产资料＝劳动资料＋劳动对象。

6. 生产力与生产关系

社会再生产包括不可分割的两个方面的关系。一方面是人与自然界发生关系，叫生产力，也叫社会的物质生产力。另一方面是人与人之间在生产过程中所结成的社会关系，叫社会生产关系，亦即经济关系。

(1)生产力的定义。

生产力：包括了人的因素和物的因素。劳动者的劳动属于人的因素，而劳动资料和劳动对象即生产资料属于物的因素，其中人的因素起着根本的作用。

(2)生产关系的定义。

生产关系：人们在生产、分配、交换和消费四个环节上所形成的人与人之间的关系。包括三个主要方面：一是所有制；二是人们在生产中结成的相互关系；三是分配关系。

(3)生产力与生产关系的辩证统一关系。

①最根本的方面是生产力决定生产关系——有什么样的生产力就有什么样的生产关系。

②生产关系反作用于生产力——当生产关系适应生产力的发展要求时，就推动社会生产力的发展，否则，对社会生产力的发展起到阻碍作用。

生产力是最活跃、最革命的因素，而生产关系则是相对稳定的因素。

7. 社会再生产及其四个环节

社会再生产是社会生产过程的周而复始、往复不断的运动。

笔记

社会再生产过程一般包括生产、分配、交换和消费四个环节。其中,生产是总过程的起点和决定环节。分配、交换是连接生产和消费的中间环节。消费是生产总过程的终点。分配、交换和消费,特别是消费对生产具有重要的反作用。

8. 社会再生产的两种方式

社会再生产可以分为简单再生产与扩大再生产。

(1)简单再生产的定义。

简单再生产指生产规模不变的再生产,新生产出来的产品只够弥补生产过程中所消耗的资料。

(2)扩大再生产的定义。

扩大再生产指超过原有生产规模的再生产,由于弥补消耗的物质资料滞后,多余的物质资料追加到生产中,扩大原有的生产规模。

(3)扩大再生产根据其实现形式又可以分为以下两种。

①外延扩大再生产:生产技术和劳动效率不提高,单纯依靠扩大生产场所、增加生产资料和劳动力数量来扩大生产规模,又称粗放型扩大再生产。

②内涵扩大再生产:由技术进步带来的工艺革新、设备改进,以提高劳动生产率来实现的扩大再生产,又称集约型扩大再生产。

9. 商品经济、市场经济、计划经济

商品经济发展到一定阶段才能产生市场经济和计划经济。市场经济和计划经济是商品经济高度发达的必然产物,是商品经济发展的必然要求和客观趋势。

市场经济指的是市场机制在资源配置中起基础性作用的经济。

计划经济指的是计划指令在资源配置中起基础性作用的经济。

计划和市场只是资源配置的两种方式。

考点练习

【例题 1】(多选)下列关于马克思主义政治经济学的理论来源,正确的有(　　)。

A. 英国古典政治经济学　　B. 英法空想社会主义学说

C. 德国古典哲学　　D. 科学社会主义

【例题 2】(单选)构成生产关系的基础并决定其性质的是(　　)。

A. 生产资料所有制形式

B. 产品分配和消费关系

C. 生产资料的占有、支配和使用方式

D. 人们在生产中的地位和相互关系

【例题 3】(单选)下列关于生产力和生产关系的说法,错误的是(　　)。

A. 生产力比生产关系更为稳定

B. 生产关系对生产力有能动的反作用

C. 生产力的性质决定生产关系的性质

D. 生产力与生产关系的矛盾是物质生产过程的内部矛盾

笔记

【例题4】(单选)我国经济进入高质量发展阶段后，需要切实转变发展方式，转变我国的经济发展方式是指(　　)。

A. 由粗放型转变为集约型

B. 由生产型转变为生产经营型

C. 由集约型转变为粗放型

D. 由内涵型转变为外延型

考点二 商品与货币

1. 商品的定义

商品是用来交换的劳动产品。

2. 商品的二因素

任何商品都具有使用价值与价值，二者对立统一于商品中，构成商品的两个因素。

(1)使用价值的定义。

使用价值：商品满足人们某种需要的属性，即有用性，是商品的自然属性。使用价值构成社会财富的物质内容。

(2)价值的定义。

价值：凝结在商品中的一般的无差别的人类劳动。价值是商品的社会属性。

(3)商品二因素的关系。

商品二因素既统一又对立。

①统一性：一切商品必须同时具有价值和使用价值，缺一不能成为商品。

②对立性：商品使用价值和价值不能同时被同一主体占有。这一矛盾的解决依赖于商品的交换。通过交换，生产者实现了价值，购买者得到了使用价值。

辨析：

具有使用价值则必然具有价值，正确吗？没有价值则没有使用价值，正确吗？

具有价值则必然具有使用价值，正确吗？没有使用价值则没有价值，正确吗？

为何讲：价值的存在必须以使用价值的存在为前提。

(理解"商品惊险的跳跃")

3. 劳动的二重性

商品由劳动创造，生产商品的劳动具有二重性，分别是具体劳动和抽象劳动。

(1)具体劳动的定义。

劳动的具体形态。具体劳动→使用价值。

(2)抽象劳动的定义。

撇开了劳动具体形式的一般无差别的人类劳动。抽象劳动→价值。

4. 商品价值量的定义

商品价值量是商品价值的大小，它决定于生产商品所耗费的一般无差别人类劳动量，亦即凝结在商品中一般的无差别的人类劳动量(质的规定性)。商品价值量由社会必要劳动时间决定(量的规定性),而非个别劳动时间。

笔记

社会必要劳动时间指现有的社会正常技术条件下,社会平均的熟练程度和劳动强度下,制造某种使用价值所需要的时间。

个别劳动时间是指各个商品生产者耗费在同一种商品上的各自的劳动时间。

社会必要劳动时间是以简单劳动为尺度。复杂劳动要换算为若干倍的简单劳动。

其他条件不变,价值量越大,价格越高;价值量越小,价格越低。价值决定价格,供求影响价格。

5. 劳动生产率对商品价值量的影响

商品的价值量还与劳动生产率有关。劳动生产率指的是劳动者的生产效率或能力,通常由单位劳动时间内生产的产品数量或生产单位产品所消耗的劳动时间来表示。社会劳动生产率与社会必要劳动时间成反比,也即效率越高,生产一份商品所用时间就越短,由此推出社会必要劳动时间下降,所以商品的价值量与社会劳动生产率成反比。

价值量与个别劳动生产率无关。个别劳动生产率是指单一一个企业提高或者降低了自己的生产效率,由于不会影响到全社会生产某一件商品的时间,也就是说,不会影响社会必要劳动时间,所以单一企业劳动生产率降低或者升高,该商品在市场上的价值量不变。

6. 货币

当金和银从商品世界中分离出来,固定地充当一般等价物时,这种商品就成了货币。货币的形态经历了从实物货币→金属货币→代用货币→信用货币的转变。

马克思指出:“金银天然不是货币,但货币天然是金银。”

近年来,特别注意区分如下几组概念:人民币与数字货币;人民币与支付宝、微信支付;数字货币与支付宝、微信支付。

关于数字人民币:其功能和属性与纸币相似,只不过形态是数字化的。数字人民币由中国人民银行发行,是有国家信用背书、有法偿能力的法定货币。与比特币等虚拟币相比,数字人民币是法定货币,与法定货币等值,与纸钞硬币等价,具有价值特征和法偿性,支持可控匿名,其效力和安全性是最高的;而比特币是一种虚拟资产,没有任何价值基础,也不享受任何主权信用担保,无法保证价值稳定。这是央行数字货币与比特币等加密资产的最根本区别。而且数字人民币具有如下特征:①双离线,交易双方在没有网络的情况下也可以进行交易;②数字钱包,微信、支付宝等需要绑定银行卡等,而数字人民币无须账户也能运行;③法偿性,使用数字人民币转账支付对方不可拒收;④替代 M_0,功能与纸币现金相同。

7. 货币的职能

(1)价值尺度。

货币用来衡量和表现商品价值的职能,是货币的最基本的职能之一。在执行价值尺度的职能时,并不需要有现实的货币,只需要观念上的货币。货币执行价值尺度的职能,需要自身也是商品,具有价值。故纸币无法充当价值尺度。

商品的价值用一定数量的货币表现出来,就是商品的价格。价值是价格的基础,价格是价值的货币表现。价格与价值变化成正比。

(2)流通手段。

货币充当商品交换媒介的职能。货币的流通手段职能是价值尺度职能的进一步发

笔记

展，是货币的又一个最基本的职能。执行流通手段职能的货币是现实的货币。

(3)支付手段。

货币作为独立的价值形式进行单方面运动时所执行的职能，如清偿债务、缴纳税款、支付工资和租金等。执行支付手段职能的货币是现实的货币。

(4)贮藏手段。

货币退出流通领域充当独立的价值形式和社会财富的一般代表而储存起来的职能。货币能够执行贮藏手段的职能，是因为它是一般等价物，可以用来购买一切商品。执行贮藏手段职能的货币是现实足值的贵金属货币。货币贮藏手段职能的发挥，可以自发地调节货币流通量，起着蓄水池的作用，防止通货膨胀和通货紧缩的出现。

(5)世界货币。

货币在世界市场上执行上述职能。

小结如下：在货币的五种职能中，价值尺度和流通手段是货币最基本的职能，这是货币演变所决定的。同时，区分流通手段和支付手段的关键在于商品和货币的流通在时间与空间上是否可以分割："一手交钱、一手交货"是流通手段；"赊购、赊欠、赊销"是支付手段。

8. 通货膨胀和通货紧缩

如果纸币发行量超过了流通中所需要的金属货币量，纸币就会贬值，物价总水平就会上升，出现通货膨胀。

如果纸币发行量少于了流通中所需要的金属货币量，纸币就会升值，物价总水平就会下跌，出现通货紧缩。

9. 价值规律的内容

商品的价值量由生产商品的社会必要劳动时间决定，商品交换依据价值实行等价交换。

价值决定价格，供求影响价格。

考点练习

【例题5】(单选)决定商品价值量的是生产的(　　)。

A. 必要劳动时间　　B. 社会必要劳动时间

C. 剩余劳动时间　　D. 个别劳动时间

【例题6】(单选)社会必要劳动时间计算的尺度是(　　)。

A. 复杂劳动　　B. 简单劳动

C. 具体劳动　　D. 个别劳动

【例题7】(单选)关于纸币的发行，下列说法中正确的是(　　)。

A. 数量越少越有利于币值稳定

B. 以金属货币流通规律为基础

C. 与金属货币流通规律无关

D. 能起到货币流通蓄水池的作用

笔记

【例题8】(单选)北宋时期四川地区出现的“交子”,被认为是世界上最早的(　　)。

A. 硬币　　B. 纸币　　C. 支票　　D. 发票

【例题9】(单选)当货币被用来偿还赊购商品到期债务时,货币执行的职能是(　　)。

A. 价值尺度　　B. 流通手段

C. 贮藏手段　　D. 支付手段

【例题10】(多选)关于我国的普通纪念币,下列说法正确的有(　　)。

A. 是法定货币　　B. 与同面额人民币等值

C. 由中国人民银行发行　　D. 不能流通

【例题11】(判断)货币之所以能够执行价值尺度的职能,是因为它具有计量单位。(　　)

【例题12】(判断)以比特币为例的虚拟货币非央行发行,因此不能成为一般等价物的货币。(　　)

思维导图

(请登录“追求卓越官网 www.365zhuoyue.com”免费下载)

专项训练

一、单项选择题

1. 在金属货币流通的条件下,之所以不会发生流通中货币量持续地严重过多或过少现象,直接原因在于(　　)。

A. 货币的支付手段职能自觉地调节货币流通量

B. 货币的价值尺度职能自觉地对货币需要量进行科学预测

C. 货币的世界货币职能使货币在世界范围内流通,从而具有相对的稳定性

D. 货币的贮藏手段职能自发地调节货币流通量

2. 以下论断正确的是(　　)。

A. 凡是有使用价值的东西都具有价值

B. 凡是有价格的东西都必然具有价值

C. 凡是有价值的东西都必须具有使用价值

D. 凡是商品价格的变化都反映商品价值的变化

3. 货币的本质是(　　)。

A. 商品交换的媒介　　B. 衡量商品价值大小的尺度

C. 一般等价物　　D. 社会财富的代表

4. 商店里的货品有标价,如一支钢笔标价为 6 元。在这里,货币执行(　　)的职能。

A. 价值尺度　　B. 流通手段

C. 贮藏手段　　D. 支付手段

笔记

5. 下列体现货币支付手段的是(　　)。

A. 店主决定将店内服装 8 折销售　　B. 张伟从银行取款 3 000 元交店铺租金

C. 小英说她奶奶的金项链至少值 1 万元　　D. 李华将 5 000 元现金存入办公室保险箱

二、多项选择题

1. 使用价值和价值是商品的两个基本因素,缺一不可。当生产者把商品卖给消费者时(　　)。

A. 消费者既得到了商品的使用价值,也得到了商品的价值

B. 生产者既得到了商品的使用价值,也实现了商品的价值

C. 消费者得到了商品的使用价值,却支付了商品的价值

D. 生产者实现了商品的价值,却让渡了商品的使用价值

2. 在商品价值量决定方面,正确的命题有(　　)。

A. 商品价值量由社会必要劳动时间决定

B. 商品的价值量由个别劳动时间决定

C. 商品的价值量是在同类商品生产者的竞争中实现的

D. 商品的价值量是在不同类商品生产者的竞争中实现的

第二讲　社会主义市场经济理论

考点一　社会主义初级阶段的基本经济制度

一、经济制度与经济体制

(一)经济制度

经济制度是指一个社会中经法律确认的占统治地位的生产关系的总和,对人们在生产资料占有关系、劳动者与生产资料的结合方式、社会物质财富的分配关系等方面的基本规定。

(二)经济体制

1. 经济体制的定义

经济体制是指一定经济制度采取的具体组织形式和管理体系,是生产关系的具体实现形式,它反映社会经济在组织生产、交换、分配和消费过程中采取的资源配置方式,是对一定社会经济运行模式的概括。

经济体制可以认为是一定区域内(通常为一个国家)制定并执行经济决策的各种机制的总和。

2. 经济体制的类型与作用

经济体制作为资源配置方式,在社会化生产条件下,主要有两种,一种是市场经济体制,另一种是计划经济体制。

(1)市场经济体制。

市场经济体制指依靠市场手段对资源进行配置的经济体制。

笔记

优点：自主性、平等性、竞争性、开放性、有序性、法制性。

缺点：自发性、盲目性、滞后性。

(2)计划经济体制。

计划经济体制又称指令性经济，是对生产和资源分配以及产品消费事先进行计划的经济体制。

缺点：缺乏竞争，资源配置率低。

(三)经济制度和经济体制的联系与区别

1. 经济制度与经济体制的联系

(1)经济制度是经济体制的基础，经济制度需要以一定的经济体制贯彻和落实。

(2)经济体制反映经济制度，通过经济体制的运作和改革使经济制度得以巩固、发展和完善。

2. 经济制度与经济体制的区别

(1)经济制度反映一个社会生产关系的根本性质，而经济体制作为一种资源配置方式，反映的是社会经济运行的基本特点和具体形态。

(2)不同社会经济制度的国家可以实行类似的经济体制，相同社会经济制度的国家也可以实行不同的经济体制。

二、社会主义初级阶段的基本经济制度

《中华人民共和国宪法》第六条规定，国家在社会主义初级阶段，坚持公有制为主体、多种所有制经济共同发展的基本经济制度。

1. 社会主义公有制

社会主义经济制度的基础是生产资料的社会主义公有制。

公有制主要包括：全民所有制和集体所有制，还包括混合所有制经济中的国有成分和集体成分。

公有制主体地位的体现：①国有经济控制国民经济命脉，对经济发展起主导作用；②在社会总资产中，公有资产占优势，既要有量的优势，更要注重质的提高。

2. 多种所有制(非公有制)

多种所有制形式主要包括：个体所有制、私营企业所有制、外资企业所有制、混合所有制经济中的民营成分等。

我国非公有制经济是改革开放以来在党的方针政策指引下发展起来的，是中国特色社会主义市场经济的重要组成部分，也是完善社会主义市场经济体制的必然要求。

两个毫不动摇："毫不动摇地巩固和发展公有制经济""毫不动摇地**鼓励、支持和引导**非公有制经济发展"。

考点练习

【例题 1】(单选)在我国社会主义初级阶段，非公有制经济是(　　)。

A. 集体经济的主要形式　　B. 逐步向公有制过渡的经济

C. 社会主义公有制经济的补充　　D. 社会主义市场经济的重要组成部分

笔记

【例题2】(单选)股份制是私有还是公有,关键看(　　)。

A. 控股权掌握在谁手里

B. 是以公有制为基础还是以私有制为基础

C. 是为社会主义还是为资本主义服务

D. 是实行社会主义市场经济还是实行资本主义市场经济

【例题3】(单选)股份合作制是在我国经济体制改革中出现的一种新的(　　)。

A. 私有制经济实现形式　　B. 民营经济实现形式

C. 国有经济实现形式　　D. 公有制经济实现形式

【例题4】(多选)我国的非公有制经济包括(　　)。

A. 个体经济　　B. 私营经济

C. 中外合资经济　　D. 集体经济

【例题5】(判断)在不同的经济制度下,资源配置问题的解决方法是不同的。(　　)

【例题6】(多选)我国现阶段对非公有制经济的基本方针是什么?(　　)

A. 支持　　B. 引导

C. 鼓励　　D. 依法监督和管制

考点二　社会主义市场经济体制

一、市场经济

市场经济是指由市场机制配置资源的经济体制,即通过市场中的供求机制、价格机制和竞争机制对资源进行配置。

市场经济是商品经济发展的必然产物,是发达的商品经济。当市场机制对价格和生产经营者活动能直接起调节作用,市场在资源配置过程中起决定性作用的商品经济,才成为市场经济。

二、社会主义市场经济体制

(一)社会主义市场经济的定义

社会主义市场经济是使市场在社会主义国家宏观调控下对资源配置起决定性作用的经济体制,是社会主义基本社会制度与市场经济结合在一起的市场经济。

(二)社会主义市场经济的具体内容

社会主义市场经济既具有一般市场经济的共性又具有其特殊性。

共性体现在:社会主义市场经济与西方市场经济一样遵循价值规律要求,通过市场的供求、价格、竞争等机制对社会资源配置起决定性作用,把资源配置到效益最好的环节中去,促进生产和需求及时协调。

特殊性主要可以凝练为三个方面:

①公有制的主体地位；②以共同富裕为目标的分配制度；③宏观调控。

笔记

（三）社会主义社会保障

社会保障的主体是国家或政府，目标是满足公民基本生活水平的需要，包括社会保险（基本纲领）、社会救助（最低纲领）、社会福利（最高纲领）、社会优抚（特殊纲领）、社会互助。

考点练习

【例题 7】（单选）下列针对计划经济和市场经济的描述，正确的是（　　）。

A. 二者都属于基本制度范畴

B. 二者都是调控经济的手段

C. 二者是划分社会主义和资本主义的标志

D. 前者存在社会主义制度中，后者存在资本主义制度中

【例题 8】（单选）在家电领域，某集团充分利用国内和国际的资源，构建一个全球性研发、制造、营销和服务网络，逐渐成长为行业引领者。这体现的市场经济特征是（　　）。

A. 竞争性　　B. 平等性　　C. 开放性　　D. 有序性

【例题 9】（单选）市场机制是指市场诸要素间相互联系和作用的制约关系及其调节功能，其核心机制是（　　）。

A. 价格机制　　B. 竞争机制　　C. 供求机制　　D. 风险机制

【例题 10】（单选）发展社会主义市场经济，必须建立主要由市场形成价格机制。只有这样，价格机制才能（　　）。

A. 反映价值和供求关系的变化，引导资源合理配置

B. 保持价格与价值一致，实行等价交换

C. 适应市场供求变化，实现经济协调发展

D. 促进公平竞争，维护消费者应有的权益

【例题 11】（多选）“市场经济不等于资本主义”这一科学论断的理论与实践意义在于（　　）。

A. 计划和市场都是资源配置的手段

B. 社会主义与市场经济不是根本对立的

C. 计划经济与市场经济都属于社会主义基本制度范畴

D. 为我国最终确立社会主义市场经济体制的改革目标奠定了理论基础

【例题 12】（多选）使市场在资源配置中起决定性作用的重要意义在于（　　）。

A. 有利于减少政府宏观调控职能　　B. 有利于加快我国经济的转型升级

C. 有利于开放型经济新体制的构建　　D. 有利于最大限度激发各个主体创业、创新

【例题 13】（多选）目前，贫富差距是我国的现状，缩小收入差距有助于解决我国的贫富差距问题，下列哪些举措有助于缩小差距？（　　）

A. 提高低收入者收入水平

B. 扩大高收入者比重，缩小中等收入的比重

C. 坚决取缔非法收入

D. 帮助困难群众的基本生活

笔记

【例题 14】(判断)建立社会主义市场经济体制,就是要使市场在国家宏观调控下对社会资源的配置起决定性作用。 ( )

考点三 社会主义初级阶段的分配制度

一、三次分配

三次分配理论是指市场经济条件下的收入分配。包括三次分配:

第一次是由市场按照效率原则进行的分配;

第二次是由政府按照兼顾公平和效率的原则、侧重公平原则,通过税收、社会保障支出等这一收一支所进行的再分配;

第三次是在道德力量的推动下,通过个人自愿捐赠而进行的分配。

初次分配是按照各生产要素对国民收入贡献的大小进行的分配,主要由市场机制形成。再分配是指在初次分配的基础上,把国民收入中的一部分拿出来通过税收和社会保障系统进行重新分配,主要由政府调控机制起作用。

第三次分配是指动员社会力量,建立社会救助、民间捐赠、慈善事业、志愿者行动等多种形式的制度和机制,是社会互助对于政府调控的补充。

党的十七大报告指出,初次分配和再分配都要处理好效率与公平的关系,再分配更加注重公平。

党的十八大报告指出,提高居民收入在国民收入分配中的比重,提高劳动报酬在初次分配中的比重。

二、我国的基本分配制度

(一)基本分配制度的内容

1. 按劳分配为主体,多种分配形式并存是社会主义初级阶段的分配制度

实行按劳分配的原因具体如下。

(1)生产资料公有制决定了必须废除反映剥削关系的分配制度,确立按劳分配制度。

(2)社会主义社会的生产力水平决定了只能实行按劳分配。

(3)劳动是谋生的手段。

2. 多种分配形式

(1)个体劳动收入。

个体劳动收入是个体劳动者和农村专业户的个人收入,他们从事个体工商业、个体服务业以及农副业生产等经济活动,主要依靠自己的劳动获取收入。

(2)按生产要素分配。

按生产要素分配是凭借资本、劳动、技术、土地和数据等生产要素而取得个人收入的分配方式。

按劳动力要素分配:在私营企业和外资企业中,劳动者所获得的工资收入。

按资本分配:投资股票和债券以及参加银行储蓄得到的股息、红利和利息。

按技术要素分配:科技工作者、信息工作者提供新技术和信息资料取得的收入。

按土地房产分配:土地及房屋出租所得的收入。

(二)实行基本分配制度的原因

基本经济制度决定分配制度,分配制度是经济制度的重要组成部分。

公有制为主体决定了分配方式必然以按劳分配为主体。

多种所有制经济的存在又决定了分配方式的多样性。

笔记

考点练习

【例题15】(单选)下列收入属于按劳分配性质的是(　　)。

A. 个体劳动者的劳动所得

B. 外资企业职工的工资收入

C. 股份制企业职工按股份分红的收入

D. 公有制经济中劳动者的工资收入

【例题16】(单选)下列工资收入属于国民收入初次分配的是(　　)。

A. 国家机关工作人员的工资　　B. 工业企业职员的工资

C. 高等学校教师的工资　　D. 文艺工作者的工资

【例题17】(单选)实行按劳分配的前提是(　　)。

A. 社会分工发达　　B. 社会生产资料公有制

C. 生产力发展水平较高　　D. 市场化水平较高

【例题18】(单选)社会主义市场经济条件下,按劳分配的主体是(　　)。

A. 国家　　B. 企业　　C. 个人　　D. 市场

【例题19】(单选)社会主义初级阶段,公有制经济中个人收入实行按劳分配原则的直接原因是(　　)。

A. 社会主义生产资料公有制　　B. 社会主义制度下的生产力发展水平

C. 社会经济制度的要求　　D. 社会主义制度下劳动的性质和特点

【例题20】(多选)按生产要素分配是指按照资本、土地、劳动等要素在生产过程中的贡献进行分配的一种方式,这种分配方式(　　)。

A. 是市场经济的客观要求

B. 是与生产资料公有制相联系的一种分配制度

C. 是以承认生产要素的所有权和产权界定清晰为前提的

D. 有利于提高资源配置效率

【例题21】(多选)我国现阶段在个人消费品领域采取按劳分配为主、多种分配方式并存的原因是(　　)。

A. 公有制为主体,多种所有制经济共同发展的基本经济制度决定的

B. 我国现阶段的生产力发展水平决定的

C. 发展社会主义市场经济的客观要求

D. 符合“三个有利于”的标准

笔记

【例题 22】(判断)在社会主义市场经济中，国家或政府对个人收入的调节，应集中在微观领域中进行。 ( )

【例题 23】(多选)再分配也称社会转移分配，是指在初次分配结果的基础上，各收入主体之间通过各种渠道实现现金或实物转移的一种收入再次分配过程，也是政府对要素收入进行再次调节的过程。下列属于再分配调节手段的是( )。

A. 房产税　　B. 社会保险

C. 社会救济　　D. 转移支付

【例题 24】(单选)推动现代化经济体系建设，关键是全面深化经济体制改革，而经济体制改革的核心问题，是处理好( )的关系。

A. 个人和集体　　B. 政府和企业

C. 政府和市场　　D. 国有企业与民营企业

【例题 25】(多选)下列关于习近平新时代中国特色社会主义经济思想的表述正确的是( )。

A. 坚持加强党对经济工作的集中统一领导

B. 坚持以人民为中心的发展思想

C. 坚持适应把握引领经济发展新常态

D. 坚持使市场在资源配置中起决定性作用

【例题 26】(多选)加快完善社会主义市场经济体制和加快转变经济发展方式应( )。

A. 全面深化经济体制改革　　B. 优先发展第三产业

C. 加大政府宏观调控力度　　D. 推进经济结构战略性调整

【例题 27】(单选)习近平指出，( )是一国的经济立身之本，是财富创造的根本源泉，是国家富强的重要支柱。

A. 实体经济　　B. 市场经济　　C. 制造业　　D. 工业技术

思维导图

(请登录“追求卓越官网 www.365zhuoyue.com”免费下载)

专项训练

一、单项选择题

1. 我国社会主义初级阶段中的非公有制经济是( )。

A. 社会主义经济的重要组成部分

B. 社会主义市场经济的必要补充

C. 带有社会主义性质的私有制经济

D. 社会主义市场经济的重要组成部分

笔记

2. 确定我国经济体制改革目标，核心问题是正确认识和处理(　　)。

A. 经济体制与经济制度的关系　　B. 改革与发展的关系

C. 计划与市场的关系　　D. 发展与稳定的关系

3. 健全市场机制，应逐步建立的价格形成机制是(　　)。

A. 市场形成价格为主　　B. 国家制定价格为主

C. 计划和市场共同形成价格　　D. 各方自由定价

4. 实行按劳分配原则的前提条件是(　　)。

A. 生产力发展水平　　B. 社会化生产

C. 社会主义生产资料公有制　　D. 社会主义劳动的性质

5. 在我国现阶段，个人消费的分配必须坚持以按劳分配为主。这是由于(　　)。

A. 生产资料公有制居于主体地位

B. 社会化大生产占据主导地位

C. 按劳分配符合一般人的道德标准

D. 按劳分配符合市场经济发展的要求

6. 我国的社会主义市场经济体制，既有一般市场经济的共性，又有我国的显著特点。这个显著特点表现在(　　)。

A. 它遵循价格规律的要求

B. 它面向市场，注意供求关系变化

C. 它是同社会主义基本制度结合在一起的

D. 它通过市场竞争达到资源的优化配置

7. 我国社会主义初级阶段实行以公有制为主体、多种所有制经济共同发展的基本经济制度，促进了生产力的发展，说明实行这种制度遵循了(　　)。

A. 生产力决定生产关系的原理

B. 经济基础决定上层建筑的原理

C. 社会存在决定社会意识的原理

D. 经济制度决定生产力状况的原理

8. 我国国民经济的主体是(　　)。

A. 公有制经济　　B. 个体经济

C. 私营经济　　D. 外资企业

9. 我国宏观间接调控的实现机制是(　　)。

A. 国家调节企业，企业面对市场

B. 企业服从国家，国家服从市场

C. 国家调节市场，市场引导企业

D. 市场调节企业，企业自主经营

10. (　　)是股份制经济的基本分配原则。股份制经济是一种促进市场经济发展的经济形式，它能改变生产要素分散使用的格局，实现资源的优化配置，提高资源的使用效率。

A. 按劳分配　　B. 按需分配

C. 按股分利　　D. 按生产要素分配

笔记

二、多项选择题

1. 社会主义市场经济体制是指(　　)。

A. 市场经济同社会主义基本制度结合在一起的经济体制

B. 要使市场经济在社会主义国家宏观调控下的经济体制

C. 对资源配置起决定性作用的经济体制

D. 适应供求关系变化的经济体制

2. 现阶段,我国按劳分配的特点是(　　)。

A. 通过商品货币形式实现

B. 以企业为单位进行

C. 受市场机制制约

D. 全社会实行统一标准,收入上不存在差别

3. 我国不可能实行同时同步共同富裕的政策,是因为(　　)。

A. 各地区经济文化发展不平衡

B. 共同富裕是需要一个过程的

C. 劳动者的能力有差别

D. 两极分化可以刺激生产力的发展

三、判断题

1. 在不同的经济制度下,资源配置问题的解决方法是可以不同的。　(　　)

2. 在我国,企业作为社会收入再分配的主体,是调节各个阶层收入,实现社会公平的有利保证。　(　　)

3. 市场经济作为一种经济运行模式,不具有独立的社会性质。因此,可以说市场经济与社会性质没有关系。　(　　)

4. 我国社会主义市场经济体制,既可以发挥市场经济的优势,又可以发挥社会主义制度的优越性。　(　　)

第三讲　微观经济理论

考点一　供需基本理论

一、微观经济的基本问题

(一)资源稀缺性与理性人假定

1. 资源稀缺性——相对的稀缺

经济资源的稀缺性是经济学中的基础性概念。在人类社会中,生产资源以及用它们生产的产品总是既定的,而人类的欲望是无限的,由此便产生了稀缺性问题。

资源配置,研究相对稀缺的经济资源如何合理分配给各种不同用途,以生产出更多的

笔记

满足人类欲望的"经济物品",这就是最基本的经济问题。

2. 理性人假定

理性人假定又称经济人假定,是指每一个从事经济活动的人都是利己的。每一个从事经济活动的人都以自己所掌握的充分信息力图以自己最小经济代价去获得最大的经济利益。只有这样的人才是"合乎理性的人",否则,就是非理性的。

(二)亚当·斯密与《国富论》

1776年,经济学之父亚当·斯密的著作《国民财富的性质和原因研究》(简称《国富论》)的出版标志着经济理论的诞生。亚当·斯密认为市场机制是最有效的资源配置方式。

市场是看不见的手,政府充当的是"守夜人"的角色。

二、需求与供给

(一)需求与影响需求的因素

1. 需求的定义

需求是指在一定时期内各种可能的价格水平下,消费者愿意而且能够购买的商品数量。

2. 需求定律

在其他因素既定的条件下,商品的需求量与其价格之间存在着反向的依存关系,即商品价格上升,需求量减少;商品价格下降,需求量增加。

吉芬物品是一种价格上升,需求量也上升的特殊物品。

3. 影响需求的因素

(1)商品本身的价格(首要因素)。

(2)消费者的偏好。

(3)消费者的收入。

①对于正常商品而言:消费者收入越高,对之需求也越大,反之越小。

②对于劣等商品而言:随着收入水平的提高,对之需求反而下降。

口红效应:口红不是低档商品,更加像一种低奢品。正常来说,当收入水平下降时,人们对于口红的需求是下降的,但在现实生活中,会出现相反的情况。其原因有二,首先,当收入水平降低时,对于一些价格比较高的奢侈品,人们的购买能力会受到限制,但是对于口红而言,其价格人们是能够接受的,也就是说,购买能力是能满足的;其次,当收入水平降低时,人们的心情是比较沮丧的,可当人们用上口红会让自己更好看,有一定愉悦心情的作用,这时人们的购买愿望也会比较强烈。满足这两个条件后,口红的需求就会增加。最终会导致当人们的收入水平下降时,对于口红的需求反而是增加的,这就是"口红效应"。

(4)相关商品价格。

①对于替代商品而言:某种商品价格上升,对与之形成替代的商品的需求就会增加。如牛肉价格上升,消费者会增加对羊肉的需求。

②对于互补商品而言:某种商品价格上升,对与之形成互补的商品的需求就会下降。如汽油价格上升,消费者会减少对汽车的需求。

(5)其他因素。

笔记

(二)供给与影响供给的因素

1. 供给的定义

供给是指在一定时期内各种可能的价格下,生产者愿意而且能够提供出售的商品数量。

2. 供给定律

在其他因素既定的条件下,商品的供给量与其价格之间存在着正向依存关系,即商品价格上升,供给量增加;商品价格下降,供给量减少。

3. 影响供给的因素

(1)商品本身的价格(首要因素)。

(2)生产要素的价格。

(3)生产技术的变动。

(4)生产的难易程度。

(5)厂商对未来的预期。

(6)其他因素。

三、市场均衡与政府干预价格

(一)市场均衡

1. 均衡数量与均衡价格

市场均衡是指商品的需求量等于供给量的状态,此时也称为市场出清。

市场均衡时的数量称为均衡数量,市场均衡时的价格称为均衡价格。

市场均衡是市场进行资源配置的最优状态,但受市场缺陷的影响,市场有时会出现非均衡,即要么供大于求、要么供小于求,此时市场机制会持续调节,使非均衡走向均衡。

2. 市场均衡的反面——市场失灵

造成市场失灵的原因。

(1)垄断:在垄断市场上,供给并不由市场决定,垄断企业可以控制产量,并通过调节产量而在相当大程度上影响价格。

(2)外部性:负外部性(外部不经济)是指,某种经济活动给予这项活动无关的第三方带来的成本。例如,废水污染。正外部性(外部经济)是指,某种经济活动给予这项活动无关的第三方带来的利益。例如,教育。

(3)公共物品:公共物品一般不能或不能有效通过市场机制由企业和个人来提供,主要由政府来提供。

(4)信息不对称:信息不对称会引起逆向选择、道德风险,这些问题会导致资源配置不当,减弱市场效率,导致市场失灵。

(二)政府干预价格

1. 最高限价

最高限价是指政府干预使得价格低于均衡价格。动机或目的往往在于保护消费者利益。

(1)积极方面:保持社会安定,保证消费者基本生活需要,特别是在战争、自然灾害、突发事件时,政府干预常常是必要的。

(2)**消极方面**:向生产者和消费者传递失真的价格信息,导致市场失灵;财政支出增加;影响其他产业和社会其他领域的发展。

(3)**干预政策可能的后果**:短缺—黑市交易。解决的办法有配给制、票证制、排队等。

2. 支持价格

支持价格是指政府通过干预使价格高于均衡价格,主要有支持价格、保护价格、政府收购价格等。动机或目的往往是保护生产者利益。

(1)**积极方面**:在一定程度上促进社会安定、保护生产者利益,尤其是农业。

(2)**消极方面**:向生产者和消费者传递失真的价格信息,导致市场失灵,财政支出增加。

(3)**干预政策可能的后果**:过剩。解决的办法有收购储备、产量控制。

笔记

考点练习

【例题1】(单选)经济学领域所谓的"看不见的手"的最初提出者是( )。

A. 亚当·斯密　　B. 凯恩斯

C. 大卫·李嘉图　　D. 萨缪尔森

【例题2】(单选)政府把价格限制在均衡价格水平以下,可能导致商品( )。

A. 黑市交易　　B. 大量积压

C. 需求等于供给　　D. 供给大于需求

【例题3】(单选)下列有关需求的表述,不正确的是( )。

A. 替代品的价格越高,数量越少,消费者对本商品的需求量就越大

B. 奢侈品的需求较富有弹性,而低档品的需求较缺乏弹性

C. 对消费者需求影响最大的是消费者的偏好

D. 互补品的价格越高,数量越少,消费者购买本商品的数量就越少

【例题4】(单选)均衡价格随着( )。

A. 需求和供给的增加而上升

B. 需求和供给的减少而上升

C. 需求的减少和供给的增加而上升

D. 需求的增加和供给的减少而上升

【例题5】(单选)在市场经济条件下,能够自发地调节劳动力和生产资料在社会生产各部门之间的分配,使之大体保持平衡的信号是( )。

A. 商品的供不应求　　B. 商品价格的上涨或下跌

C. 税收的下调　　D. 物价指数的涨跌

【例题6】(单选)当一种商品价格升高而导致另一种商品需求的增加,那么这两种商品之间存在替代关系,互为替代品。下列各项中的两种商品互为替代品的是( )。

A. 羊肉、牛肉　　B. 大米、糖果

C. 手表、时钟　　D. 电脑、手机

【例题7】(多选)政府的价格干预措施的目的是下列哪几种?( )

A. 维护生产者利益　　B. 维护消费者利益

C. 克服市场定价的缺陷　　D. 维护政府的经济利益

【例题8】(多选)影响供给的因素主要包括(　　)。

A. 商品的价格　　B. 生产要素的价格

C. 生产技术　　D. 生产者对未来的预期

【例题9】(判断)政府价格干预的做法有违市场在资源配置中起决定性作用的要求。(　　)

【例题10】(判断)当某种商品的价格上升时,其互补品的需求将上升。(　　)

考点二 市场

一、市场结构

1. 市场

市场是商品买卖双方相互作用并得以决定其交易价格和交易数量的一种组织形式或制度安排。

2. 划分市场结构的标准

市场类型划分的主要标准有四个:第一,市场上厂商的数目;第二,厂商所生产的产品的差别程度;第三,单个厂商对市场价格的控制程度;第四,厂商进入或退出一个行业的难易程度。

3. 四种市场结构

根据不同的竞争程度以及市场结构的特征,将市场划分为完全竞争市场、垄断竞争市场、寡头市场和垄断市场四种类型。从前至后,垄断程度依次增强。四种市场结构如下表所示。

市场类型	企业数目	产品差异化	价格控制	进退难易	近似市场
完全竞争市场	许多,数不清	无	无	无困难	农产品
垄断竞争市场	许多,有限	有	有一些	有些困难	轻工业品
寡头垄断市场	几家	无或有	有很大	有很大困难	重工业品
完全垄断市场	一家	唯一	完全控制	几乎不可能	公共服务品

4. 反垄断与市场经济

价格机制是市场机制的核心机制,价格信号是最重要、最灵敏的信号。但是价格机制可以合理运行的前提是,市场能够正常地调节商品的价格。垄断企业的出现影响商品价格的决定,而消费者无话语权。所以国家大力治理垄断企业,实行反垄断的措施,目的就是建立一个统一、开放、竞争、有序的市场体系,让市场机制合理运行,发挥市场经济的优势。

二、市场机制

市场机制是以价格为核心的各种市场内在功能的总和。市场机制主体包括价格机

笔记

制、供求机制和竞争机制。其中，价格机制是核心机制。

发挥市场机制在资源配置中的基础性作用，必须培育和发展统一、开放、竞争、有序的市场体系。

(1)价格机制是指在市场竞争过程中，市场上某种商品市场价格的变动与市场上该商品供求关系变动之间有机联系的运动。它通过市场价格信息来反映供求关系，并通过这种市场价格信息来调节生产和流通，从而实现资源配置。另外，价格机制还可以促进竞争和激励，决定和调节收入分配等。

(2)供求机制是指通过商品、劳务和各种社会资源的供给和需求的矛盾运动来影响各种生产要素组合的一种机制。它通过供给与需求之间的、在不平衡状态时形成的各种商品的市场价格，并通过价格、市场供给量和需求量等市场信号来调节社会生产和需求，最终实现供求之间的基本平衡。

(3)竞争机制是指在市场经济中，各个经济行为主体之间为着自身的利益而相互展开竞争，由此形成的经济内部的必然联系和影响。它通过价格竞争或非价格竞争，按照优胜劣汰的法则来调节市场运行。它能够形成企业的活力和发展的动力，促进生产，使消费者获得更大的实惠。

三、经济学常识

1. 恩格尔系数

恩格尔系数是用来反映一国或地区居民贫富水平的统计指标，等于食品支出占总支出的比例。数值越大，收入越低，越贫穷。

2. 基尼系数

基尼系数是用来反映收入差距的一种统计指标。区间范围为 0 到 1，数值越大，则表明收入差距越大。基尼系数的国际警戒线是 0.4。

3. 机会成本

机会成本是采取某一方案而放弃其他方案，其他方案中收益最大的损失即为采纳该方案的机会成本。

4. 沉没成本

沉没成本是指以往发生的，但与当前决策无关的费用，代指已经付出且不可收回的成本。

5. 固定成本和变动成本

固定成本与业绩、产量的变动无关；变动成本与业绩、产量的变动相关。

6. 逆向选择和道德风险

利用信息不对称带来的优势，事前获利或令对方受损为逆向选择(婚介、求职、二手车)，事后获利或令对方受损为道德风险(保险)。

7. 负外部性

负外部性是指在产权归属不清晰的前提下，其行为对其他个体产生负效应，却没有进行“补偿”。

8. 边际效用递减和边际产量递减

效用是指消费一定数量某种物品后得到的满足程度。

边际效用是指消费量每新增一单位带来的满足程度。

笔记

边际效用是递减的。

在技术水平不变的情况下，当把一种生产要素连续投入时，最初阶段会导致产量增加；但当连续投入增至一定限度后，每单位生产要素的投入带来的产量增加量会逐渐减少。

9. 纯公共物品和准公共物品

公共物品是指无法由私人供给的产品，具有非排他性和非竞争性的典型特征。因此，产生了“搭便车现象”，即是指个人支付本钱取得的收益被集体中的其他成员免费分享的现象。由于个人支付全部本钱而只享受较少的收益份额，因此集体中的理性个人没有动力去提供公共物品。组织规模越大，公共物品越是供给缺乏。

纯公共物品和准公共物品的区别在于是否具有有限的非排他性和非竞争性。如国防、环保是纯公共物品；公交车、地铁、桥梁、教育等是准公共物品。

10. 价格歧视

价格歧视是指商品或服务的提供者在向不同的接受者提供相同等级、相同质量的商品或服务时，在接受者之间实行不同的销售价格或收费标准。价格歧视是一种重要的垄断定价行为，是垄断企业通过差别价格来获取超额利润的一种定价策略。

考点练习

【例题 11】（单选）一个人的行为对旁观者福利的影响，称为（　　）。

A. 外部性　　B. 内部性

C. 排他性　　D. 非排他性

【例题 12】（单选）完全竞争市场中所有企业出售的产品是（　　）。

A. 完全同质的　　B. 有差异的

C. 只有一种　　D. 有差异或者无差异

【例题 13】（单选）市场失灵是指（　　）。

A. 在私人部门和公共部门之间资源配置不均

B. 不能产生任何有用成果的市场过程

C. 以市场为基础对资源的低效率配置

D. 收入分配不公平

【例题 14】（单选）卖主比买主知道更多关于商品的信息，这种情况被称为（　　）。

A. 逆向选择　　B. 搭便车问题

C. 自然选择　　D. 道德陷阱

【例题 15】（单选）价格变动会引起需求量变动。在日常生活中，价格变动对需求量影响较小的一组商品是（　　）。

A. 电视机、食用油、禽蛋　　B. 蔬菜、米面、日用调味品

C. 金银首饰、液化气、家用摄像机　　D. 海鲜产品、电脑、轿车

【例题 16】（单选）一般的日用工业品市场和副食品市场接近（　　）。

A. 完全竞争市场　　B. 完全垄断市场

C. 垄断竞争市场　　D. 寡头垄断市场

【例题 17】(单选)下列不属于完全竞争市场的特征的是(　　)。

A. 买者卖者很多　　B. 产品差别很大

C. 要素自由流动　　D. 没有交易成本

【例题 18】(单选)如果人们的收入水平提高,则食品支出在总支出中的比重(　　)。

A. 大大增加　　B. 稍有增加　　C. 下降　　D. 不变

【例题 19】(单选)柠檬在美国俚语中表示"残次品"或"不中用的东西"。在柠檬市场中,低质量产品会不断驱逐高质量产品,产生这种现象的主要原因是(　　)。

A. 卖方垄断　　B. 信息不对称

C. 供不应求　　D. 政府

【例题 20】(多选)公共物品的基本特征是(　　)。

A. 竞争性　　B. 排他性　　C. 非竞争性　　D. 非排他性

【例题 21】(多选)下列属于准公共物品的是(　　)。

A. 教育　　B. 医院　　C. 体育　　D. 公路

【例题 22】(多选)资源优化配置指的是能够带来高效率的资源使用,其标准主要是看资源使用是否带来了生产的高效率和经济效益的提高。下列体现了资源优化配置的有(　　)。

A. 目前一般农产品大量充斥着市场,而消费者喜爱的绿色产品却供不应求

B. 经济发达地区大学生就业面临严重困难,而经济落后地区还存在人才缺口

C. 某企业引进大量高技术专业人才,改进生产工艺,为企业带来更多的收益

D. 某企业购进先进的设备,用同样数量的原材料生产出更多的产品

思维导图

(请登录"追求卓越官网 www.365zhuoyue.com"免费下载)

专项训练

一、单项选择题

1. 下列属于互补品的是(　　)。

A. 鼠标和鼠标垫　　B. 隐形眼镜和眼镜框

C. 猪肉和牛肉　　D. 汽车和自行车

2. 苹果价格上升时,人们会减少苹果的购买量而增加对梨的购买。苹果与梨这两种商品之间存在(　　)。

A. 互补关系　　B. 交叉关系

C. 替代关系　　D. 复合关系

3. 轻轨服务的产品性质属于(　　)。

A. 纯公共产品　　B. 准公共产品

C. 私人物品　　D. 社会物品

笔记

4. 决定需求的首要因素是(　　)。

A. 消费者的偏好　　B. 商品的价格

C. 消费者的实际需要　　D. 家庭收入多少

5. 政府为了扶持农业,对农产品规定了高于其均衡价格的支持价格,政府为维持支持价格,应采取的相应措施是(　　)。

A. 增加对农产品的税收　　B. 实行农产品配给制

C. 敞开收购过剩的农产品　　D. 对农产品生产者给予补贴

6. 判断以下市场,哪个是完全竞争市场?(　　)

A. 玉米种植　　B. 汽车制造

C. 书籍零售　　D. 笔记本电脑制造

7. 某化工厂在其生产过程中,向附近的河流排放了大量的污水,导致了附近地区粮食大幅度减产,但该厂却未对农民进行相应的赔偿,这种想象的存在,通常被称为(　　)。

A. 正外部性　　B. 负外部性

C. 外部经济　　D. 外部影响

8. 在战争或饥荒时,政府为了使大部分人仍然能够负担得起生活必需品,以利于社会稳定,会采取(　　)措施。

A. 最低限价　　B. 最高限价　　C. 规定价格　　D. 货币贬值

9. 完全垄断市场,市场中所有企业出售的产品是(　　)。

A. 完全同质的　　B. 有差异的

C. 只有一种　　D. 有差异或者无差异

10. 在股票市场上,某股票价格的上升会带动该股票被争相购买,导致该股票价格继续暴涨;某股票价格的下降会致使该股票被大量抛售,导致该股票价格暴跌。这就是股票市场的一种(　　)。

A. 负外部效应　　B. 马太效应

C. 正外部效应　　D. 挤入效应

二、多项选择题

1. 供给和需求的关系是(　　)。

A. 需求大于供给,价格有上升趋势

B. 需求小于供给,价格有上升趋势

C. 需求大于供给,价格有下降趋势

D. 需求小于供给,价格有下降趋势

2. 影响消费者需求的因素包括(　　)。

A. 商品的价格　　B. 消费者的收入

C. 消费者的偏好　　D. 消费者对未来的预期

3. 下列关于经济常识的说法,正确的有(　　)。

A. 私营经济是以生产资料私有制为基础的经济

B. 纸币替代金属货币执行价值尺度职能

C. 降低存款利率,有利于国内消费需求

D. 价格的变化受供求关系的影响

笔记

三、判断题

1."男怕入错行,女怕嫁错郎",体现的是经济学中的"信息不对称"原理。 （ ）

2.市场经济就是要让价格机制发挥资源配置的重要作用。 （ ）

3.近年来,住房价格不断升温,国家出台相应政策进行调控,反映了市场配置资源的低效率和政府调控的必要性。 （ ）

第四讲 宏观经济理论

考点一 宏观经济的基本指标与概念

一、国民经济统计指标

(一)国内生产总值(GDP)

1.国内生产总值的定义

国内生产总值是指在一定时期内(通常为一年),一个国家或地区的经济中所生产的全部最终产品和劳务的市场价值。国内生产总值是国民收入核算以及宏观经济学的核心变量。

2.国内生产总值在统计时的特征

(1)GDP必须按当期最终产品计算,中间产品不能计入,否则会造成重复计算。中间产品是指为了再加工或者转卖用于供别种产品生产使用的物品和劳务,如原材料、燃料等。

(2)一定时期强调的是该季度或该年度内"新"增加的最终产品和提供的劳务,往季或往年的不算。例如,二手车、二手房等都不算今年的国内生产总值。

(3)仅指市场活动导致的价值。那些非生产性活动以及地下交易、黑市交易等不计入GDP。例如,家务劳动、自给自足性生产、赌博和毒品的非法交易等。

(二)消费者价格指数(CPI)

CPI是反映与居民生活有关的商品和劳务价格统计出来的物价变动指标,通常作为观测通货膨胀水平的重要指标。当CPI高于3%时,表明存在通货膨胀;当CPI高于10%时,称之为恶性的通货膨胀。

CPI是一个相对指标值,反映的是变动。核算的商品包括居民的衣食住行多个方面,共九大类。需要注意的是关于"住",指的是租房价格而非购买房屋价格。

二、失业与通货膨胀

(一)失业及其类型

失业是指有劳动能力的人想工作而找不到工作的社会现象。

通常采用失业率来衡量一个国家或地区的失业程度,失业率等于失业者占劳动力的百分比。

笔记

失业有以下分类。

1. 自然失业

自然失业是指由于经济中某些难以避免的原因所引起的失业，是充分就业下的失业率，是失业率围绕其波动的平均水平。

自然失业主要包括以下类型。

(1)摩擦性失业：因劳动力市场运行机制不完善或因经济变动过程中工作转换而产生的失业。

(2)结构性失业：由于经济结构的变动，劳动力供给和需求在职业、技能、产业、地区分布等方面的不适应所引起的失业。其显著特点是职位空缺与失业并存。

(3)季节性失业：由于季节的变动，导致的如农业、渔业、旅游业等产业暂时性失业的现象。

2. 周期性失业

周期性失业是指经济周期中的衰退或萧条阶段，因需求下降而造成的失业，也叫需求不足性失业。各国或地区政府都十分重视周期性失业，一般采用逆周期政策来调控周期性失业。

(二)失业与通货膨胀的关系(菲利普斯曲线)

失业与通货膨胀之间存在反向变动关系，通货膨胀率高时，失业率低；通货膨胀率低时，失业率高。这种规律也被叫菲利普斯曲线。

(三)失业与经济增长之间的关系(奥肯定律)

失业率与经济增长之间成反向变动关系，失业率低，经济增长；失业率高，经济衰退。这种规律也被叫奥肯定律。

考点练习

【例题 1】(单选)一国的国内生产总值小于国民生产总值，说明该国公民从外国取得的收入(　　)外国公民从该国取得的收入。

A. 大于　　　　B. 小于

C. 等于　　　　D. 可能大于也可能小于

【例题 2】(单选)以下衡量经济社会发展的重要指标，解释错误的是(　　)。

A. GDP 是在一国范围内生产的最终产品的价值，是一个地域概念

B. GNP 中有一部分是本国拥有生产要素在国外生产的最终产品价值

C. NI 不计算中间产品价值，也不包括固定资产折旧价值，而只计算净产值

D. 社会总产值同时计算物质生产部门和非物质生产部门的劳动成果

【例题 3】(单选)在社会经济运行中，当通货膨胀率上升时，一般会导致(　　)。

A. 失业率上升

B. 失业率保持稳定不变

C. 失业率下降

D. 失业率波动不变

笔记

【例题4】(单选)关于消费者物价指数CPI,下列表述不正确的是(　　)。

A. 反映一定时期内城乡居民购买的生活消费品和服务项目价格变动趋势和程度的相对数

B. 通常作为观察通货膨胀水平的重要指标

C. 当一国的CPI下降时,表明该国的通货膨胀率下降,该国货币的实际购买力下降

D. 如果CPI升幅过大,表明通胀已经成为经济不稳定因素

【例题5】(多选)近年来,"用工荒"与"招工荒"同时并存,一边是找不到合适的工作,一边是招不到合适的工人。一项调查显示:受访的600家制造业企业中,40%以上的企业要求应聘者有技工证书。与此同时,受访的5 000名农民工中仅有5%的人有技工证书,远远低于实际需求。这一现象表明(　　)。

A. 劳动力内部呈现结构性失衡

B. 劳动力的供给与需求不能很好地匹配

C. 企业需要转变用工观念

D. 需要加强农民工的职业技能培训

【例题6】(多选)下列可以计入GDP的有(　　)。

A. 老王收获的自家吃的小麦

B. 小张家自住的房屋

C. 家政公司保姆给小明家做了一天家务

D. 中介提供二手房屋买卖挣得的价差

考点二　财政与金融

一、财政收入与支出

(一)财政收入

1. 财政收入的定义

财政收入是指政府为履行其职能、实施公共政策和提供公共物品与服务需要而筹集的一切资金的总和,表现为政府部门在一定时期内(通常为一年)所取得的货币收入。

2. 财政收入的来源和影响因素

财政收入的来源:税收收入、国有资产收益、国债收入和收费收入以及其他收入。其中,税收收入是最主要的来源。

影响财政收入的因素很多,其中主要是经济发展水平和收入分配政策。经济发展水平对财政收入的影响是基础性的。增加财政收入的根本途径应是加快经济发展,不断增加社会财富总量。

(二)财政支出

财政支出也称为公共支出或政府支出,是政府为履行其自身的职能,对其从私人部门

笔记

集中起来的以货币形式表示的社会资源的支配和使用。国家集中的财政收入只有按照行政及社会事业计划、国民经济发展需要进行统筹安排运用，才能为国家完成各项职能提供财力上的保证。

（三）财政赤字

政府年度之初制定当年财政预算，如实际执行结果为支出大于收入称之为财政赤字。弥补赤字主要有如下几个方案：动用历年结余、增加税收、增发货币、发行公债等。

二、税收

1. 税收的定义

税收是国家为实现其职能，凭借政治权力，依法取得财政收入的基本形式。

2. 税收的特征

税收的基本特征是**强制性、无偿性、固定性。**

强制性是指国家凭借政治权力强制征税。

无偿性是指国家取得税收，既不需要返回给纳税人，也不需要对纳税人直接付出任何代价。

固定性是指征税前以法律形式预先规定征税的对象和税率，不经国家有关部门批准不能随意改变。

三、货币与金融

（一）我国货币的统计口径

M_0＝流通中的现金

M_1＝M_0＋企业活期存款＋机关团体部队存款＋农村存款＋个人持有的信用卡类存款

M_2＝M_1＋城乡居民储蓄存款＋企业存款中具有定期性质的存款＋外币存款＋信托类存款

M_3＝M_2＋金融债券＋商业票据＋大额可转让定期存单

（二）货币的供给

货币供给过程：中央银行调节基础货币量；商业银行创造派生存款货币。

（三）货币的需求与货币需求动机

货币需求动机：①交易动机；②预防动机；③投机动机。

其中，交易动机和预防动机与收入成正比，投机动机与利率成反比。

（四）银行与非银行金融机构

1. 中央银行

中央银行是一个国家的最高金融管理机构，它统筹管理全国的金融活动，实施货币政策以影响经济。中央银行是发行的银行、银行的银行、政府的银行。

2. 商业银行

商业银行是一个以营利为目的，以多种金融负债筹集资金，多种金融资产为经营对象，具有信用创造功能的金融机构。商业银行的主要业务是吸收存款、发放贷款和代客户结算等。

3. 非银行金融机构

现代金融体系中，还有许多非金融机构，如保险公司、信托投资公司、邮政储蓄机构、投资银行等。

笔记

考点练习

【例题 7】(单选)下列哪一项是商业银行的负债业务？(　　)

A. 接受储蓄存款　　B. 给电视机厂放一笔贷款

C. 办理开户企业的资金结算　　D. 进行投资

【例题 8】(单选)我国商业银行的基本业务活动，除了吸收存款和发放贷款之外，还包括(　　)。

A. 转账结算　　B. 买卖股票

C. 管理企业　　D. 发行货币

【例题 9】(单选)下列关于投资银行的说法，不正确的是(　　)。

A. 投资银行的主要资金来源是商业银行贷款

B. 投资银行可以代理证券买卖

C. 投资银行可以向工商企业提供中长期贷款

D. 投资银行可以代理发行或包销国债

【例题 10】(单选)政策性银行是指由政府创立，以贯彻政府的经济政策为目标，在特定领域开展金融业务的不以营利为目的的专业性金融机构。政策性银行与商业银行的主要区别之一是(　　)。

A. 政策性银行没有负债业务

B. 政策性银行的资本充足率较低

C. 政策性银行一般不对社会公众吸收存款

D. 政策性银行不通过发行金融债券筹集资金

【例题 11】(单选)按照狭义的货币政策制度，我国制定货币政策的国家机构是(　　)。

A. 中国人民银行　　B. 财政部

C. 证监会　　D. 银保监会

【例题 12】(单选)关于银行，下列说法正确的是(　　)。

A. 国家助学贷款是专项贷款

B. 个人消费贷款不能用于购买银行理财

C. 中国人民银行属于政策性金融机构

D. 我国最大的商业银行是中国银行

【例题 13】(多选)中国人民银行的主职责包括(　　)。

A. 管理征信业，推动建立社会信用体系

B. 管理国家外汇管理局

C. 制定和实施人民币汇率政策

D. 发行人民币，管理人民币流通

笔记

考点三 宏观调控

一、宏观经济调控理论的创立和含义

(一)宏观经济调控理论的创立

1936年,英国经济学家凯恩斯《就业、利息与货币通论》的出版,标志着现代宏观经济的建立。凯恩斯推崇宏观经济调控理论,主张"总需求管理"政策,认为"在市场经济中,总需求是决定总供给的重要因素"。当总需求大于总供给时,经济过热;当总需求小于总供给时,经济衰退。凯恩斯认为应采取逆风向宏观经济调控政策,熨平经济波动,即经济过热—紧缩型政策;经济衰退—扩张型政策。

(二)宏观经济调控的含义

宏观调控是指国家运用各种手段对国民经济进行的调节和控制。

宏观调控必要性:市场调节存在固有弱点和缺陷,即自发性、盲目性、滞后性。

宏观调控目标:充分就业、物价稳定、经济增长和国际收支平衡。

宏观调控手段:经济手段、法律手段和必要的行政手段。

宏观调控方式:间接调控为主。

二、宏观调控两大政策

(一)财政政策

政府运用财政收入和支出来调节总需求以控制失业和通货膨胀,并实现经济稳定增长和国际收支平衡的宏观经济政策。

财政政策主要包括:政府通过改变政府购买、转移支付、税收、补贴等手段,对总需求和总产出施加影响。

财政政策可区分为扩张性财政政策、紧缩性财政政策和中性财政政策。

1. 扩张性财政政策

扩张性财政政策是指通过财政分配活动来增加和刺激社会的总需求,在国民经济存在总需求不足时,通过扩张性财政政策使总需求与总供给的差额缩小以至平衡。

实施扩张性财政政策的措施主要是减税和增加财政支出。

2. 紧缩性财政政策

紧缩性财政政策是指通过财政分配活动来减少和抑制社会的总需求。在国民经济存在总需求过旺的情况下,通过紧缩性财政政策来消除通货膨胀的缺口,达到供求平衡。

实施紧缩性财政政策的措施主要是增税和减少财政支出。

3. 中性财政政策

中性财政政策是指财政的分配活动对社会总需求的影响保持中性,既不会产生扩张效应,也不会产生紧缩效应。

4. 自动稳定器

财政政策中的税收和转移支付具有经济自动稳定器的功能。

税收尤其是比例所得税是最重要的一个自动稳定器。

笔记

税收:经济过旺→人们收入增加→税收更快增加→可支配收入减少→总需求降低;经济萧条→人们收入减少→税收更快减少→可支配收入增加→总需求增加。

转移支付:经济过旺→失业减少→转移支出减少→总需求降低;经济萧条→失业增加→转移支出增加→总需求增加。

(二)货币政策

中央银行通过改变货币供给量影响总需求从而影响总产出的政策。增加货币量称为扩张性货币政策;减少货币供给量称为紧缩性货币政策。

1. 变动法定存款准备金率

法定准备金率↑→货币供给↓;法定准备金率↓→货币供给↑。

2. 变动再贴现率

再贴现率↑→货币供给↓;再贴现率↓→货币供给↑。

3. 公开市场业务

央行购入政府证券→货币供给量↑;央行售出政府债券→货币供给量↓。

4. 道义劝告

中央银行运用自己在金融体系中的特殊地位和威望,通过对银行及其他金融机构的劝告,影响其贷款和投资方向,以达到控制信用的目的。

5. 变动利率

央行利率↑→货币供给量↓;央行利率↓→货币供给量↑。

三、宏观经济常识

(一)三次产业

第一产业:农、林、牧、渔。第二产业:工业和建筑业。第三产业:广义的服务业。

配第—克拉克定理:随着经济发展和人均国民收入水平的提高,劳动力首先由第一产业向第二产业转移,然后再向第三产业转移。

根据上述规律,服务业是最有利吸纳就业的产业。现代经济的一个重要特征是服务业兴旺发达。但一国不能忽视制造业的支柱地位,我国制造业产值世界第一位,党的十九大提出“加快建设制造强国,加快发展先进制造业,推动互联网、大数据、人工智能和实体经济深度融合”。

(二)人口政策

(三)供给侧结构性改革

供给侧结构性改革,作为一项经济工作战略部署,最早是在2015年年底召开的中央经济工作会议上提出的。会议指出,“稳定经济增长,要更加注重供给侧结构性改革”“推进供给侧结构性改革,是适应和引领经济发展新常态的重大创新,是适应国际金融危机发生后综合国力竞争新形势的主动选择,是适应我国经济发展新常态的必然要求”。经济发展要以高质量发展为主题,就必须以供给侧结构性改革为主线。

(1)经济遇到的问题主要是供给侧的,而不是需求侧的。

(2)经济遇到的问题主要是结构性的,而不是周期性的。

供给侧结构性改革要在“巩固、增强、提升、畅通”八个字上下功夫。

(四)新发展格局

2020年5月14日,中央政治局常务委员会会议提出,“充分发挥我国超大规模市场

笔记

优势和内需潜力，构建国内国际双循环相互促进的新发展格局”。2020 年 7 月 21 日，习近平总书记在主持召开的企业家座谈会上强调，“我们要逐步形成以国内大循环为主体、国内国际双循环相互促进的新发展格局”。

中国拥有超大规模的消费市场，以及完整的生产产业链，具备形成内部大循环的条件。以国内大循环为主体，需要持续扩大内需，推动有效投资，维护、健全国内产业链与供应链。国内循环与国际循环互不矛盾，是互相促进的良性关系。在国际环境不确定性因素增多时。构建以国内大循环为主体、国内国际双循环相互促进的新发展格局，可以更好地保障中国经济安全，同时持续拓展经济发展空间。

考点练习

【例题 14】(单选)银行利率表示一定时期内利息量与本金的比率，通常用百分比表示。如果银行利率降得很低时，那么购买债券的风险会(　　)。

A. 很小　　B. 很大　　C. 或许大或许小　　D. 不知道

【例题 15】(单选)如果一国处于国内失业、国际收支有赤字的状况，这时最适宜采用(　　)的宏观调节政策。

A. 增加政府的财政支出　　B. 扩大货币供应总量

C. 降低税率　　D. 降低汇率，使货币贬值

【例题 16】(单选)自动稳定器的功能是(　　)。

A. 缓解周期性的经济波动　　B. 稳定收入

C. 刺激经济增长　　D. 推迟经济的衰退

【例题 17】(单选)产业政策的手段分为直接干预，间接诱导和法律规制。以下属于间接诱导手段的是(　　)。

A. 审批制　　B. 配额制　　C. 许可证制　　D. 出口退税

【例题 18】(单选)据统计，我国收入差距较大已持续 20 年，全国最富有的 10%的家庭与最贫穷的 10%的家庭，人均可支配收入差距已超过 8 倍。针对目前我国贫富差距继续扩大的现状，国家应采取的措施是(　　)。

A. 大力发展公有制经济，限制非公有制经济的过快发展

B. 利用财政、税收等杠杆，对收入再分配进行科学的调控

C. 淡化市场竞争，注重讲究分配公平，不断提高就业率

D. 解决低收入者的人身保险和财产保险问题，排除其后顾之忧

【例题 19】(单选)2019 年 2 月，中国人民银行发布 2018 年第四季度中国货币政策执行报告。央行表示，将引导金融机构继续做好重点领域和薄弱环节的金融服务，加大对高新技术企业、新兴产业和制造业结构调整转型升级的支持，积极推进金融服务乡村振兴工作。这表明(　　)。

A. 国家的宏观调控是社会主义市场经济的基本标志

B. 国家运用信贷政策促进实体经济发展

C. 国家运用政治手段来影响和调节经济活动

D. 国家通过控制货币发行量引导社会总需求

笔记

【例题20】(单选)根据“逆经济风向调节”的特征,当一国经济过热时,应当采取的财政政策措施是(　　)。

A. 增加政府支出,减少税收　　B. 增加政府支出,降低利率

C. 减少政府支出,提高利率　　D. 减少政府支出,增加税收

思维导图

(请登录“追求卓越官网 www.365zhuoyue.com”免费下载)

专项训练

一、单项选择题

1. (　　)主要用于稳定和发展经济,调节收入分配等目标。

A. 预算政策　　B. 支出政策

C. 税收政策　　D. 公债政策

2. 在其他条件不变的情况下,中央银行通过公开市场操作购买大量有价证券,金融体系中的货币供应量将(　　)。

A. 上升　　B. 下降　　C. 不变　　D. 不能判断

3. 中央银行和商业银行的货币职能分别是(　　)。

A. 提供原始货币;制造派生货币　　B. 制造派生货币;提供原始货币

C. 促进货币流通;方便货币支付　　D. 方便货币支付;促进货币流通

4. 中央财政增加公共投资规模,保障和改善民生,加强“三农”、教育、社会保障和就业、医疗卫生、节能减排等经济社会发展重点领域,缓解部分行业和企业经营困难,支持灾后恢复重建等,这体现了(　　)。

①财政可以有效调节资源配置,促进经济发展

②财政可以有力促进科学、教育、文化、卫生事业的发展

③财政在资源配置中起基础性作用

④财政有利于促进人民生活水平的提高

A. ①②③　　B. ①③④

C. ①②④　　D. ②③④

5. 在社会总需求过高,通货膨胀压力趋强,投资和消费过热时,央行应采取(　　)。

A. 扩张性货币政策　　B. 紧缩性货币政策

C. 中性货币政策　　D. 平衡货币政策

6. 在现代市场经济国家,政府在交通运输等基础设施和医疗卫生等公共服务中发挥着重要作用。在这种情形下,政府担任的角色是(　　)。

A. 收入再分配者　　B. 宏观经济调控者

C. 市场秩序维护者　　D. 公共物品提供者

笔记

7. 根据实际，国家通过实行增值税转型改革政策，来促进企业的发展，充分说明（　　）。

①固定性已不再是税收的基本特征

②国家通过税收对经济进行监督

③应该根据变化发展了的实际作出正确的决策

④国家运用税收这一经济杠杆对经济运行进行调节

A. ①③　　B. ②③

C. ②④　　D. ③④

8. 我国逐步健全的宏观经济调节体系应该是（　　）。

A. 以间接管理为主的宏观经济调节体系

B. 以直接管理为主的宏观经济调节体系

C. 以控制总供给为主的宏观经济调节体系

D. 以生产要素直接调拨为主要内容的宏观经济调节体系

9. 宏观经济调控有直接调控和间接调控两种方式，下列对两种调控的理解不准确的是（　　）。

A. 直接调控就是国家用行政手段和指令性计划，而不通过市场机制来进行的宏观调控

B. 间接调控是国家用经济手段通过市场机制来实现的经济宏观调控

C. 两种宏观调控方式相区别的主要标志是国家采取的宏观调控手段是否通过市场机制这一中间环节来发挥作用

D. 社会主义市场经济的发展，客观上要求国家的宏观调控由间接调控为主转向直接调控为主的宏观经济调控体系

10. 如果一个城市的经济低于其充分就业水平，在价格水平固定的条件下，（　　）能使经济更接近于充分就业水平。

A. 政府支出的削减或税收的增加　　B. 政府支出或税收的削减

C. 政府支出或税收的增加　　D. 政府支出的增加或税收的削减

11. 下列哪项属于紧缩性货币政策？（　　）

A. 买进有价证券　　B. 道义的劝告

C. 提高贴现率　　D. 降低准备金率

12. 某个劳动者正在等待某项工作，这种情况属于（　　）。

A. 自愿失业　　B. 摩擦性失业

C. 结构性失业　　D. 周期不足型失业

13. 下列对国家宏观调控的认识正确的是（　　）。

A. 市场调节必须排斥国家宏观调控

B. 国家的宏观调控是市场发挥作用的基础

C. 只有社会主义国家才有宏观调控

D. 完善的宏观调控体系有利于市场经济的发展

14. 作为调节社会经济运行的一种重要经济杠杆，提高税率通常会（　　）。

A. 提高政府的财政收入

B. 抑制投资，有利于防止经济过热

C. 刺激消费

D. 提高税收管理效率

笔记

二、多项选择题

1. 货币政策一般性政策工具包括(　　)。

A. 公开市场业务　　B. 法定存款准备金率

C. 窗口指导　　D. 再贴现率

2. 名义货币供给如果超过了实际货币需求,就会引起(　　)。

A. 货币升值　　B. 物价上涨

C. 物价基本不变　　D. 货币贬值

3. 当社会总供给大于总需求时,政府可实施的财政政策措施有(　　)。

A. 实行中性预算平衡政策　　B. 增加财政补贴支出

C. 降低税率　　D. 提高政府投资支出水平

4. 治理通货膨胀可采取紧缩的货币政策,主要手段包括(　　)。

A. 通过公开市场购买政府债券　　B. 提高再贴现率

C. 通过公开市场出售政府债券　　D. 提高法定存款准备金率

5. 下列哪些项目属于政府购买?(　　)

A. 地方政府举办三所中学　　B. 政府对地震灾区提供临时住房

C. 政府订购一批军火　　D. 政府给公务员发工资

6. 拉动经济增长的需求有(　　)。

A. 投资需求　　B. 消费需求

C. 储蓄需求　　D. 出口需求

三、判断题

1. 扩张性财政政策包括增加政府支出和增税。(　　)

2. 增加政府财政收入的主要途径是提高税率。(　　)

3. 增发央行票据属于扩张性货币政策。(　　)

4. 自动稳定器能够消除经济萧条和通货膨胀。(　　)

5. 充分就业和物价稳定是一致的,只要达到其中一项,也就实现了另外一项。(　　)

第五讲　国际经济常识

考点一　国际贸易理论与实践

1. 国际贸易理论

(1)自由贸易理论:①绝对优势理论;②比较优势;③要素禀赋理论。

(2)保护贸易理论:幼稚产业论。

2. 贸易保护的政策措施

(1)关税;

(2)非关税壁垒。

笔记

3.“二战”后贸易自由化的实践

(1)1948 年,《关税与贸易总协定》(GATT)推动全球贸易自由化,共进行了八轮多边贸易谈判。1995 年,世界贸易组织(WTO)取代原《关税与贸易总协定》。

(2)WTO 的最高权力机构是部长级会议,至少每 2 年召开一次,总部在日内瓦。

(3)WTO 的两大重要原则:国民待遇原则、最惠国待遇原则。

考点二 国际金融理论与实践

1. 外汇

外汇是指一国拥有的一切以外币计价的资产。

2. 汇率

汇率是一国货币兑换另一国货币的比率,是以一种货币表示另一种货币的价格。

外汇标价方法有直接标价法和间接标价法。

(1)直接标价法是以一定单位的外国货币为标准,折合若干单位的本国货币,包括中国在内的世界上绝大多数国家目前都采用直接标价法。

(2)间接标价法是以一定单位的本国货币为标准,折合若干单位的外国货币,英国和美国采用间接标价法。

3. 汇率对进出口的影响

本币贬值→增加出口、抑制进口;本币升值→增加进口、抑制出口。

考点三 国际经济热点问题

1.“一带一路”倡议

“一带一路”是丝绸之路经济带和 21 世纪海上丝绸之路的总称。2013 年,由习近平总书记分别出访哈萨克斯坦和印度尼西亚时提出;2015 年,《推动共建丝绸之路经济带和 21 世纪海上丝绸之路的愿景与行动》标志着“一带一路”建设开局;2017 年,召开“一带一路”国际合作高峰论坛,并常态化,每两年召开一次。

“一带一路”倡议的内容是“三同五通”,即责任共同体、利益共同体、命运共同体,政策沟通,设施联通,贸易畅通,资金融通,民心相通。

“一带一路”倡议遵循“共商、共建、共享”理念,坚持开放合作、和谐包容、市场运作、互利共赢。

2. 自由贸易试验区

我国于 2013 年至 2020 年分六批次设立了 21 个自由贸易试验区。其中,海南全岛探索建设自由贸易港。

3. 中国国际进口博览会

中国国际进口博览会是世界上首个以进口为主题的大型国家级展会,由我国商务部、上海市人民政府共同主办,第一届中国国际进口博览会于 2018 年 11 月 5 日至 10 日在上海召开。

“三个致力于”:

(1)我们要致力于推进合作共赢的共同开放。以各国共同利益为重,推动经济全球化朝着更加开放、包容、普惠、平衡、共赢的方向发展。

笔记

(2)我们要致力于推进合作共担的共同开放。通过共同开放、共担责任,推动世界共同发展。

(3)我们要致力于推进合作共治的共同开放。要坚持共商共建共享的全球治理观,维护以世界贸易组织为基石的多边贸易体制,完善全球经济治理规则,推动建设开放型世界经济。

考点练习

【例题1】(单选)世界贸易组织规则要求成员国的商品或服务进入另一成员国领土后,也应该享受与该国的商品或服务相同的待遇,这一原则被称为(　　)。

A. 最惠国待遇原则　　B. 国民待遇原则

C. 互惠原则　　D. 透明度原则

【例题2】(单选)关于区域经济一体化,下列说法不正确的是(　　)。

A. 国际性区域经济一体化的形成动机是避免彼此的伤害,共同排斥外来的竞争,是激烈的垄断竞争的产物

B. 欧盟前身欧共体,是欧洲煤钢共同体、欧洲经济共同体和欧洲原子能共同体的总称

C. 亚太经合组织成立于1989年,是亚太地区最具影响力的经济合作官方论坛

D. 东南亚国家联盟简称东盟,东盟“10+3”领导人会议指东盟10国领导人与中国、日本与印度3国领导人的会议

【例题3】(单选)在我国目前的国际储备中,最主要的储备资产是(　　)。

A. 普通提款权　　B. 特别提款权

C. 外汇储备　　D. 黄金储备

【例题4】(单选)下列关于世界银行的说法,正确的是(　　)。

A. 世界银行的总部设在瑞士日内瓦

B. 中国于20世纪末加入世界银行

C. 世界银行向发达国家和发展中国家提供低息贷款

D. 世界银行的初始目的是帮助欧洲国家和日本在“二战”后的重建

【例题5】(单选)下列表述中正确的一项是(　　)。

A. GDP的计算包含了伴随经济增长而来的生态与环境变化的影响

B. G20峰会的宗旨是推动新兴市场国家之间就实质性问题进行讨论和研究,以寻求合作

C. “金砖国家”指的是巴西、俄罗斯、印度、中国、南非五个国家

D. 东盟是指东亚五国为致力于经济一体化建设而建立的区域性国家联盟

【例题6】(单选)关于人民币对美元汇率上升带来的影响,下列说法正确的是(　　)。

A. 有利于出口商品到国外

B. 出口企业利润增加

C. 有利于从国外进口商品

D. 会提高进口能源和原材料的成本负担

笔记

【例题7】(多选)外汇储备,指一国政府所持有的国际储备资产中的外汇部分,即一国政府保有的以外币表示的债权。我国的外汇储备包括(　　)。

A. 拥有的外国货币
B. 拥有的外国公司债券、股票
C. 拥有的外国政府公债
D. 拥有的外国商品

【例题8】(多选)关税是进出口商品经过一国关境时,由政府设置的海关向进出口商所征收的税收。按征收对象分类,关税可分为(　　)。

A. 进口关税
B. 出口关税
C. 过境关税
D. 保护关税

思维导图

(请登录“追求卓越官网 www.365zhuoyue.com”免费下载)

专项训练

一、单项选择题

随着世界经济从传统的“工业经济”向“知识经济”时代的转变,联合国经济合作与发展组织提出了“知识经济”的概念,与该概念相关的论述不正确的是(　　)。

A.“知识经济”时代创新模式是单向直线型,即研究—开发—生产—销售,而不是纵横交错相互作用型

B.“知识经济”概念的提出是基于知识和科技在经济增长中作用的认识

C.“知识经济”时代,经济增长更直接地取决于知识的投资,知识可以扩大传统“工业经济”生产要素的生产能力

D.“知识经济”时代高度重视信息与技术的发明、传播和使用,经济成功的因素比工业经济时代更加取决于收集和使用知识的效率

二、多项选择题

1. 针对某国而言,货币升值的有利影响有(　　)。

A. 有利于继续推进汇率制度乃至金融体系的改革

B. 有利于降低进口商品的价格,增加出口贸易

C. 有利于降低本国公民出境旅游的成本,促使更多的国民走出国门

D. 有利于促使国内企业努力提高产品的竞争能力

2. 一国货币的升值和贬值会对该国对外经济活动产生影响,假如某国货币升值,则下列表述正确的是(　　)。

A. 出口利润会增加
B. 有利于出口贸易
C. 不利于消除贸易逆差
D. 有利于公民出境旅游

第四篇

毛泽东思想和中国特色社会主义理论体系

笔记

命题趋势

总结2018年以来公共基础知识考试情况，毛泽东思想和中国特色社会主义理论体系部分基本保持在10分左右。2022年公共基础知识测试中，“毛泽东思想和中国特色社会主义理论体系”与有关重要会议时政结合起来考查，分值将会继续增加。2021年命题出现了甘肃省政府工作报告，甘肃省“十三五”规划和“十四五”规划的考题，这些需要考生注意。

核心考点

(1)马克思主义中国化的发展和内涵。

(2)毛泽东思想的产生与发展阶段，新民主主义革命理论，过渡时期总路线，七届二中全会。

(3)邓小平理论。

(4)习近平新时代中国特色社会主义思想。

备考方法

这部分的考试，近4年来的考试难度呈现出逐年提升的态势，尤其是对重要会议的理解，虽然大部分考点属于记忆性考点，但是核心考点和重难点知识考生必须要在理解的基础上通过做题来强化。掌握命题的特点，学会联系考点分析选项，尤其是多选题，再通过做题熟练掌握解题技巧。

考点精讲

第一讲　马克思主义中国化

考点一　马克思主义中国化的发展

(1)1935年召开的遵义会议，开始确立了以毛泽东为主要代表的马克思主义正确路线

笔记

在党中央的领导地位，开始形成以毛泽东为核心的第一代中央领导集体，开启了党独立自主解决中国革命实际问题的新阶段，在最危急关头挽救了党、挽救了红军、挽救了中国革命。

(2)1938年，毛泽东在中共六届六中全会所作的《论新阶段》政治报告中，首次提出了“马克思主义中国化”的命题。

(3)经过延安整风运动，马克思主义中国化的思想成为全党的共识。

(4)党的七大通过的党章指出，毛泽东思想是马克思主义中国化的第一个重大理论成果，是“中国化的马克思主义”。

(5)党的十一届三中全会以后，形成了包括邓小平理论、“三个代表”重要思想、科学发展观和习近平新时代中国特色社会主义思想在内的中国特色社会主义理论体系。

(6)马克思主义中国化的最新理论成果：习近平新时代中国特色社会主义思想。

新增考点：马克思主义中国化的三次飞跃。

毛泽东思想是马克思主义中国化的**第一次历史性飞跃。**

中国特色社会主义理论体系，实现了马克思主义中国化新的飞跃。

习近平新时代中国特色社会主义思想是当代中国马克思主义、二十一世纪马克思主义，是中华文化和中国精神的时代精华，实现了马克思主义中国化新的飞跃。

考点练习

【例题1】(2021年单选第19题)“谦虚、谨慎、戒骄、戒躁”是中国共产党人自我修养的要求。这出自(　　)。

A. 中国共产党第七次全国代表大会开幕词　B.《将革命进行到底》

C.《论持久战》　D. 遵义会议决议

【例题2】(单选)毛泽东关于“农村包围城市、武装夺取政权”革命总方针得以真正贯彻始于(　　)。

A. 八七会议　B. 遵义会议　C. 洛川会议　D. 瓦窑堡会议

【例题3】(单选)中国共产党全党上下，形成马克思主义必须实现中国化的共识是在(　　)。

A. 八七会议之后　B. 遵义会议之后

C. 延安整风运动之后　D. 瓦窑堡会议之后

考点二　马克思主义中国化的内涵和外延

1. 马克思主义中国化的内涵

马克思主义中国化，就是将马克思主义基本原理同中国具体实际相结合。

2. 马克思主义中国化的外延

具体来说，就是把马克思主义的基本原理更进一步地同**中国实践、中国历史、中国文化**结合起来，**使马克思主义在中国实现具体化**。

(1)运用马克思主义解决中国革命、建设和改革的实际问题，使其在中国具体化。

(2)把中国革命、建设和改革的实践经验和历史经验**提升为理论**。

(3)实现马克思主义和中华民族优秀的思想文化相结合。

笔记

考点练习

【例题 4】(2012 年单选)马克思主义中国化的实质是(　　)。

A. 将马克思主义运用到中国

B. 将马克思主义照搬到中国

C. 将马克思主义基本原理同中国具体实际相结合

D. 把马克思主义作为中国革命和建设的指导思想

【例题 5】(单选)马克思主义中国化首先是指(　　)。

A. 把中国革命、建设和改革的实践经验和历史经验提升为理论

B. 把马克思主义植根于中国的优秀文化之中

C. 运用马克思主义解决中国革命、建设、改革的实际问题

D. 使马克思主义民族化

考点三　毛泽东思想的产生与发展

毛泽东思想产生的实践基础:中国共产党领导的革命与建设实践。

1. 毛泽东思想的形成阶段

(1)重点文献:______

★★《星星之火,可以燎原》:______

★★《反对本本主义》:______

(2)重要会议和事件:

★★八七会议:______

★★三湾改编:______

★★遵义会议:______

(3)毛泽东思想初步形成的标志:农村包围城市、武装夺取政权的思想。

2. 毛泽东思想的成熟阶段

(1)**党的七大**确立毛泽东思想为党的指导思想,同时**将"实事求是"写入党章**。

(2)新民主主义革命理论**完整形成**标志着毛泽东思想的成熟。

注意:

(1)王稼祥在《中国共产党与中国民族解放的道路》第一次提出"毛泽东思想"的概念。

(2)刘少奇在党的七大上第一次系统阐述"毛泽东思想"。

考点练习

【例题 6】(单选)毛泽东批评"城市中心论",提出"以乡村为中心"思想的文章是(　　)。

A.《中国的红色政权为什么能够存在?》　B.《井冈山的斗争》

C.《星星之火,可以燎原》　D.《反对本本主义》

笔记

考点四 毛泽东思想活的灵魂

1. 实事求是

实事求是是毛泽东思想活的灵魂三个基本方面中**最具特色、最根本的原则**，是毛泽东思想的**出发点、根本点**，是毛泽东思想的**精髓**，是中国共产党**根本的思想路线**。

实事求是是贯穿于马克思主义中国化始终的一条主线。

实事求是也是中国共产党思想路线的核心。

2. 群众路线

(1)一切为了群众、一切依靠群众，讲的是**群众观点**。

(2)从群众中来，到群众中去，主要讲的是**领导方法和工作方法**。

(3)**群众路线是党的根本工作路线。**

(4)**有无群众观点**是中国共产党同一切剥削阶级政党的**根本区别**。

3. 独立自主

考点练习

【例题7】(多选)实事求是思想路线的极端重要性主要表现在(　　)。

A. 它是辩证唯物主义和历史唯物主义的思想路线

B. 它是毛泽东思想的根本出发点

C. 它是毛泽东思想的精髓

D. 它是中国革命和建设事业不断取得胜利的根本思想保证

【例题8】(单选)标志中国革命由国民革命失败到土地革命战争兴起的历史性转变的会议是(　　)。

A. 八七会议　　B. 古田会议　　C. 遵义会议　　D. 洛川会议

考点五 中国特色社会主义理论体系

1. 中国特色社会主义的内涵

中国特色社会主义包括中国特色社会主义道路、中国特色社会主义理论体系、中国特色社会主义制度、中国特色社会主义文化。

中国特色社会主义**道路是实现途径**，中国特色社会主义**理论体系是行动指南**，中国特色社会主义**制度是根本保障**，中国特色社会主义**文化是更基本、更深沉、更持久的力量**，四者统一于中国特色社会主义伟大实践。

2. 坚持人民主体地位

马克思主义认为，人民群众是社会历史的创造者，是社会物质财富和精神财富的创造者，是社会变革的决定力量。

人民是历史的创造者、社会变革的推动者，是我们国家的主人，是改革开放事业的实践主体。

坚持人民主体地位，首先必须牢固树立全心全意为人民服务的观点。

坚持人民主体地位，必须尊重人民群众的首创精神。

坚持人民主体地位，必须认真贯彻党的群众路线。

坚持人民主体地位，必须切实保证人民当家作主。**中国特色社会主义民主制度是人民当家作主的根本保证。**

笔记

考点练习

【例题9】（单选）坚持人民主体地位，体现党的根本宗旨和执政理念，这里“人民主体地位”内涵包括（　　）。

(1)财富创造主体与成果享受主体。(2)国家管理主体与权力监督主体。(3)社会实践主体和制度创新主体。

A. (1)(2)　　B. (1)(3)

C. (2)(3)　　D. (1)(2)(3)

3.“三个代表”重要思想

(1)“三个代表”的内容：

①发展先进生产力，是发展先进文化的基础，是实现最广大人民根本利益的前提；

②发展先进文化，是发展先进生产力和实现最广大人民根本利益的重要思想保证；

③发展先进生产力和先进文化，归根到底都是为了实现最广大人民的根本利益，而人民群众则是创造先进生产力和先进文化的主体，也是实现自身利益的根本力量。

(2)“三个代表”重要思想的**本质**是立党为公、执政为民。

(3)“三个代表”的重大意义：

进一步回答了什么是社会主义、怎样建设社会主义。

创造性地回答建设什么样的党，怎样建设党的问题。

深化了对共产党执政规律、社会主义建设规律、人类社会发展规律的认识。

(4)加强和改进党的作风建设，**核心问题**是保持党同人民群众的血肉联系。我们**党的最大政治优势是密切联系群众，党执政后的最大危险是脱离群众。**

4.科学发展观

(1)科学发展观的内涵。

科学发展观的主要内涵：第一要义是发展，核心是以人为本，基本要求是全面协调可持续，根本方法是统筹兼顾。

(2)科学发展观最鲜明的精神实质。

解放思想、实事求是、与时俱进、求真务实。

其中，**实事求是是党的思想路线的核心，也是中国特色社会主义理论体系的精髓。**党的改革开放以来的不同时期，分别突出强调了解放思想、与时俱进、求真务实等，其目的和归宿都是实事求是。

思维导图

（请登录“追求卓越官网 www.365zhuoyue.com”免费下载）

笔记

专项训练

一、单项选择题

1.（2011年）在中国颂扬俄国十月革命的第一人是（　　）。

A. 孙中山　　B. 蔡和森

C. 李大钊　　D. 毛泽东

2.（2012年）标志着旧民主主义革命向新民主主义革命转变的重大事件是（　　）。

A. 新文化运动的兴起　　B. 五四运动

C. 中国共产党的建立　　D. 北伐战争

3.（2017年）马克思主义中国化理论成果的精髓是（　　）。

A. 改革开放　　B. 实事求是

C. 独立自主　　D. 群众路线

4. 马克思主义中国化的历史飞跃的最新理论成果是（　　）。

A. 毛泽东思想　　B. 中国特色社会主义理论体系

C. "三个代表"重要思想　　D. 习近平新时代中国特色社会主义思想

5. 在中国共产党的历史上，第一次明确提出"马克思主义中国化"的命题和任务的会议是（　　）。

A. 党的二大　　B. 遵义会议

C. 党的六届六中全会　　D. 党的七大

6. 党的中央领导真正认识到马克思主义中国化的重要性是在1935年遵义会议以后，而就全党来讲，则是在（　　）以后。

A. 抗战胜利　　B. 党的七大

C. 延安整风　　D. 党的七届三中全会

7.（2011年）在1927年八七会议上，毛泽东提出的主张是（　　）。

A. 党指挥枪　　B. 农村包围城市

C. 创建农村革命根据地　　D. 枪杆子里出政权

8.（2013年）毛泽东在1941年5月对"实事求是"的科学含义做了马克思主义界定的报告是（　　）。

A.《论新阶段》　　B.《反对本本主义》

C.《古田会议决议》　　D.《改造我们的学习》

9. 毛泽东在下列哪篇文章中提出了"没有调查，就没有发言权"的著名论断？（　　）

A.《改造我们的学习》　　B.《整顿党的作风》

C.《反对党八股》　　D.《反对本本主义》

10. 毛泽东最早深刻阐述认识对实践的依赖关系，对党的思想路线做了系统的哲学论证的哲学著作是（　　）。

A.《反对本本主义》　　B.《矛盾论》

C.《实践论》　　D.《改造我们的学习》

第二讲　新民主主义革命理论

考点一　近代中国国情和中国革命经验的概括和总结

1. 近代中国的国情

认清国情是认清和解决革命问题的基本依据。近代中国，已经沦为一个半殖民地半封建性质的社会，这是最基本的国情。

2. 近代中国社会的主要矛盾

(1)一是：帝国主义和中华民族的矛盾(**最主要的矛盾**)。

(2)二是：封建主义和人民大众的矛盾。

3. 两大历史任务

(1)一是：实现民族独立和人民解放(**最主要的历史任务**)。

(2)二是：实现国家富强和人民共同富裕。

4. 五四运动

1919 年爆发的五四运动，成为中国革命由旧民主主义向新民主主义转变的转折点，成为中国新民主主义革命的伟大开端。

5. 中国革命分两步走

(1)两种错误的倾向：一是王明的"一次革命论"；二是陈独秀的"二次革命论"。

(2)**王明错误的实质**：混淆了新民主主义革命和社会主义革命的界限。

(3)毛泽东对中国革命正确的论断：先是新民主主义革命，其次是社会主义革命。

考点练习

【例题 1】(单选)1840 年鸦片战争前，中国社会的性质是(　　)。

A. 奴隶社会　　B. 封建社会

C. 半殖民地半封建社会　　D. 资本主义社会

【例题 2】(单选)1843 年，魏源在《海国图志》中提出的思想主张是(　　)。

A. 中学为体，西学为用

B. 师夷长技以制夷

C. 物竞天择，适者生存

D. 维新变法以救亡图存

【例题 3】(单选)中国近代史上第一个比较系统的发展资本主义的方案是(　　)。

A.《十款天条》　　B.《原道觉世训》

C.《天朝田亩制度》　　D.《资政新篇》

【例题 4】(单选)标志国民政府在形式上统一全国的事件是(　　)。

A. 宁汉合流　　B. 南京国民政府成立

C. 马日事变　　D. 东北易帜

笔记

【例题 5】(多选)以下关于近代中国国情的论断,正确的表述有(　　)。

A. 社会性质属于半殖民地半封建社会

B. 社会的主要矛盾是帝国主义和中华民族的矛盾,封建主义和人民大众的矛盾

C. 社会革命的根本任务是推翻帝国主义、封建主义和官僚资本主义的统治

D. 占统治地位的经济形式是民族资本主义

考点二 新民主主义革命的总路线

1. 1939 年,毛泽东在《中国革命和中国共产党》,第一次提出新民主主义革命的概念。

2. 1948 年,毛泽东《在晋绥干部会议上的讲话》中第一次全面、系统地提出了新民主主义革命的总路线:即"无产阶级领导的,人民大众的,反对帝国主义、封建主义和官僚资本主义的革命"。

核心提示 1:中国资产阶级分为官僚资产阶级和民族资产阶级两部分。

核心提示 2:帝国主义是中国革命的**首要对象**。

核心提示 3:新民主主义的革命对象:____________________。

3. 新民主主义革命的根本目的是从根本上解放被束缚的生产力。

4. 新民主主义革命的动力:

包括**无产阶级、农民、城市小资产阶级和民族资产阶级。**

(1)**根本的动力**:工人和农民。

(2)最基本的动力:无产阶级。

(3)主力军:农民;最可靠的同盟军:贫雇农。

(4)统一战线中,对民族资产阶级实行独立自主、又联合又斗争的方针。

5. 新民主主义革命的领导力量。

(1)**无产阶级及其政党的领导,是中国革命取得胜利的根本保证。**

考点练习

【例题 6】(单选)中国革命取得胜利的根本保证是(　　)。

A. 中国共产党的领导　　B. 马克思主义的指导

C. 农民阶级的支持　　D. 民族资产阶级支持

(2)**新旧民主革命区别的根本标志是革命的领导权**是掌握在无产阶级手中还是资产阶级手中。

特别注意:几个易混淆的问题。

①中国革命的首要问题是分清敌友。

②中国革命的基本问题是农民问题。

③中国革命的中心问题无产阶级的领导权。

④**中国革命统一战线最根本的问题是无产阶级领导权问题。**

6. 新民主主义革命的性质和前途。

(1)性质:新式的、特殊的资产阶级民主革命,是世界无产阶级革命的一部分。

笔记

新式的、特殊的表现(也可以说是新旧民主革命的区别)。

A. 国际背景不同:

B. 指导思想不同:

C. 领导阶级不同:

D. 革命前途不同:

(2)前途:经过新民主主义实现社会主义。

新增考点:新民主主义革命时期,党面临的主要任务是,反对帝国主义、封建主义、官僚资本主义,争取民族独立、人民解放,为实现中华民族伟大复兴**创造根本社会条件**。

考点练习

【例题7】(单选)中国民主主义革命经历了旧民主主义革命和新民主主义革命两个阶段,"旧"阶段转化到"新"阶段的根本标志是( )。

A. 中国革命领导阶级的变化　　B. 中国革命主要对象的变化

C. 中国革命基本性质的变化　　D. 中国社会主要矛盾的变化

【例题8】(单选)在我国半殖民地、半封建社会时期,成长的民族资产阶级是具有两面性的阶级。一方面它深受压迫,有革命的要求;另一方面,他又与帝国主义与封建主义有千丝万缕的联系。因此,在这一历史时期,中国共产党对于民族资产阶级的主要策略是( )。

A. 全心全意依靠　　B. 视其为革命的敌人

C. 又联合又斗争　　D. 划清界限

考点三　新民主主义的基本纲领

(1)1940年,毛泽东在《新民主主义论》中阐述了新民主主义的基本纲领,包括政治、经济和文化纲领。

(2)政治纲领:无产阶级领导的各革命阶级联合专政的民主共和国。

(3)1947年,毛泽东在《目前形势和我们的任务》中明确提出了新民主主义的三大经济纲领,即:

①没收封建阶级的土地归农民所有——这是新民主主义革命的中心内容或主要内容;

②没收四大家族的垄断资本归新民主主义国家所有;

③保护民族工商业——极具特色的一项内容。

核心提示:在抗日战争时期,实行减租减息的政策。

考点练习

【例题9】(单选)新民主主义三大经济纲领的中心内容是( )。

A. 没收封建阶级的土地归农民所有

B. 没收四大家族的垄断资本归新民主主义国家所有

C. 保护民族工商业

D. 没收帝国主义在华利益

笔记

考点四 新民主主义革命的"三大法宝"

1939年10月,毛泽东在《〈共产党人〉发刊词》中指出:"统一战线、武装斗争、党的建设,是中国共产党人在中国革命中战胜敌人的三个法宝。"

一、"法宝"之一:统一战线

1. 国民革命联合战线

时间:1924—1927年。1924年召开的国民党一大,实现了国共两党首次合作,标志着国民革命联合战线的建立。

(1)组织形式:改组后的国民党。

(2)政治基础:新三民主义。

(3)合作方式:党内合作。

(4)革命目标:反对北洋政府。

2. 工农民主统一战线

工农民主统一战线,是在土地革命时期。

3. 抗日民族统一战线是抗战胜利的根本保证

(1)瓦窑堡会议:提出了建立抗日民族统一战线的方针。

(2)洛川会议:提出了夺取抗战胜利的关键就是坚持全面抗战,反对片面抗战。

(3)**抗日民族统一战线正式形成的标志**:1937年《中共中央为公布国共合作宣言》的发表和蒋介石谈话的发表。

(4)**抗日民族统一战线的策略总方针**:发展进步势力,争取中间势力,孤立顽固势力。

①"发展进步势力"是三个环节的中心一环。

②"争取中间势力",就是争取民族资产阶级、开明绅士和地方实力派这三部分人。

③"孤立顽固势力",是孤立英美派大资产阶级,其代表就是国民党蒋介石集团。

④对顽固派斗争的原则:有理、有利、有节。

4. 人民民主统一战线

中国新民主主义革命时期。

5. 爱国统一战线

组成:社会主义劳动者、社会主义事业建设者、拥护社会主义的爱国者、拥护祖国统一和**致力于中华民族伟大复兴的爱国者**(2018年第五次宪法修正案增加)。

6. 中国革命统一战线中包括两个性质不同的联盟

(1)工人阶级同劳动者联盟:即工人阶级同农民阶级、广大知识分子及其他劳动者的联盟,**主要是工农联盟**。

(2)工人阶级和非劳动人民的联盟,主要是与民族资产阶级的联盟。

考点练习

【例题10】(2011年单选)国民革命时期国共合作采取的形式是(　　)。

A. 党外合作　　B. 党内合作

C. 建立新的组织形式　　D. 召开政治协商会议

笔记

【例题 11】(2018 年单选第 4 题)我国在不同的历史时期形成了不同的统一战线,对下列统一战线按其形成的先后顺序进行排列,正确的一项是(　　)。

①抗日民族统一战线②工农民主统一战线③人民民主统一战线④爱国统一战线

A. ④③②①　　B. ①②③④

C. ①④③②　　D. ②①③④

二、"法宝"之二:武装斗争

(1)中国的武装斗争实质是无产阶级领导的农民战争。

(2)毛泽东战略战术思想核心:积极防御。

(3)战胜敌人的根本法则:集中优势兵力,各个歼灭敌人。

(4)坚持党对军队的绝对领导是建设新型人民军队的根本原则,是毛泽东建军思想的核心。

(5)"工农武装割据"是实现农村包围城市的必由之路。

"工农武装割据"的内容:以土地革命为基本内容,以武装斗争为主要形式,以农村革命根据地为战略阵地。

(6)"工农武装割据"思想的形成和提出,标志着具有中国特色的农村包围城市、武装夺取政权的革命道路理论的基本形成。

考点练习

【例题 12】(单选)解放战争时期,毛泽东提出十大军事原则的核心是(　　)。

A. 夺取中小城市和乡村

B. 在运动中歼灭敌人

C. 集中优势兵力,各个歼灭敌人

D. 利用战争间隙休整部队

【例题 13】(2011 年单选)"工农武装割据"的中心内容是(　　)。

A. 武装斗争　　B. 土地革命

C. 发展革命根据地　　D. 占据中心城市

三、"法宝"之三:党的建设

(1)1939 年 10 月,毛泽东在《〈共产党人〉发刊词》中指出党的建设是一项伟大的工程。

(2)党的建设被认为是"三大法宝"中最重要的。

(3)民主集中制是中国共产党根本的组织原则,其中,全党服从中央是这一原则的核心。

(4)党的三大优良作风:理论联系实际;密切联系群众;批评与自我批评。

核心提示 1:中国共产党区别于其他任何政党的显著标志________________。

核心提示 2:中国共产党最大的政治优势是________________。

笔记

考点练习

【例题 14】(单选)毛泽东系统总结中国共产党的三大优良作风是在(　　)。

A.《反对本本主义》　　B.《〈共产党人〉发刊词》

C.《中国革命和中国共产党》　　D.《论联合政府》

(5)毛泽东为整风撰写的指导性文件:《改造我们的学习》《反对党八股》《整顿党的作风》。

(6)延安整风运动是中国共产党历史上**第一次大规模的整风运动**。1941 年 5 月,毛泽东同志在延安高级干部会议上做《改造我们的学习》的报告,标志着整风开始。

考点练习

【例题 15】(单选)1942 年延安整风运动的中心任务是(　　)。

A. 反对党八股以整顿文风　　B. 反对宗派主义以整顿党风

C. 反对主观主义以整顿学风　　D. 反对官僚主义以整顿作风

【例题 16】(单选)党的思想建设的根本任务是(　　)。

A. 克服小资产阶级的思想　　B. 提高全体党员的文化素质

C. 提高共产党员的修养　　D. 用马克思主义理论武装全党

【例题 17】(2019 年单选第 5 题)党的三大优良传统作风是(　　)。

A. 群众路线、艰苦奋斗、理论联系实际

B. 群众路线、艰苦奋斗、批评与自我批评

C. 群众路线、理论联系实际、批评与自我批评

D. 艰苦奋斗、理论联系实际、批评与自我批评

特别注意:统一战线、武装斗争和党的建设三者之间的关系:**统一战线和武装斗争是中国革命的两个基本特点,是战胜敌人的两个基本武器。**

思维导图

(请登录“追求卓越官网 www.365zhuoyue.com”免费下载)

专项训练

一、单项选择题

1. (2011 年第 49 题)抗日民主政权的“三三制”原则是指在工作人员分配上(　　)。

A. 进步势力、中间势力、顽固势力各占三分之一

B. 共产党、国民党、民主党派各占三分之一

C. 工人、农民、小资产阶级各占三分之一

D. 共产党员、党外进步分子、中间分子各占三分之一

2. (2012 年第 27 题)日本迫使清政府签订的割让“台湾”的不平等条约是(　　)。

A.《南京条约》　　B.《北京条约》　　C.《马关条约》　　D.《瑷珲条约》

笔记

3.(2012 年第 23 题)标志着旧民主主义革命向新民主主义革命转变的重大事件是(　　)。

A. 新文化运动的兴起　　B. 五四运动

C. 中国共产的建立　　D. 北伐战争

4.(2014 年第 21 题)近代中国社会最主要矛盾的主要方面是(　　)。

A. 帝国主义和中华民族的矛盾　　B. 封建社会和人民大众的矛盾

C. 日本帝国主义和中华民族的矛盾　　D. 无产阶级和资产阶级的矛盾

5. 1927 年大革命失败后,党的工作重心开始转向农村,在农村建立革命根据地。农村革命根据地能够在中国长期存在和发展的根本原因是(　　)。

A. 中国是一个政治、经济和文化发展极不平衡的半殖民地半封建大国

B. 良好的群众基础和革命形势的继续向前发展

C. 相当力量正式红军的存在

D. 党的领导及其正确的政策

6. 农村包围城市、武装夺取政权革命道路的理论基本形成的标志是(　　)。

A.《井冈山的斗争》　　B.《星星之火,可以燎原》

C.《战争与战略问题》　　D.《论新阶段》

7. 新民主主义革命总路线的核心是(　　)。

A. 无产阶级的领导　　B. 人民大众的参与

C. 反帝反封建　　D. 建立统一战线

8. 近代中国贫穷落后的总根源,也是阻碍中国社会发展的根本原因是(　　)。

A. 帝国主义侵华　　B. 封建主义的统治

C. 科学技术落后　　D. 社会制度腐败

9. 导致近代中国落后挨打的内在原因是(　　)。

A. 帝国主义侵略　　B. 封建主义的统治

C. 资本主义的统治　　D. 科学技术落后

10. 第一次国共合作的基础是(　　)。

A. 三民主义　　B. 新三民主义　　C. 爱国主义　　D. 民主主义

11. 抗日民族统一战线最突出的特点是(　　)。

A. 广泛的民族性和复杂的阶级性　　B. 国共双方有政权有军队的合作

C. 没有固定的正式的组织形式　　D. 没有共同的具体的政治纲领

12. 抗战爆发后,中国共产党建立的第一个敌后抗日根据地是(　　)。

A. 陕甘宁根据地　　B. 太行山根据地

C. 晋察冀根据地　　D. 晋冀鲁豫根据地

13. 下列措施中,最能体现抗日民族统一战线政策的是(　　)。

A."三三制"原则　　B. 精兵简政

C. 大生产运动　　D. 整风运动

14. 确定中国红军建党建军原则的会议是(　　)。

A. 古田会议　　B. 八七会议　　C. 中共六大　　D. 遵义会议

15.(2021 年单选第 17 题)下列哪项不属于统一战线的对象?(　　)

A. 少数民族人士　　B. 公有制经济人士

C. 新的社会阶层人士　　D. 出国和归国留学人员

笔记

16. 整风是我党创造的进行马克思主义思想教育的好形式。整风运动中的一项重要内容是整顿学风,在这里,学风问题的实质是(　　)。

A. 对待实践的态度问题　　B. 对待马克思主义的态度问题

C. 对待群众的态度问题　　D. 调查研究的工作方法问题

二、多项选择题

1. 新民主主义革命是"新式的、特殊的资产阶级民主主义革命",其基本特点包括(　　)。

A. 有新的领导阶级

B. 有新的指导思想即马克思主义

C. 属于无产阶级革命的一部分

D. 有了新的前途,经过新民主主义革命途径达到社会主义的目标

2. 毛泽东在《〈共产党人〉发刊词》中阐明了中国共产党在中国革命中的几个基本问题,认为正确地理解了这些问题及其相互关系,就等于正确地领导了全部中国革命。这些基本问题有(　　)。

A. 革命的道路问题　　B. 统一战线问题

C. 武装斗争问题　　D. 党的建设问题

3. 中国共产党根本的组织原则是民主集中制,它的基本要求有(　　)。

A. 个人服从组织　　B. 全党服从中央

C. 少数服从多数　　D. 下级服从上级

4. 中国共产党人区别于其他政党的显著标志是(　　)。

A. 理论和实践密切地相结合　　B. 和最广大的人民群众取得最密切的联系

C. 发扬艰苦奋斗的作风　　D. 有无认真的自我批评

5. 毛泽东在《〈共产党人〉发刊词》一文中总结了中国革命的基本经验,指出中国共产党战胜敌人的两个基本武器是(　　)。

A. 土地革命　　B. 统一战线

C. 党的建设　　D. 武装斗争

第三讲　社会主义改造理论

考点一　新民主主义社会的性质和特点

1. 性质与主要特征

(1)**性质**:新民主主义社会是我国从新民主主义到社会主义过渡的时期。

(2)**主要特征**:**既有社会主义因素,又有非社会主义的因素**。但社会主义因素在经济上和政治上都处于领导地位,是起**决定性**的因素。

2. 基本特征

(1)政治上:实行工人阶级领导的各革命阶级联合专政的人民民主专政,这是从新民主主义走向社会主义的**根本政治保证**。

(2)经济上：国营经济领导下的合作社经济、个体经济、私人资本主义经济和国家资本主义。这就是**五种经济成分**。

笔记

考点练习

【例题 1】(2012 年单选)新中国成立后，当时中国社会的性质是(　　)。

A. 社会主义社会

B. 新民主主义社会

C. 资本主义社会

D. 具有社会主义和非社会主义两重因素的社会

【例题 2】(单选)新中国成立之初，具有社会主义性质的经济是(　　)。

A. 国营经济　　B. 合作社经济

C. 私人资本主义经济　　D. 个体经济

考点二　过渡时期总路线的提出和基本内容

(1)1953 年 6 月，毛泽东提出了过渡时期的总路线和总任务。

(2)党在过渡时期的总路线的主要内容被概括为“一化三改”。“一化”即社会主义工业化，“三改”即对个体农业、手工业和对资本主义工商业的社会主义改造，也被称为“一体两翼”。

(3)**总路线的实质**是发展生产力的基础上解决所有制问题或者是改变生产关系。

(4)社会主义建设和社会主义改造同时并举的路线(过渡时期总路线的**最显著特点**)。

(5)对**农业社会主义改造**的基本经验：社会主义萌芽性质的农业生产互助组；半社会主义性质的初级农业生产合作社；社会主义性质的高级农业合作社。

新增考点：社会主义革命和建设时期，党面临的主要任务是，实现从新民主主义到社会主义的转变，进行社会主义革命，推进社会主义建设，为实现中华民族伟大复兴**奠定根本政治前提和制度基础**。

考点练习

【例题 3】(单选)从新民主主义社会过渡到社会主义社会的根本保证是(　　)。

A. 全国人民渴望和平　　B. 各革命阶级联合专政

C. 国内外环境的使然　　D. 无产阶级处于领导地位

【例题 4】(单选)由新民主主义向社会主义转变的根本政治条件是(　　)。

A. 坚持马克思列宁主义、毛泽东思想的指导

B. 坚持无产阶级及其政党的领导

C. 坚持人民民主专政

D. 坚持人民代表大会制度

笔记

【例题5】（单选）下列关于社会主义改造不正确的论述有（　　）。

A. 社会主义改造的基本完成标志着社会主义制度在中国的确立

B. 社会主义改造的基本完成实现了中国历史上最广泛最深刻的社会变革

C. 社会主义改造的基本完成为中国的社会主义现代化建设奠定了基础

D. 社会主义改造的基本完成标志中国已经建成了社会主义

【例题6】（多选）中华人民共和国的成立标志着（　　）。

A. 半殖民地半封建社会结束　　B. 中国进入新民主主义社会

C. 新民主主义向社会主义转变的开始　　D. 新民主主义革命基本胜利

新增考点：1949年10月1日宣告成立中华人民共和国。

（1）彻底结束了旧中国半殖民地半封建社会的历史。

（2）彻底结束了极少数剥削者统治广大劳动人民的历史。

（3）彻底结束了旧中国一盘散沙的局面。

（4）彻底废除了列强强加给中国的不平等条约和帝国主义在中国的一切特权。

思维导图

（请登录“追求卓越官网 www.365zhuoyue.com”免费下载）

专项训练

1.（单选）1956年我国在生产资料所有制的社会主义改造基本完成后，开始进入（　　）。

A. 新民主主义时期　　B. 国民经济恢复时期

C. 从新民主主义向社会主义过渡时期　　D. 全面建设社会主义时期

2.（单选）新中国成立之初，我国人民民主专政的性质是（　　）。

A. 新民主主义　　B. 社会主义　　C. 共产主义　　D. 资本主义

3.（单选）新民主主义社会的主要特征是（　　）。

A. 既有社会主义因素又有资本主义因素

B. 既有社会主义经济又有国家资本主义经济因素

C. 既有社会主义经济又有个体经济因素

D. 既有工人阶级又有资产阶级因素

第四讲　社会主义建设道路初步探索的理论成果

考点一　社会主义社会的矛盾学说

（1）社会主义社会两类不同性质的矛盾是敌我矛盾（专政）和人民内部（民主）矛盾。

（2）社会主义社会的基本矛盾的性质是**非对抗性的人民内部矛盾**。

笔记

考点二 社会主义经济、政治、文化建设方针

(1)**1956年**，毛泽东作了《论十大关系》的报告，**标志着**党探索中国社会主义建设道路的**良好开端**。

(2)**论十大关系的基本方针**：努力把党内党外，国内国外的一切积极的因素，直接的间接的积极因素，全部调动起来。

(3)**陈云**在中共八大的发言中提出了关于我国社会主义经济**三个"主体"和三个"补充"**的重要思想。

考点练习

【例题1】(单选)毛泽东正式提出探索中国社会主义建设道路任务的著作是(　　)。

A.《不要四面出击》　　B.《关于中华人民共和国宪法草案》

C.《论十大关系》　　D.《关于正确处理人民内部矛盾的问题》

考点三 社会主义的对外关系

1. 完成祖国统一大业的基本方针

1955年6月，在一届人大三次会议上，周恩来提出解决台湾问题有两种可能的方式，即战争的方式和和平的方式。

1963年年初，周恩来根据毛泽东的思想提出**"一纲四目"**解决台湾问题。**"一纲"——台湾必须回归祖国**。

1979年，全国人大常委会发表《告台湾同胞书》，**正式提出"和平统一"**的对台方针，希望用**"一国两制"**的方式实现祖国的最终统一。

2. 独立自主的和平外交方针

中华人民共和国成立前夕，毛泽东就确定了"另起炉灶""打扫干净屋子再请客"和"一边倒""一条线、一大片"的方针，提出在平等互利和相互尊重主权和领土完整的基础上同一切国家建立外交关系。

3. 和平共处五项原则

1953年，周恩来在会见印度代表团、缅甸代表时，**首次提出了和平共处五项原则**，即：互相尊重主权和领土的完整、互不侵犯、互不干涉内政、平等互利、和平共处。

考点四 执政条件下党的建设

(1)党的七届二中全会上，毛泽东第一次明确提出了执政党建设的问题，要求全党在革命胜利后务必继续保持**谦虚、谨慎、不骄、不躁**的作风，务必继续地保持**艰苦奋斗**的作风，警惕资产阶级"糖衣炮弹"的侵蚀和攻击。

(2)提出了党的**工作重心**开始由农村向城市转移，并由城市领导农村的新时期。

(3)**两个根本转变**：

笔记

一是从落后农业国转变为先进工业国;二是从新民主主义社会转变为社会主义社会。

思维导图

(请登录“追求卓越官网 www.365zhuoyue.com”免费下载)

专项训练

一、单项选择题

1.(2011年第38题)新中国第一代领导人在探索祖国和平统一的实践中,曾经将对台政策归纳为“一纲四目”,其中“一纲”是指(　　)。

A.双方互不派人做破坏对方团结之举

B.台湾之军政大权、人事安排等悉委于国民党

C.台湾的社会改革可以从缓,待协商后进行

D.台湾必须统一于中国

2.20世纪70年代,中国恢复在联合国的合法权利。其主要促成因素不包括(　　)。

A.中美建立正式外交关系

B.第三世界国家的支持

C.中国国际地位的提高

D.中国政府长期的外交努力

3.毛泽东提出社会主义社会基本矛盾和两类不同性质矛盾的学说的著作是(　　)。

A.《关于正确处理人民内部矛盾的问题》

B.《论十大关系》

C.《国家预算要保证重点建设又要照顾人民生活》

D.《社会主义革命的目的是解放生产力》

二、多项选择题

毛泽东同志认为,社会主义社会的发展阶段有(　　)。

A.不发达的社会主义

B.比较发达的社会主义

C.发达的社会主义

D.社会主义初级阶段

第五讲　邓小平理论

考点一　改革开放是发展中国特色社会主义的必由之路

1.改革的实质和目标

改革的实质和目标是要从根本上改变束缚我国生产力发展的经济体制。

笔记

2. 改革的性质

改革是社会主义制度的自我完善和自我发展。

3. 改革开放是一场新的伟大革命(或改革是中国的第二次革命)

(1)改革是为了**扫除生产力发展的障碍,解放生产力**。革命是解放生产力,改革也是解放生产力。

(2)改革是对原有体制进行的**根本性变革**。

(3)改革引起了**经济生活、社会生活、思想观念**等一系列重大变化。

(4)改革不是传统意义上的革命,**改革是社会主义制度的自我完善和发展**。

4. 党的十八届三中全会要点

(1)**全面深化改革的总目标**是完善和发展中国特色社会主义制度,推进国家治理体系和治理能力现代化。

(2)**全面深化改革的出发点和落脚点**:促进社会公平正义、增进人民福祉。

(3)**经济体制改革是全面深化改革的重点,核心问题**是处理好政府和市场的关系,使市场在资源配置中起决定性作用和更好发挥政府作用。

5. 坚持改革的正确方向

(1)中国40多年改革之所以能够顺利推进并取得历史性成就,**根本原因**在于始终坚持了**正确的改革方向和改革立场**,既不走封闭僵化的老路,也不走改旗易帜的邪路。

(2)坚持改革的正确方向,**最核心的是在改革中坚持和完善党的领导,坚持和发展中国特色社会主义**。**中国特色社会主义**是党带领人民长期奋斗的**根本成就**,是当代中国发展进步的根本方向。

(3)**坚持社会主义市场经济改革方向**。

6. 实行高水平对外开放,开拓合作共赢新局面

坚持实施更大范围、更宽领域、更深层次对外开放,依托我国大市场优势,促进国际合作,实现互利共赢。

(1)**建设更高水平开放型经济新体制**。推动贸易和投资自由化便利化。完善外商投资准入前国民待遇加负面清单管理制度。完善自由贸易试验区布局,赋予其更大改革自主权,稳步推进海南自由贸易港建设,建设对外开放新高地。稳慎推进人民币国际化。发挥好中国国际进口博览会等重要展会平台作用。

(2)**推动共建"一带一路"高质量发展**。坚持共商共建共享原则,秉持绿色、开放、廉洁理念。推进基础设施互联互通,拓展第三方市场合作。构筑互利共赢的产业链供应链合作体系,深化国际产能合作,扩大双向贸易和投资。**坚持以企业为主体,以市场为导向**,遵循国际惯例和债务可持续原则,健全多元化投融资体系。推进战略、规划、机制对接,加强政策、规则、标准联通。深化公共卫生、数字经济、绿色发展、科技教育合作,促进人文交流。

(3)**积极参与全球经济治理体系改革**。

新增考点:改革开放和社会主义现代化建设新时期,党面临的主要任务是,继续探索中国建设社会主义的正确道路,解放和发展社会生产力,使人民摆脱贫困、尽快富裕起来,为实现中华民族伟大复兴**提供充满新的活力的体制保证和快速发展的物质条件**。

笔记

考点练习

【例题1】(单选)邓小平说“改革是中国的第二次革命”,这是因为(　　)。

A. 改革也是扫除生产力发展的障碍

B. 改革是社会主义社会发展的动力

C. 对原有的经济制度进行根本性变革

D. 引起经济、社会生活、思想观念等一系列重大变化

【例题2】(多选)自2013年9月、10月,习近平主席在不同场合先后提出共同建设“丝绸之路经济带”及“21世纪海上丝绸之路”。至今,“一带一路”在世界范围内备受瞩目。60多个国家和国际组织表达积极参与的态度,一批多边或双边大项目合作正稳步进行。共建“一带一路”旨在(　　)。

A. 促进经济要素有序自由流动、资源高效配置和市场深度融合

B. 推动沿线各国实现经济政策协调

C. 开展更大范围、更高水平、更深层次的区域合作

D. 共同打造开放、包容、均衡、普惠的区域经济合作架构

考点二　正确处理改革、发展、稳定的关系

1. 改革、发展、稳定的关系

改革是动力,发展是目的,稳定是前提。

2. 如何正确处理改革、发展、稳定的关系

(1)把改革的力度、发展的速度同社会可以承受的程度统一起来。在社会稳定中推进改革和发展;在改革发展中实现和巩固稳定,在动态中协调把握好三者的关系。

(2)把不断改善人民生活作为处理改革、发展、稳定关系的重要结合点。

考点练习

【例题3】(多选)我们党作出实行改革开放的历史性决策是(　　)。

A. 基于对党和国家前途命运的深刻把握

B. 基于对社会主义革命和建设实践的深刻总结

C. 基于对时代潮流的深刻洞察

D. 基于对人民群众期盼和需要的深刻体悟

考点三　社会主义初级阶段理论的形成、含义和发展

1. 1981年党的十一届六中全会通过的《关于建国以来党的若干历史问题的决议》,第一次提出我国社会主义制度还处于初级的阶段。

笔记

2. 1982年的十二大报告正式提出"我国的社会主义现在还处在初级发展阶段"。

3. 党的十三大系统阐述了社会主义初级阶段理论、基本路线、"三步走"发展战略，指出我国正处在社会主义的初级阶段。正确认识我国社会现在所处的历史阶段，是我们制定和执行正确的路线和政策的根本依据。

4. 社会主义初级阶段的含义。

(1)社会主义初级阶段有两层基本含义。

性质：我国已经进入社会主义社会，我们必须坚持而不能离开社会主义。

程度：我国的社会主义社会还处在初级阶段，生产力落后，商品经济不发达。

(2)所谓社会主义初级阶段不是泛指任何国家进入社会主义都会经历的起始阶段；

(3)**特指我国生产力落后、商品经济不发达条件下**建设社会主义必然要经历的特定阶段；

(4)即我国进入社会主义社会到基本实现社会主义现代化的**整个历史时期**。

(5)也就是社会主义的不发达阶段。

考点练习

【例题4】(2018年单选)社会主义初级阶段在各方面先进和落后的并存，是我国基本国情的重要特点，它决定了社会主义初级阶段的发展具有的总的基本特征是(　　)。

A. 逐步摆脱不发达状态，基本实现社会主义现代化的历史阶段

B. 由农业国逐步转变为工业国的历史阶段

C. 由经济文化发展不平衡逐步转变为缩小差距的历史阶段

D. 由自然经济、半自然经济占很大比重，逐步转变为经济市场化程度较高的历史阶段

【例题5】(多选)社会主义初级阶段，从发展进程看，其特征有(　　)。

A. 它是由自然经济和半自然经济占很大比重，逐步转变为经济市场化程度较高的历史阶段

B. 它是由贫困人口占很大比重，人民生活水平比较低，逐步转变为全体人民比较富裕的历史阶段

C. 它是由文盲半文盲占很大比重，科技教育文化落后，逐步转变为科技教育文化比较发达的历史阶段

D. 它是逐步缩小同世界先进水平的差距，在社会主义基础上实现中华民族伟大复兴的历史阶段

【例题6】(单选)(　　)是建设中国特色社会主义的总依据。

A. 实现中华民族伟大复兴　　B. 全面落实"五位一体"建设

C. 社会主义市场经济理论　　D. 社会主义初级阶段

【例题7】(单选)党和国家制定路线、方针、政策的出发点和立足点是(　　)。

A. 生产力水平低.经济发展落后的现实状况

B. 人口数量多且素质不高的现实状况

C. 社会主义市场经济体制还不完善的现实状况

D. 我国正处于并将长期处于社会主义初级阶段

笔记

考点四 社会主义本质理论

(1)社会主义本质理论的提出。

(2)邓小平理论创造性回答的问题：________________。

(3)我国社会主义在改革开放前所经历的曲折和失误，归根到底就在于对这个问题没有完全搞清楚；改革开放以来在前进中遇到的一些犹疑和困惑，归根到底也在于对这个问题没有完全搞清楚。

这个问题就是：________________。

(4)解放和发展生产力是中国特色社会主义的根本任务。社会主义的根本目标是实现共同富裕，进而实现人的自由而全面的发展。要实现这些目标，根本途径是解放和发展生产力。

考点五 社会主义市场经济理论

1. 市场的地位

党的十四大正式确认我国经济体制改革的目标就是________，提出要使市场在国家宏观调控下对资源配置起基础性作用。党的十八届三中全会明确提出，要使市场在资源配置中起决定性作用和更好发挥政府作用。

市场对资源配置的调节作用是通过市场机制来实现的，市场机制包括________等，其中________是市场机制的核心。

2. 社会主义市场经济理论的要点

一是计划经济和市场经济不是划分社会制度的标准；

二是计划和市场都是经济手段，各有所长，要把两者结合起来；

三是市场经济作为资源配置的一种方式本身不具有制度属性。

3. 坚持社会主义制度与市场经济的结合

坚持社会主义制度与市场经济的结合，是社会主义市场经济的**特色所在**。这也是我国社会主义的**一项基本经济制度**。

考点练习

【例题 8】(多选)社会主义初级阶段的基本经济制度是(　　)。

A. 公有制为主体，多种所有制经济共同发展

B. 社会主义市场经济体制

C. 按劳分配为主体，多种分配方式并存

D. 计划与市场相结合

【例题 9】(单选)邓小平指出“计划经济不等于社会主义，资本主义也有计划；市场经济不等于资本主义，社会主义也有市场。”这一论断表明(　　)。

A. 计划和市场都是经济手段

B. 计划经济和市场经济没有什么本质区别

C. 计划与市场的多少不是资本主义与社会主义的本质区别

D. 社会主义以计划经济为主，资本主义以市场经济为主

笔记

【例题10】(多选)社会主义市场经济体制体现社会主义制度特征的方面主要表现在(　　)。

A. 在所有制结构上,以公有制为主体、多种所有制经济共同发展

B. 在分配制度上,以按劳分配为主体、多种分配方式并存

C. 在宏观调控上,以实现最广大劳动人民利益为出发点和归宿

D. 在资源配置上,以市场为手段,发挥市场的决定性作用

考点六　社会主义初级阶段的基本路线

"一个中心、两个基本点"这是基本路线最主要的内容,是实现社会主义现代化奋斗目标的基本途径。

"以经济建设为中心"——兴国之要,回答了社会主义的根本任务——发展生产力。

"坚持四项基本原则"——立国之本,回答了解放和发展生产力的政治保证。

"坚持改革开放"——强国之路,回答了社会主义的发展动力和外部条件。

考点练习

【例题11】(单选)坚持党在社会主义初级阶段的基本路线不动摇,关键是坚持(　　)。

A. 四项基本原则　　B. 改革开放

C. 经济建设为中心　　D. 两手抓,两手都要硬

考点七　"一国两制"构想

1. "一国两制"的提出

(1)台湾问题的由来及实质______________。

(2)1985年3月,党的第六届全国人民代表大会第三次会议正式把"一国两制"确定为中国的一项基本国策。

2. "和平统一、一国两制"构想的基本内容

(1)坚持一个中国,这是核心,是发展两岸关系和实现和平统一的基础。

(2)两制并存:主体(大陆)部分实行社会主义制度,港、澳、台保持原有的社会制度和生活方式长期不变。

(3)高度自治:祖国完全统一后,港、澳、台作为特别行政区,享有不同于中国其他省、市、自治区的高度自治权。

3.《反分裂国家法》

(1)这是一部促进祖国和平统一、保护台湾同胞根本利益的法律,是反对和遏制"台独"分裂势力的法律。

(2)《反分裂国家法》强调,"台独"分裂势力以任何名义、任何方式造成台湾从中国分

笔记

裂出去的事实，或者发生将会导致台湾从中国分裂出去的重大事变，或者和平统一的可能性完全丧失，国家得采取非和平方式及其他必要措施，捍卫国家主权和领土完整。

考点练习

【例题 12】（单选）1978 年党的十一届三中全会公报第一次用"台湾回到祖国怀抱，实现统一大业"的提法代替了（　　）。

A. 解放台湾　　B. 尊重台湾　　C. 孤立台湾　　D. 遏止台湾

【例题 13】（单选）按照"一国两制"的构想完成祖国统一大业，不会改变我国社会制度的性质，其原因是（　　）。

A. 特别行政区接受中央政府的领导

B. 特别行政区是中华人民共和国不可分割的一部分

C. 两种制度的地位不同，中国的主体坚持社会主义制度

D. 特别行政区除高度自治外与大陆各行政区没有什么区别

思维导图

（请登录"追求卓越官网 www.365zhuoyue.com"免费下载）

专项训练

一、单项选择题

1. 坚持党的基本路线不动摇的关键是（　　）。

A. 坚持以经济建设为中心不动摇　　B. 坚持两手抓、两手都要硬的方针不动摇

C. 坚持四项基本原则不动摇　　D. 坚持改革开放不动摇

2. 坚持四项基本原则的核心是（　　）。

A. 坚持社会主义道路　　B. 坚持人民民主专政

C. 坚持共产党的领导　　D. 坚持马列主义、毛泽东思想

3. 党的十三大对我国国情认识上的一次飞跃是系统阐述（　　）。

A. 社会主义本质论　　B. 社会主义初级阶段论

C. 完善社会主义论　　D. 社会主义发展生产力论

二、多项选择题

1. "十四五"时期是我国在全面建成小康社会、实现第一个百年奋斗目标之后，乘势而上开启（　　）的第一个五年。

A. 全面建设社会主义现代化国家新征程　　B. 向第二个百年奋斗目标进军

C. 实现中华民族伟大复兴的中国梦　　D. 全面建设新时代社会主义现代化国家

2. "十四五"规划纲要提到，坚持实施（　　）对外开放，依托我国超大规模市场优势，促进国际合作，实现互利共赢，推动共建"一带一路"行稳致远，推动构建人类命运共同体。

A. 更大范围　　B. 更宽领域　　C. 更高水平　　D. 更深层次

笔记

3. “十四五”规划纲要提到，支持香港建设(　　)，支持香港服务业向高端高增值方向发展，支持香港发展中外文化艺术交流中心。

A. 国际创新科技中心　　B. 世界旅游休闲中心

C. 亚太区国际法律及解决争议服务中心　　D. 区域知识产权贸易中心

4. (2020年第71题)2019年12月20日是澳门回归20周年，下列与澳门相关的说法正确的是(　　)。

A. 澳门有“海上花园”的美称

B. “一国两制”最初由澳门问题提出

C. 新发行的澳门币正面以港珠澳大桥为主景

D. 澳门的“一个中心”定位指的是世界休闲旅游中心

第六讲　习近平新时代中国特色社会主义思想及其历史地位

考点一　习近平新时代中国特色社会主义思想核心要义

坚持和发展中国特色社会主义，是改革开放以来我们党全部理论和实践的**鲜明主题**，也是习近平新时代中国特色社会主义思想的**核心要义**。

考点二　社会主义初级阶段主要矛盾的转化

1. 党的十一届六中全会

人民日益增长的物质文化需要同落后的社会生产之间的矛盾。

2. 党的十九大报告

人民日益增长的美好生活需要和不平衡不充分的发展之间的矛盾。

(1)主要依据有以下三个方面：

一是经过改革开放40年的发展，我国社会生产力水平总体上显著提高，很多方面进入世界前列；

二是人民生活水平显著提高，对美好生活的向往更加强烈，不仅对物质文化生活提出了更高要求，而且在民主、法治、公平、正义、安全、环境等方面的要求日益增长；

三是影响满足人们美好生活需要的因素很多，但主要是发展的不平衡不充分问题。

(2)影响：

我国社会主要矛盾的变化，**没有改变我们对我国社会主义所处历史阶段的判断，我国仍处于并将长期处于社会主义初级阶段的基本国情没有变，我国是世界最大发展中国家的国际地位没有变**。实现建成富强民主文明和谐美丽的社会主义现代化强国目标，还有很长的路要走。我们要**牢牢把握**社会主义初级阶段这个**基本国情**，**牢牢立足社会主义初**

笔记

级阶段这个**最大实际**，**牢牢坚持**党在社会主义初级阶段的**基本路线**。

考点练习

【例题 1】（多选）中国特色社会主义进入新时代，我国社会主要矛盾已经转化为人民日益增长的美好生活需要和不平衡不充分的发展之间的矛盾，这是因为（　　）。

A. 我国稳定解决了十几亿人的温饱问题，总体上实现小康，不久将全面建成小康社会

B. 人民美好生活需要日益广泛，不仅对物质文化生活提出了更高要求，而且在民主、政治、公平、正义、安全、环境等方面的要求日益增长

C. 我国社会生产力水平总体上显著提高，社会生产能力在很多方面进入世界前列

D. 更加突出的问题是发展不全面不协调，已经成为满足人民日益增长的美好生活需要的主要制约因素

【例题 2】（2019 年多选第 41 题）中国特色社会主义进入新时代，社会主要矛盾已经转化，这是关系全局的历史性变化，对党和国家工作提出了许多新要求。但我们也必须认识到（　　）。

A. 我国社会主要矛盾的变化，没有改变我们对我国社会主义所处历史阶段的判断

B. 我国仍处于并将长期处于社会主义初级阶段的基本国情没有变

C. 中华民族的面貌没有变

D. 我国是世界最大发展中国家的国际地位没有变

考点三　丰富内涵：十个明确

（1）**明确中国特色社会主义最本质的特征**是中国共产党领导，中国特色社会主义制度的最大优势是中国共产党领导，中国共产党是最高政治领导力量，全党必须增强“四个意识”、坚定“四个自信”、做到“两个维护”。

（2）明确坚持和发展中国特色社会主义，**总任务是**实现社会主义现代化和中华民族伟大复兴，在全面建成小康社会的基础上，分两步走在本世纪中叶建成富强民主文明和谐美丽的社会主义现代化强国，**以中国式现代化**推进中华民族伟大复兴。

（3）明确**新时代我国社会主要矛盾是**人民日益增长的美好生活需要和不平衡不充分的发展之间的矛盾，必须坚持以人民为中心的发展思想，**发展全过程人民民主**，推动人的全面发展、全体人民共同富裕取得更为明显的**实质性进展**。

（4）明确中国特色社会主义事业**总体布局**是经济建设、政治建设、文化建设、社会建设、生态文明建设五位一体，**战略布局是全面建设社会主义现代化国家、全面深化改革、全面依法治国、全面从严治党**四个全面。

（5）明确**全面深化改革总目标**是完善和发展中国特色社会主义制度、推进国家治理体系和治理能力现代化。

（6）明确**全面推进依法治国总目标**是建设中国特色社会主义法治体系、建设社会主义法治国家。

（7）**明确必须坚持和完善社会主义基本经济制度**，使市场在资源配置中起决定性作用，更好发挥政府作用，把握新发展阶段，贯彻创新、协调、绿色、开放、共享的新发展理念，

笔记

加快构建以**国内大循环为主体，国内国际双循环相互促进的新发展格局**，推动高质量发展，统筹发展和安全。

(8)明确党在新时代的**强军目标**是建设一支听党指挥、能打胜仗、作风优良的人民军队，把人民军队建设成为世界一流军队。

(9)明确**中国特色大国外交要**服务民族复兴、促进人类进步，推动构建新型国际关系，推动构建人类命运共同体。

(10)**明确全面从严治党的战略方针，提出新时代党的建设总要求**，全面推进党的政治建设、思想建设、组织建设、作风建设、纪律建设，把制度建设贯穿其中，深入推进反腐败斗争，落实管党治党政治责任，以**伟大自我革命**引领伟大社会革命。

考点练习

【例题3】(2020年单选第14题)中国特色社会主义最本质的特征是(　　)。

A. 实现共同富裕　　B. 为人民服务

C. 中国共产党领导　　D. 马克思主义思想指导

考点四　行动纲领：十四个坚持

1. 十四个坚持

(1)坚持党对一切工作的领导。

(2)坚持以人民为中心。

(3)坚持全面深化改革。

(4)坚持新发展理念(创新，协调，绿色，开放，共享)。

(5)坚持人民当家作主。

(6)坚持全面依法治国(以宪法为核心)。

(7)坚持社会主义核心价值体系。

(8)坚持在发展中保障和改善民生。

(9)坚持人与自然和谐共生。

(10)坚持总体国家安全观。

(11)坚持党对人民军队的绝对领导。

(12)坚持“一国两制”推进祖国统一。

(13)坚持推动构建人类命运共同体。

(14)坚持全面从严治党。

2. 特别提示

“十个明确”是指导思想层面的表述，重点讲的是怎么看，回答的是**新时代坚持和发展什么样的中国特色社会主义的问题**；“十四个坚持”是行动纲领层面的表述，重点讲的是怎么办，回答的是**新时代怎样坚持和发展中国特色社会主义的问题**。“十个明确”和“十四个坚持”体现了习近平新时代中国特色社会主义思想理论与实践的统一。

笔记

考点练习

【例题4】(单选)2021年7月1日,习近平同志在庆祝建党一百周年大会上发表重要讲话。他强调,(　　)是中国共产党区别于其他政党的显著标志。

A. 改革创新　　B. 从严治党　　C. 深化改革　　D. 勇于自我革命

考点五　习近平新时代中国特色社会主义思想的内涵与评价

一、内涵

(1)习近平新时代中国特色社会主义思想,是对马克思列宁主义、毛泽东思想、邓小平理论、“三个代表”重要思想、科学发展观的继承和发展。

(2)习近平新时代中国特色社会主义思想是马克思主义中国化最新成果。

(3)习近平新时代中国特色社会主义思想是党和人民实践经验和集体智慧的结晶。

(4)习近平新时代中国特色社会主义思想是中国特色社会主义理论体系的重要组成部分。

(5)习近平新时代中国特色社会主义思想是全党全国人民为实现中华民族伟大复兴而奋斗的行动指南。

二、评价

(1)马克思主义中国化最新成果。

第一,习近平新时代中国特色社会主义思想开辟了马克思主义新境界。

第二,习近平新时代中国特色社会主义思想开辟了中国特色社会主义新境界。

第三,习近平新时代中国特色社会主义思想对人类文明进步具有重要意义。

(2)新时代的精神旗帜。

(3)实现中华民族伟大复兴的行动指南。

党的十九届六中全会新增考点:**两个确立。**

党**确立习近平同志党中央的核心、全党的核心地位,确立习近平新时代中国特色社会主义思想的指导地位**,反映了全党全军全国各族人民共同心愿,对新时代党和国家事业发展、对推进中华民族伟大复兴历史进程具有决定性意义。

思维导图

(请登录“追求卓越官网 www.365zhuoyue.com”免费下载)

专项训练

一、单项选择题

1. 习近平同志在庆祝中国共产党成立一百周年大会上发表重要讲话指出,一百年来,中国共产党弘扬伟大建党精神,在长期奋斗中构建起中国共产党人的(　　),锤炼出鲜明的政治品格。

A. 精神食粮　　B. 精神源泉　　C. 精神谱系　　D. 精神灵感

笔记

2. 习近平新时代中国特色社会主义思想回答了(　　)这个重大时代课题。

A. 新形势下实现什么样的发展、怎样发展

B. 新时代坚持和发展什么样的中国特色社会主义、怎样坚持和发展中国特色社会主义

C. 什么是社会主义、怎样建设社会主义和建设什么样的党、怎样建设党

D. 新形势下怎么认识和发展中国特色社会主义

3. 习近平同志在庆祝中国共产党成立一百周年大会上发表重要讲话指出,走自己的路,是党的全部理论和实践立足点,更是党百年奋斗得出的历史结论。(　　)是党和人民历经千辛万苦、付出巨大代价取得的根本成就,是实现中华民族伟大复兴的正确道路。

A. 中国特色社会主义　　B. 社会主义制度

C. 全面小康社会　　D. 社会主义现代化强国

4. 改革开放以来党的全部理论和实践的主题是(　　)。

A. 实现民族伟大复兴　　B. 为人民谋幸福

C. 中国特色社会主义　　D. 为人类谋和平

5. 改革开放以来我们取得一切成绩和进步的根本原因,归结起来就是:开辟了中国特色社会主义道路,形成了中国特色社会主义理论体系,确立了中国特色社会主义制度,发展了(　　)。

A. 中国特色社会主义核心价值观　　B. 中国特色社会主义文化

C. 中国特色社会主义目标　　D. 中国特色社会主义文明

6. (　　)是实现社会主义现代化、创造人民美好生活的必由之路。

A. 中国特色社会主义道路　　B. 中国特色社会主义理论体系

C. 中国特色社会主义制度　　D. 中国特色社会主义文化

7. (　　)是指导党和人民实现中华民族伟大复兴的正确理论。

A. 中国特色社会主义道路　　B. 中国特色社会主义理论体系

C. 中国特色社会主义制度　　D. 中国特色社会主义文化

8. (　　)是当代中国发展进步的根本制度保障。

A. 中国特色社会主义道路　　B. 中国特色社会主义理论体系

C. 中国特色社会主义制度　　D. 中国特色社会主义文化

9. (　　)是激励全党全国各族人民奋勇前进的强大精神力量。

A. 中国特色社会主义道路　　B. 中国特色社会主义理论体系

C. 中国特色社会主义制度　　D. 中国特色社会主义文化

10. 习近平新时代中国特色社会主义思想,明确中国特色社会主义最本质的特征是(　　)。

A.“五位一体”总体布局　　B. 建设中国特色社会主义法治体系

C. 以人民利益为根本出发点　　D. 中国共产党领导

11. 关于中国特色社会主义进入了新时代,下列理解不正确的是(　　)。

A. 这是承前启后、继往开来、在新历史条件下继续夺取中国特色社会主义伟大胜利的时代

B. 这是全面建设小康社会、开启社会主义现代化新征程的时代

C. 这是全国各族人民团结奋斗、不断创造美好生活、逐步实现全体人民共同富裕的时代

D. 这是全体中华儿女勠力同心、奋力实现中华民族伟大复兴中国梦的时代

E. 这是我国日益走近世界舞台中央、不断为人类作出更大贡献的时代

笔记

12. 我们党的三大历史任务是推进现代化建设、(　　)、维护世界和平与促进共同发展。

A. 实现共产主义　　B. 实现民族复兴

C. 完成祖国统一　　D. 实现全人类解放

13. (　　)是新时代坚持和发展中国特色社会主义根本立场。

A. 以经济建设为中心　　B. 以人民为中心

C. 宪法至上　　D. 一切有利于生产力发展

14. (　　)是决定当代中国命运的关键一招，也是实现“两个一百年”奋斗目标、实现中华民族伟大复兴的关键一招。

A. 市场经济　　B. 改革开放　　C. 党的领导　　D. 依法治国

15. 习近平总书记强调，推进改革的目的是要不断推进我国社会主义制度自我完善和发展，赋予社会主义新的生机活力。这里面最核心的是(　　)。

①坚持和改善党的领导

②坚持和完善中国特色社会主义制度

③坚持和完善社会主义市场经济体制

④坚持和完善社会主义民主法治

A. ①②　　B. ②③　　C. ③④　　D. ①②③④

二、多项选择题

1. 习近平新时代中国特色社会主义思想贯穿着高度的自觉自信，主要体现在(　　)。

A. 对传承中华民族 5 000 多年文明的自觉自信

B. 对发扬党的优良传统的自觉自信

C. 对坚持和发展中国特色社会主义的自觉自信

D. 对我们正在做的事情的自觉自信

E. 对党和国家事业光明前景的自觉自信

2. 习近平新时代中国特色社会主义思想，是(　　)，是党和国家必须长期坚持的指导思想。

A. 马克思主义中国化最新成果

B. 当代中国马克思主义、21 世纪马克思主义

C. 党和人民实践经验和集体智慧的结晶

D. 中国特色社会主义理论体系的重要组成部分

3. 关于习近平新时代中国特色社会主义思想重大意义，理解正确的有(　　)。

A. 是新时代中国共产党人的思想旗帜

B. 为发展马克思主义作出了中国的原创性贡献

C. 是国家政治生活和社会生活的根本指针

D. 为建设美好世界贡献了中国智慧、中国方案

4. 为了实现中华民族伟大复兴，中国共产党团结带领中国人民创造了哪些伟大成就？(　　)

A. 创造了新民主主义革命的伟大成就

B. 创造了社会主义革命和建设的伟大成就

C. 创造了改革开放和社会主义现代化建设的伟大成就

D. 创造了新时代中国特色社会主义的伟大成就

三、判断题

1. 党的十九大最大的成就就是形成了习近平新时代中国特色社会主义思想。　　(　　)

2. 党的十九大的灵魂和主线是习近平新时代中国特色社会主义思想。　　(　　)

3. 中国社会主要矛盾的改变,也导致了中国社会主义所处历史阶段的判断。（　）

4. 当今这个新时代,我们比历史上任何时期都更接近实现中华民族伟大复兴的目标。（　）

5. 习近平新时代中国特色社会主义思想系统回答了在新时代如何坚持与发展中国特色社会主义。（　）

笔记

第七讲　新时代建设中国特色社会主义的总任务

考点一　中国特色社会主义的总任务

(1)实现社会主义现代化;

(2)中华民族伟大复兴。

考点二　实现中华民族的伟大复兴

(1)2012 年 11 月 29 日,习近平在参观《复兴之路》展览时提出“中国梦”。

(2)中国梦的本质内容:国家富强、民族振兴、人民幸福。

(3)实现中国梦的途径:坚持中国道路、弘扬中国精神、凝聚中国力量。

(4)“中国梦”归根到底是人民的梦,与世界人民的梦想相通。

考点三　建设社会主义现代化强国

1. 全面建成小康社会的历史沿革

(1)2002 年党的十六大提出全面建设小康社会的纲领。

(2)2007 年党的十七大提出全面**建设**小康社会是 2020 年的目标。

(3)2012 年党的十八大提出 2020 年的目标就是全面**建成**小康社会。

(4)2017 年党的十九大提出,从现在开始到 2020 年是全面建成小康社会的决胜期。

“两个一百年”的奋斗目标,即到建党 100 年时建成惠及十几亿人口的**更高水平的小康社会;到新中国成立 100 年时**实现现代化,**建成社会主义现代化国家。**

2. 党的十九大提出全面建设社会主义现代化国家的进程分两个阶段来安排

(1)**第一个阶段**,从 2020 年到 2035 年,在全面建成小康社会的基础上,再奋斗 15 年,基本实现社会主义现代化。在这一阶段,**主要目标要求是:**

①经济建设方面,我国经济实力、科技实力将大幅跃升,**跻身创新型国家前列**。

②在政治建设方面,人民平等参与、平等发展权利得到充分保障,法治国家、法治政府、法治社会基本建成,各方面制度更加完善,**国家治理体系和治理能力现代化基本实现**。

③在文化建设方面,社会文明程度达到新的高度,国家文化软实力显著增强,中华文化影响更加广泛深入。

④在民生和社会建设方面,人民生活更为宽裕,中等收入群体比例明显提高,城乡区

笔记

域发展差距和居民生活水平差距显著缩小，基本公共服务均等化基本实现，**全体人民共同富裕迈出坚实步伐。**

⑤在生态文明建设方面，生态环境根本好转，**美丽中国目标基本实现。**

(2)**第二个阶段**，从2035年到21世纪中叶，在基本实现现代化的基础上，再奋斗15年，把我国建成富强、民主、文明、和谐、美丽的社会主义现代化强国。这一阶段**主要目标**是：

一是我国将拥有高度的物质文明，建成富强的社会主义现代化强国；

二是我国将拥有高度的政治文明，建成民主的社会主义现代化强国；

三是我国将拥有高度的精神文明，建成文明的社会主义现代化强国；

四是我国将拥有高度的社会文明，建成和谐的社会主义现代化强国；

五是我国将拥有高度的生态文明，建成美丽的社会主义现代化强国。

考点练习

【例题】(2021年单选第3题)中国共产党一经诞生，就把为中国人民谋幸福、为中华民族谋复兴确立为自己的初心使命。一百年来，中国共产党团结带领中国人民进行的一切奋斗、一切牺牲、一切创造，归结起来就是一个主题(　　)。

A. 为中国人民谋幸福　　B. 全面建成小康社会

C. 全面从严治党　　D. 实现中华民族伟大复兴

思维导图

(请登录“追求卓越官网 www.365zhuoyue.com”免费下载)

专项训练

一、单项选择题

1. 从2020年到21世纪中叶可以分两个阶段来安排。第一个阶段，从(　　)到(　　)，在全面建成小康社会的基础上，再奋斗十五年，基本实现社会主义现代化。

A. 2020年　2035年　　B. 2025年　2040年

C. 2030年　2045年　　D. 2035年　21世纪中叶

2. 从全面建成小康社会到基本实现现代化，再到全面建成(　　)，是新时代中国特色社会主义发展的战略安排。

A. 创新型国家　　B. 社会主义现代化强国

C. 社会主义现代化大国　　D. 世界一流强国

3. (2021年第8题)党的十九届五中全会提出的“到2035年基本实现社会主义现代化远景目标”，其中不包括(　　)。

A. 进入创新型国家前列　　B. 建成现代化经济体系

C. 全面实现美丽中国建设目标　　D. 人均GDP达到中等发达国家水平

二、多项选择题

实现富强、民主、文明、和谐、美丽的社会主义现代化强国的要求有(　　)。

A. 我国物质文明、政治文明、精神文明、社会文明、生态文明将全面提升

B. 实现国家治理体系和治理能力现代化，成为综合国力和国际影响力领先的国家

C. 全体人民共同富裕基本实现，我国人民将享有更加幸福安康的生活

D. 中华民族将以更加昂扬的姿态屹立于世界民族之林

笔记

三、判断题

1. 改革是否正确，是否有成效的价值判断标准是：是否有利于促进全社会的活力，全体人民的创造力，是否促进生产力更快更好的发展。（　　）

2. 建设中国特色社会主义的法治国家的核心是人民对社会主义法治建设的领导。（　　）

3. 为解决新时代我国社会的主要矛盾，我们需要遵循的发展理念是：必须坚持以人民为中心的发展思想，不断促进人的全面发展、全体人民共同富裕。（　　）

第八讲　建设中国特色社会主义的总体布局

考点一　经济建设

一、社会主义基本经济制度

1. 我国的生产资料所有制：以公有制为主体，多种所有制经济共同发展

（1）公有制经济包括国有经济和集体经济，以及混合所有制经济中的国有成分和集体成分。

（2）非公有制经济包括个体经济、私营经济、外商独资经济、混合所有制经济中的非公有制经济成分等。

（3）党的十八届三中全会进一步提出，公有制经济和非公有制经济都是社会主义市场经济的重要组成部分；都是我国经济社会发展的重要基础。这标志着我们对基本经济制度的认识提升到一个新的高度。

（4）坚持公有制的主体地位，主要体现在两个方面：

一是公有资产在社会总资产中占优势；

二是国有经济控制国民经济命脉，对经济发展起主导作用，主要体现在控制力上。

（5）两个毫不动摇：毫不动摇地巩固和发展公有制经济；毫不动摇地鼓励、支持、引导非国有经济的发展。

2. 我国的分配制度：以按劳分配为主体，多种分配方式并存

（1）按劳分配是社会主义的分配原则。社会主义之所以必须坚持按劳分配的主体地位，是由社会主义公有制和生产力发展水平决定的。

（2）按劳分配以外的多种分配方式，其实质是按生产要素的占有状况进行分配。

（3）党的十七大报告明确提出"初次分配和再分配都要处理好效率和公平的关系，再分配更加注重公平"。

（4）多种分配方式，其实质是按生产要素分配，主要有：

笔记

①以劳动作为生产要素参与分配。主要是个体劳动者和被雇于非公有制经济的雇佣劳动者。

②劳动以外的生产要素所有者参与分配。主要包括资本所有者在生产经营活动中凭借资本所取得的利润。

③管理和知识产权类的生产要素，如科技发明、创造、信息、专利等参与分配。

④数据也是生产要素。《中共中央、国务院关于构建更加完善的要素市场化配置体制机制的意见》首次将数据和土地、劳动力、资本、技术等传统生产要素并列。

二、社会保障体系

（1）包括社会保险、社会福利、社会救助和优抚安置。社会保险是社会保障体系的核心部分。

（2）我国社会保障的目标，目前只能是保障基本生活的需要。

三、新发展理念：创新、协调、绿色、开放、共享

创新：是引领发展的第一动力。

协调：是健康发展的内在要求。

绿色：是永续发展的必要条件。

开放：是国家繁荣发展的必由之路。

共享：中国特色社会主义的本质要求。

共享是中国特色社会主义的本质要求。其内涵主要有四个方面：一是全民共享；二是全面共享；三是共建共享；四是渐进共享。坚持共享发展，就要不断把“蛋糕”做大，又把不断做大的“蛋糕”分好，让人民群众有更多获得感。

创新、协调、绿色、开放、共享的发展理念，相互贯通、相互促进，是具有内在联系的集合体。创新注重的是解决发展动力问题，协调注重的是解决发展不平衡问题，绿色注重的是解决人与自然和谐问题，开放注重的是解决发展内外联动问题，共享注重的是解决社会公平正义问题。我们应从整体上把握新发展理念，努力提高统筹贯彻新发展理念的能力和水平，推动建设现代化经济体系。

考点练习

【例题1】（多选）“十四五”规划纲要提到，迎接数字时代，激活数据要素潜能，推进网络强国建设，加快建设（　　），以数字化转型整体驱动生产方式、生活方式和治理方式变革。

A. 数字经济　　B. 数字社会　　C. 数字政府　　D. 数字国家

【例题2】（单选）社会主义市场经济的基本标志是（　　）。

A. 市场对资源配置起基础性作用　　B. 国家对国民经济进行宏观调控

C. 建立现代企业制度　　D. 坚持公有制的主体地位

笔记

【例题3】(多选)“十四五”规划纲要提到，立足国内大循环，协同推进强大国内市场和贸易强国建设，形成全球资源要素强大引力场，促进(　　)协调发展，加快培育参与国际合作和竞争新优势。

A. 内需和外需　　B. 进口和出口

C. 引进外资和对外投资　　D. 国内国际双循环

【例题4】(单选)我们党在经济体制改革中的一个伟大创举是提出(　　)。

A. 把社会主义和市场经济结合起来

B. 股份制是公有制实现形式

C. 把公有制与非公经济相结合

D. 把按劳分配与按生产要素分配相结合

【例题5】(单选)“十四五”规划纲要提到，健全(　　)的现代产权制度。

A. 归属清晰、权责明确、流转顺畅、法治保障

B. 归属明确、权责明确、保护明确、流转顺畅

C. 归属清晰、权责明确、保护严格、流转顺畅

D. 归属明确、权责清晰、保护严格、顺畅流转

【例题6】(2020年单选第4题)关于新发展理念，下列说法错误的是(　　)。

A. 创新是引领发展的第一动力

B. 绿色是持续健康发展的内在要求

C. 开放是国家繁荣发展的必由之路

D. 共享是中国特色社会主义的本质要求

考点二　政治建设

1. 民主制度

(1)民主首先是指一种国家制度，包括国体和政体。

(2)国体：是人民民主专政制度。

(3)政体：是国家政权的组织形式(人民代表大会制度)。

1954年9月，第一届全国人民代表大会第一次会议在北京召开，标志着人民代表大会制度在全国范围内建立起来。

(4)建设社会主义政治文明的**核心**是发展社会主义民主。人民民主是社会主义的生命。

考点练习

【例题7】(单选)我国人民代表大会制度的政治基础、根本原则和核心内容，是(　　)。

A. 依法治国　　B. 社会主义民主政治

C. 党的领导　　D. 国家的一切权利属于人民

笔记

2. 人民代表大会制度

人民代表大会制度是发展社会主义民主政治最重要的内容。发展社会主义民主政治，最根本的是要把坚持党的领导、人民当家作主和依法治国有机统一起来。

(1)中国共产党的领导是人民当家作主和依法治国的根本保证。

(2)人民当家作主是社会主义民主政治的本质和核心要求，是社会主义政治文明建设的根本出发点和归宿。

(3)依法治国是党领导人民治理国家的基本方略。

3. 中国共产党领导的多党合作和政治协商制度

(1)中国共产党领导的多党合作和政治协商制度的特点和优点：

①中国共产党和各民主党派合作的首要前提和根本保证是坚持中国共产党的领导；

②政治基础是坚持四项基本原则；

③中国共产党同各民主党派合作的基本方针是"长期共存、互相监督、肝胆相照、荣辱与共"；

④中国共产党和各民主党派都必须以宪法为根本活动准则，负有维护宪法尊严、保证宪法实施的职责。

(2)中国人民政治协商会议的性质与职能。

①性质：中国人民政治协商会议，是最广泛的爱国统一战线组织。

②主要职能：参政议政、政治协商和民主监督。

4. 社会主义协商民主

第一，社会主义协商民主是中国社会主义民主政治的特有形式。

第二，社会主义协商民主是中国社会主义民主政治独特优势。

协商民主是中国共产党的群众路线在政治领域的重要体现。

5. 坚持民族区域自治制度

(1)实行民族区域自治的客观必然性有以下几方面。

①历史依据：统一的多民族国家的长期存在和发展。

②政治基础：近代以来在反抗外来侵略斗争中形成的爱国主义精神。

③现实条件：各民族大杂居、小聚居的人口分布格局，各地区资源条件和发展的差异。

(2)民族自治区：内蒙古自治区、新疆维吾尔自治区、广西壮族自治区、宁夏回族自治区、西藏自治区。

考点练习

【例题 8】(多选)在五个民族区域中，同一年建立的是(　　)。

A. 内蒙古自治区　　B. 宁夏回族自治区　　C. 西藏自治区　　D. 广西壮族自治区

【例题 9】(单选)解决民族问题的基本政策是(　　)。

A. 民族区域自治制度　　B. 维护多民族国家的统一

C. 赋予各民族自决权　　D. 实现民族平等、团结

---

6. 基层群众自治制度

(1)形式：农村村民委员会、城市居民委员会和企业职工代表大会。

(2)在村民自治中，依法直接行使民主选举、民主决策、民主管理和民主监督的权利。

笔记

7. 法治制度

(1)党的十五大第一次把"依法治国"作为党和国家基本的治国方略郑重地提了出来。(党的十八届四中全会:全面推进依法治国)

核心提示:依法治国的核心是维护宪法和法律的权威。

(2)坚持依法治国、依法执政、依法行政共同推进,坚持法治国家、法治政府、法治社会一体建设,实现科学立法、严格执法、公正司法、全民守法,促进国家治理体系和治理能力现代化。

(3)党的领导是中国特色社会主义**最本质的特征,是社会主义法治最根本的保证**。

(4)坚持依法治国首先要坚持依宪治国,坚持依法执政首先要坚持依宪执政。

考点三 文化建设

(1)思想道德建设解决的是整个中华民族的精神支柱和精神动力问题。加强思想道德建设是建设社会主义核心价值体系的必然要求,集中体现着精神文明建设的性质和方向,是发展先进文化的重要内容和中心环节。

为人民服务是社会主义道德的集中体现,在社会主义价值观中居于主导地位。

(2)社会主义核心价值体系是兴国之魂,决定着中国特色社会主义发展方向。

社会主义核心价值观是社会主义核心价值体系的精神内核及其遵循的根本原则,是这个体系的精髓。培育社会主义核心价值观是建设社会主义核心价值体系的重要举措,两者是一个相辅相成、有机统一的过程。

(3)建设社会主义文化强国,关键是增强全民族文化创造活力。

(4)要坚持把社会效益放在首位、社会效益和经济效益相统一,推动文化事业全面繁荣、文化产业快速发展。

(5)社会主义道德建设要以为人民服务为核心,以集体主义为原则,以诚实守信为重点,加强社会公德、职业道德、家庭美德、个人品德教育,弘扬中华传统美德,弘扬时代新风。

考点练习

【例题10】(单选)"十四五"规划纲要提到,坚持马克思主义在意识形态领域的指导地位,坚定文化自信,坚持以社会主义核心价值观引领文化建设,围绕(　　)的使命任务,促进满足人民文化需求和增强人民精神力量相统一,推进社会主义文化强国建设。

A. 聚民心、育新人、兴文化、展形象

B. 举旗帜、聚民心、兴文化、展形象

C. 举旗帜、聚民心、育新人、兴文化、展形象

D. 举旗帜、育新人、兴文化、展形象、保传承

笔记

考点四 社会建设

1. 建设社会主义和谐社会的总体思路

社会建设是建设中国特色社会主义总布局的重要组成部分。**社会和谐是中国特色社会主义的本质属性，是国家富强、民族振兴、人民幸福的首要保证。**

考点练习

【例题 11】(单选)马克思主义产生之前的空想社会主义者们，曾提出过许多建立和谐社会的构想，但结果只能陷于空想，其根本原因是(　　)。

A. 他们对社会主义社会探索不够，没有认识到社会主义社会的本质

B. 他们没有认识到资本主义社会的本质，也没有找到实现社会变革的正确途径

C. 他们生活在资本主义社会时代

D. 他们的构想是共产主义社会的，超越了社会主义社会阶段

2. 保障和改善民生

(1)**提高人民物质文化生活水平，是改革开放和社会主义现代化建设的根本目的。**

(2)**民生是人民幸福之基、社会和谐之本。坚持以人民为中心的发展思想，以保障和改善民生为重点。**

(3)**就业是最大的民生。**

(4)要全面建成**覆盖全民、城乡统筹、权责清晰、保障适度、可持续的多层次**社会保障体系。

新增：注重加强**普惠性、基础性、兜底性**民生建设，推进基本公共服务均等化。

建设体现效率、促进公平的收入分配体系，调节过高收入，取缔非法收入，增加低收入者收入，稳步扩大中等收入群体，推动形成**橄榄型分配格局。**

3. 创新社会治理体制

(1)**建立共建共治共享的社会治理格局。**

(2)**加强社会治理制度建设。**

在我国的社会治理制度建设中，一方面要加强法治建设，推进科学立法、民主立法、依法立法，以良法促进发展、保障善治；另一方面要加强德治建设，强化道德约束，规范社会行为，调节利益关系，协调社会关系，解决社会问题。

(3)**加强预防和化解社会矛盾机制建设。**

(4)**提高社会化、法治化、智能化和专业化水平。**

(5)**健全公共安全、社会治安防控、社会心理服务和社区治理四个体系。**

4. 构建社会主义和谐社会的基本原则

(1)**坚持以人为本**，是构建社会主义和谐社会的**根本出发点和落脚点。**

(2)**坚持科学发展**，是构建社会主义和谐社会的**工作方针。**

(3)**坚持改革开放**，是构建社会主义和谐社会的**工作动力。**

(4)**坚持民主法治**，是构建社会主义和谐社会的**工作保证。**

(5)**坚持正确处理改革发展稳定的关系**，是构建社会主义和谐社会的**工作条件**。

(6)**坚持在党的领导下全社会共同建设**，是构建社会主义和谐社会的**领导核心和依靠力量**。

笔记

5. 坚持总体国家安全观

总体国家安全观是指**坚持国家利益至上，以人民安全为宗旨，以政治安全为根本，以经济安全为基础**，以军事、文化、社会安全为保障，以促进国际安全为依托，维护各领域国家安全，构建国家安全体系，走中国特色国家安全道路。

考点练习

【例题12】(单选)我国要构建的社会主义和谐社会与历史上各种所谓的“和谐社会”的本质区别是(　　)。

A. 我国是在中国特色社会主义道路上，中国共产党领导全国人民共同建设．共同享有的和谐社会

B. 我国的和谐社会能够实现，历史上各种所谓的“和谐社会”不能够实现

C. 历史上各种社会形态都不能够解决生产力与生产关系，经济基础与上层建筑的矛盾

D. 我国的人与自然的关系是和谐的，而历史上各种社会形态的人与自然的关系是不和谐的

【例题13】(2018年单选第7题)社会主义和谐社会是人类孜孜以求的一种美好社会。我国构建社会主义和谐社会的根本出发点和落脚点是(　　)。

A. 坚持以人为本　　B. 坚持科学发展

C. 坚持民主法治　　D. 坚持改革开放

【例题14】(2020年单选第6题)下列关于改革开放的论断，按时间先后顺序排序正确的是(　　)。

①必须把坚持四项基本原则同坚持改革开放结合起来

②改革是中国的第二次革命

③实践证明，经济特区姓“社”不姓“资”

④中国开放的大门不会关闭，只会越开越大

A. ①③④②　　B. ②③①④

C. ④①②③　　D. ③②④①

考点五　生态文明建设

1. 建设社会主义生态文明的总体要求

生态文明的核心是正确处理人与自然的关系。(目标：和谐共生)

2. 总体要求

(1)生态文明建设以资源环境承载力为基础、以自然规律为准则、以可持续发展为目标的资源节约型、环境友好型社会。

(2)建设社会主义生态文明，必须把节约资源放在首位。

笔记

良好生态环境是人和社会持续发展的根本基础，节约资源是保护生态环境的根本之策。

坚持节约优先、保护优先、自然恢复为主的方针。

3. 树立生态文明理念

树立尊重自然、顺应自然、保护自然的生态文明理念。

(1)尊重自然，是人与自然相处时应秉持的首要态度。

(2)顺应自然，是人与自然相处时应遵循的基本原则。

(3)保护自然，是人与自然相处时应承担的重要责任。

4. 党的十九届六中全会新增考点

推动划定生态保护红线、环境质量底线、资源利用上线。

党领导着力打赢污染防治攻坚战，深入实施大气、水、土壤污染防治三大行动计划，打好蓝天、碧水、净土保卫战，开展农村人居环境整治。

我国积极参与全球环境与气候治理，力争 2030 年前实现**碳达峰**、2060 年前实现**碳中和**。

考点练习

【例题 15】(2020 年单选第 11 题)建设美丽中国，形成人与自然和谐发展新格局，要把什么放在首位？(　　)

A. 源头预防　　B. 保护环境　　C. 节约资源　　D. 生态修复

【例题 16】(多选)“十四五”规划纲要提到，建设(　　)的生活垃圾处理系统。

A. 分类投放　　B. 分类收集　　C. 分类运输　　D. 分类处理

思维导图

(请登录“追求卓越官网 www.365zhuoyue.com”免费下载)

专项训练

一、单项选择题

1. (2021 年第 9 题)“十四五”期间，要加快发展现代产业体系，坚持把发展经济着力点放在(　　)上。

A. 数字经济　　B. 实体经济

C. 制造业　　D. 社会主义市场经济

2. 全国人民代表大会和地方各级人民代表大会的议事原则是(　　)。

A. 下级服从上级　　B. 少数服从多数

C. 民主集中制　　D. 委员长负责制

3. 我国实行中国共产党领导的多党合作和政治协商制度，多党合作的核心是(　　)。

A. 多党长期合作　　B. 具有宪法保护

C. 坚持共产党领导　　D. 有一定的组织形式

笔记

4.(　　)是符合中国国情、体现中国社会主义国家性质、能够保证中国人民当家作主的最高实现形式。

A. 人民民主专政　　B. 人民代表大会制度

C. 民族区域自治制度　　D. 共产党领导的多党合作和政治协商制度

5. 保障人民基本文化权益的主要途径是(　　)。

A. 繁荣社会主义文化，提高文化软实力

B. 协调发展公益性文化事业和经营性文化产业

C. 发展公益性文化事业，建立政府主导的公共文化体系

D. 调动社会力量在市场竞争中壮大文化事业

6. 公益性文化事业是保障公民基本文化权益的重要途径。大力发展公益性文化事业，始终坚持放到首位的是(　　)。

A. 社会效益　　B. 经济效益

C. 繁荣文化市场　　D. 创新文化体制

7. 实施乡村振兴战略，必须加强农村基层基础工作，健全(　　)的乡村治理体系。

A. 民主、法治相结合　　B. 自治、法治、德治相结合

C. 自治、法治、民主相结合　　D. 法治、德治相结合

8. 党的十九大报告指出，(　　)是坚持党的领导、人民当家作主、依法治国有机统一的根本政治制度安排。

A. 人民代表大会制度　　B. 多党合作和政治协商制度

C. 民族区域自治制度　　D. 基层群众自治制度

9.(2021 年第 12 题)下列属于开创中部地区崛起方面战略举措的是(　　)。

A. 积极融入"一带一路"建设，强化开放大通道建设

B. 积极转变政府职能，深化国有企业改革

C. 做大做强先进制造业，建设一批中高端产业

D. 引领新兴产业和现代化服务业发展，实现产业升级

10.(2021 年第 18 题)下列选项中，有关我国精神的说法错误的是(　　)。

A. "两弹一星"精神——万众一心、众志成城、不怕困难、顽强拼搏、坚韧不拔、敢于胜利

B. 女排精神——扎扎实实、勤学苦练、无所畏惧、顽强拼搏、同甘共苦、团结战斗、刻苦钻研、勇攀高峰

C. 载人航天精神——特别能吃苦、特别能战斗、特别能攻关，特别能奉献

D. 抗疫精神——生命至上、举国同心、舍生忘死、尊重科学、命运与共

11.(2021 年第 20 题)中共(　　)明确了建立社会主义市场经济体制的改革目标。

A. 十二大　　B. 十三大　　C. 十四大　　D. 十五大

12. 习近平总书记强调，加强党内法规制度建设是全面从严治党的长远之策、根本之策，必须坚持依法治国与制度治党、依规治党统筹推进、一体建设，力争到(　　)时形成比较完善的党内法规制度体系。

A. 2035 年　　B. 2020 年

C. 建党 100 周年　　D. 新中国成立 100 周年

13. 下列关于习近平新时代中国特色社会主义思想的说法错误的是(　　)。

A. 中国特色社会主义最本质的特征是中国共产党领导

笔记

B. 全面深化改革总目标是实现社会主义现代化和中华民族伟大复兴

C. 全面推进依法治国总目标是建设中国特色社会主义法治体系、建设社会主义法治国家

D. 新时代我国社会主要矛盾是人民日益增长的美好生活需要和不平衡不充分的发展之间的矛盾

14. 下列关于改革开放历史地位的表述正确的是(　　)。

①决定当代中国命运的关键一招

②党和人民大踏步赶上时代的重要法宝

③坚持和发展中国特色社会主义的必由之路

④决定实现“两个一百年”奋斗目标，实现中华民族伟大复兴的关键一招

A. ①②③　　B. ①③④

C. ②③④　　D. ①②③④

15. 我国全面建设社会主义现代化国家的进程分为两个阶段，2035 年的目标是基本实现社会主义现代化，2050 年的目标是建成富强、民主、文明、和谐、美丽的社会主义现代化强国。关于这两个阶段目标的特点，下列理解正确的是(　　)。

①紧扣我国社会主要矛盾的变化

②突出了以人民为中心的现代化

③设定了增长的数量指标和质量指标

④突出了“四个全面”战略布局的目标要求

A. ①②③　　B. ①③④

C. ①②④　　D. ①②③④

二、多项选择题

1. (2021 年第 74 题) 关于“十四五”时期的乡村振兴举措，下列说法正确的有(　　)。

A. 对摆脱贫困的县，从摆脱之日起设立 5 年过渡期

B. 打好种业翻身仗，稳固农业现代化基础

C. 明确耕地利用优先顺序，永久基本农田重点用于经济作物生产

D. 推进渔政执法能力建设，确保黄河 10 年禁渔令有效落实

2. (2021 年第 71 题) 党的十九大报告中提出，我国经济已由高速增长阶段转向高质量发展阶段，下列关于高质量发展说法正确的有(　　)。

A. 要努力实现生态效益和经济社会效益相统一

B. 是对经济社会发展各个方面、各个领域的总要求

C. 是面对全球经济低速发展动力不足情况的应时之举

D. 不只要求经济发达地区落实，更要求所有地区都加以贯彻

3. 中国共产党领导的多党合作制度的民主价值和功能主要体现在(　　)。

A. 政治参与　　B. 利益表达

C. 社会整合　　D. 民主监督

4. 以下关于民主的哪些说法是正确的？(　　)

A. 民主是人类普遍的价值追求

B. 由于不同国家有不同的国情，实现民主就没有统一的模式

C. 普遍选举、直接选举的民主才是真正的民主

D. 民主没有抽象的标准，符合国情的就是好民主

E. 民主的发展程度同一定的经济文化状况相关联

5. 人权泛指自身自由和其他民主权利，主要包括(　　)。

A. 生存权　　B. 经济权　　C. 政治权　　D. 文化权

6. 人民代表大会制度是(　　)。

A. 保证我国人民当家作主的根本政治制度和最高实现形式

B. 是党在国家政权中发扬民主、贯彻群众路线的最好实现形式

C. 是我国社会主义政治文明的重要制度载体

D. 我国社会主义物质文明的重要制度载体

7. 下列哪些选项构成了中国政治制度的核心内容和基本框架，是社会主义民主政治的集中体现？(　　)

A. 人民代表大会制度

B. 中国共产党领导的多党合作和政治协商制度

C. 民族区域自治制度

D. 基层群众自治制度

8. 我国社会主义民主政治制度具有鲜明品格和巨大优势，表现在(　　)。

A. 能够有效保证人民广泛参加国家治理和社会治理

B. 能够有效调节国家政治关系

C. 能够集中力量办大事

D. 能够有效维护国家主权、安全、发展利益

9. 关于依法治国与以德治国的关系，下列说法正确的有(　　)。

A. 法律是成文的道德，道德是内心的法律

B. 要强化道德对法治的支撑作用

C. 要把道德要求贯彻到法治建设之中

D. 要用法治手段解决道德领域突出的问题

10. 统筹区域发展，促进区域协调发展，是我国经济社会发展的一个重要原则，坚持这一原则有利于(　　)。

A. 扩大内需，拉动经济增长

B. 区域间优势互补，促进经济共同发展

C. 不同区域人民共享改革发展成果

D. 生产要素在区域间合理流动和配置

11. 基层民主是我国广大工人、农民、知识分子和各阶层人士在城乡基层政权机关、企事业单位和基层自治组织中依法直接行使民主权利。发展基层民主(　　)。

A. 有利于提高全民的民主素养，为进一步发展民主创造了条件

B. 是发展社会主义民主的基础性工程

C. 为基层群众直接参与国家事务的管理提供了更多机会

D. 为基层群众管理基层公共事务和公益事业创造了条件

12. “十四五”规划纲要提到，依法保障进城落户农民(　　)，建立农村产权流转市场体系，健全农户“三权”市场化退出机制和配套政策。

笔记

笔记

A. 农村土地承包权　　B. 宅基地使用权

C. 宅基地收益权　　D. 集体收益分配权

13.（2021 年第 75 题）关于"十四五"时期经济社会发展主要目标，下列说法正确的有（　）。

A. GDP 增长率每年保持在 5%左右

B. 居民人均可支配收入增长与 GDP 增长基本同步

C. 常住人口城镇化率提高到 65%

D. 人均预期寿命提高 1 岁

14. 培育和践行社会主义核心价值观，必须发扬伟大（　）。

A. 创造精神　　B. 奋斗精神

C. 团结精神　　D. 梦想精神

15. 从现阶段实际出发，中国特色的社会主义民主政治建设的主要任务是（　）。

A. 积极稳妥地推进政治体制改革，探索和创造具有中国特色的民主政治建设模式和发展道路

B. 坚持和改善党的领导

C. 坚持和完善我国的根本政治制度和其他重要制度

D. 加强基层民主管理和群众自治

三、判断题

1. 五大发展理念缺一不可。哪一个发展理念贯彻不到位，发展进程都会受到影响。唯有统一贯彻，出实招、破难题，才能如期全面建成小康社会。（　）

2. 现代经济体系的总体思路是贯彻新发展理念。（　）

3. 资源化应该放在循环经济原则的首位，全过程都必须做到无毒化、无害化。（　）

4. 社会主要矛盾发生变化后，我国最大的国情仍是处于并将长期处于社会主义初级阶段。（　）

5. 我国现阶段市场体系不完善、市场机制不健全，市场主体创新能力较弱的基本国情下需要更好地发挥政府这只创新驱动"有形之手"的作用。（　）

6. 人民当家作主是社会主义民主政治的本质和核心。（　）

7. 市场经济是中国特色社会主义的经济运行基础。（　）

8. 民主政治是中国特色社会主义的重要保障。（　）

9. 以人民为本位，一切权力属于人民，是中国特色社会主义的出发点和落脚点。（　）

第九讲　中国特色社会主义战略布局

党的十九届五中全会提出"协调推进全面建设社会主义现代化国家、全面深化改革、全面依法治国、全面从严治党的战略布局"，**这是"四个全面"的最新表达。**

考点一　全面建设社会主义现代化国家

党的十九届五中全会提出的"四个全面"新表述，其中第一个全面**由"全面建成小康社**

会”变为“全面建设社会主义现代化国家”。有关“全面建设社会主义现代化国家”，党的十九届五中全会提出了到2035年我国基本实现社会主义现代化远景目标，包括我国经济实力、科技实力、综合国力将大幅跃升，经济总量和城乡居民人均收入将再迈上新的大台阶，关键核心技术实现重大突破，进入创新型国家前列等各个方面，这是比“全面建成小康社会”更高的目标要求。

笔记

“四个全面”战略布局需要协调推进。全面建设社会主义现代化国家是战略目标，在“四个全面”战略布局中居于引领地位。很显然，作为目标的第一个“全面”变化了，其他几个方面也要与之相协调。

考点二 全面深化改革

（1）党的十八届三中全会通过了《中共中央关于全面深化改革若干重大问题的决定》。

（2）就全面深化改革而言，要着眼于解决我们面临的深层次矛盾和体制机制弊端。相比过去，新时代改革开放具有许多新的内涵和特点，其中很重要的一点就是制度建设分量更重，改革更多面对的是深层次体制机制问题，对改革顶层设计的要求更高，对改革的系统性、整体性、协同性要求更强，相应地建章立制、构建体系的任务更重。新时代谋划全面深化改革，必须以坚持和完善中国特色社会主义制度、推进国家治理体系和治理能力现代化为主轴。

考点三 全面依法治国

（1）2014年党的十八届四中全会通过了《关于全面推进依法治国若干重大问题的决定》。

（2）全面依法治国是中国特色社会主义的本质要求和重要保障。

考点四 全面从严治党

就全面从严治党而言，要着眼于锻造中国特色社会主义事业坚强领导核心，为全面建设社会主义现代化强国、全面深化改革、全面依法治国提供根本保证。新征程上，要坚持党的全面领导，增强“四个意识”、坚定“四个自信”、做到“两个维护”，更加突出以自我革命的精神加强党的建设，更加突出把政治建设摆在首位。

（1）党的十九大首次把党的政治建设纳入党的建设总体布局，并强调“以党的政治建设为统领”“把党的政治建设摆在首位”。党的政治建设是党的根本性建设，决定党的建设方向和效果。

（2）伟大斗争、伟大工程、伟大事业、伟大梦想，其中起决定性作用的是党的建设新的伟大工程。

（3）坚持和加强党的全面领导，坚持党要管党、全面从严治党，是基本原则。

（4）加强党的长期执政能力建设、先进性和纯洁性建设，是党建的主线。

（5）以党的政治建设为统领。

（6）以坚定理想信念宗旨为根基。

（7）以调动全党积极性、主动性、创造性为着力点。

笔记

(8)全面推进党的政治建设、思想建设、组织建设、作风建设、纪律建设，把制度建设贯穿其中，深入推进反腐败斗争。

(9)把党建设成为始终走在时代前列、人民衷心拥护、勇于自我革命、经得起各种风浪考验、朝气蓬勃的马克思主义执政党，确立了新时代党的建设总目标。

(10)党作为执政党，面临的最大威胁就是腐败。

(11)为什么人的问题，是检验一个政党、一个政权性质的试金石。

(12)旗帜鲜明讲政治是我们党作为马克思主义政党的根本要求。

思维导图

(请登录“追求卓越官网 www.365zhuoyue.com”免费下载)

专项训练

一、单项选择题

1.(　　)是中国特色社会主义的本质要求和重要保障。

A. 全面依法治国　　B. 全面从严治党

C. 全面发展经济　　D. 全面可持续发展

2. 习近平总书记在(　　)调研时，首次明确提出“四个全面”。

A. 广东　　B. 上海　　C. 浙江　　D. 江苏

3. 深刻认识党面临的(　　)的尖锐性和严峻性，坚持问题导向，保持战略定力，推动全面从严治党向纵深发展。

A. 精神懈怠危险、能力不足危险、脱离群众危险、消极腐败危险

B. 精神懈怠危险、封闭僵化危险、脱离群众危险、消极腐败危险

C. 精神懈怠危险、能力不足危险、官僚主义危险、消极腐败危险

D. 精神懈怠危险、能力不足危险、脱离群众危险、腐化堕落危险

二、判断题

保证全党服从中央，坚持党中央权威和集中统一领导，不是党的政治建设的首要任务。(　　)

第十讲　实现中华民族伟大复兴的重要保障

党的十九届五中全会提出，加快国防和军队现代化，实现富国和强军相统一。贯彻习近平强军思想，贯彻新时代军事战略方针，坚持党对人民军队的绝对领导，坚持政治建军、改革强军、科技强军、人才强军、依法治军，加快机械化信息化智能化融合发展，全面加强练兵备战，提高捍卫国家主权、安全、发展利益的战略能力，**确保 2027 年实现建军百年奋斗目标**。

(1)党对军队绝对领导是人民军队建军之本、强军之魂。

(2)强军目标：建设一支听党指挥、能打胜仗、作风优良的人民军队。

(3)到2020年,国防和军队建设基本实现机械化,信息化建设取得重大进展。

(4)到2035年基本实现国防和军队现代化,到21世纪中叶把人民军队全面建成世界一流军队。

(5)国防和军队改革取得历史性突破,形成军委管总、战区主战、军种主建新格局。

笔记

第十一讲　中国特色大国外交

考点一　推动构建新型国际关系

(1)推动建立**相互尊重、公平正义、合作共赢**的新型国际关系。

(2)中国将坚定不移做和平发展的实践者、共同发展的推动者、多边贸易体制的维护者、全球经济治理的参与者。

(3)中国秉承共商共建共享的全球治理观。

考点二　推动构建人类命运共同体

(1)构建人类命运共同体思想的核心:**“建设持久和平、普遍安全、共同繁荣、开放包容、清洁美丽的世界”**。

(2)“一带一路”倡议:**“丝绸之路经济带”**和**“21世纪海上丝绸之路”**。

思维导图

(请登录“追求卓越官网 www.365zhuoyue.com”免费下载)

专项训练

一、单项选择题

1. 我国坚持独立自主的和平外交政策,必须放在第一位的是(　　)。

A. 国家主权和安全　　B. 反对恐怖主义

C. 构建和谐世界　　D. 建立国际新秩序

2. 和平共处五项原则的倡导国是(　　)。

A. 中国、印度、缅甸　　B. 中国、印度、越南

C. 中国、朝鲜、越南　　D. 中国、印尼、巴基斯坦

3. 谋求世界各国经济共同发展的根本途径是(　　)。

A. 加速各国经济结构的调整

B. 推动南北对话

C. 加强南南合作

D. 建立公平、合理、平等、互利的国际经济新秩序

笔记

4.(2020 年第 8 题)党的十九大对全面推进国防和军队现代化作出新的战略安排:到(　　)年,基本实现国防和军队现代化。

A. 2020　　B. 2030　　C. 2035　　D. 2050

二、多项选择题

1. 中国将高举(　　)的旗帜,恪守维护世界和平的外交宗旨。

A. 和平　　B. 发展　　C. 合作　　D. 共赢

2. 中国特色大国外交的目标是(　　)。

A. 构建新型国际关系　　B. 构建人类命运共同体

C. 实现世界持久和平　　D. 反对霸权主义

第十二讲　坚持和加强党的领导

考点一　实现中华民族伟大复兴关键在党

(1)《党章》规定:中国共产党是工人阶级的先锋队,同时是中国人民和中华民族的先锋队。

(2)党的领导是中国特色社会主义最本质的特征,是中国特色社会主义制度的最大优势(党的十三届全国人大一次会议)。

(3)**新时代中国共产党的历史使命**就是统揽伟大斗争、伟大工程、伟大事业、伟大梦想,在全面建成小康社会的基础上,全面建成社会主义现代化强国,实现中华民族的伟大复兴。

考点二　坚持党对一切工作的领导

(1)东西南北中、党政军民学,党是领导一切的。

(2)中国共产党是中国最高的政治领导力量。

(3)党作为最高的政治力量在治国理政中的体现:总揽全局、协调各方。

(4)中央委员会、中央政治局、中央政治局常委会是党的领导决策核心。

党的十九届六中全会新增考点:

新增 1:党的领导是党和国家的根本所在、命脉所在,是全国各族人民的利益所系、命运所系。

新增 2:党的领导是全面的、系统的、整体的,保证党的团结统一是党的生命,**党中央集中统一领导是党的领导的最高原则。**

新增 3:马克思主义信仰、共产主义远大理想、中国特色社会主义共同理想,是中国共产党人的**精神支柱和政治灵魂,也是保持党的团结统一的思想基础。**

新增 4:伟大建党精神:弘扬坚持真理、坚守理想,践行初心、担当使命,不怕牺牲、英勇斗争,对党忠诚、不负人民。

笔记

考点三 中国共产党百年奋斗的历史意义

(1)党的百年奋斗从根本上改变了中国人民的前途命运。

(2)党的百年奋斗开辟了实现中华民族伟大复兴的正确道路。

(3)党的百年奋斗展示了马克思主义的强大生命力。

(4)党的百年奋斗深刻影响了世界历史进程。

(5)党的百年奋斗锻造了走在时代前列的中国共产党。

考点四 中国共产党百年奋斗的历史经验

(1)**坚持党的领导**。中国人民和中华民族之所以能够扭转近代以后的历史命运、取得今天的伟大成就,**最根本的是有中国共产党的坚强领导。**

(2)坚持人民至上。党的根基在人民、血脉在人民、力量在人民,**人民是党执政兴国的最大底气。民心是最大的政治,正义是最强的力量。**

(3)坚持理论创新。马克思主义是我们**立党立国、兴党强国**的根本指导思想。

(4)坚持独立自主。独立自主是**中华民族精神之魂**,是我们立党立国的重要原则。

(5)坚持中国道路。中国特色社会主义道路是创造人民美好生活、实现中华民族伟大复兴的康庄大道。

(6)坚持胸怀天下。

(7)坚持开拓创新。创新是一个国家、一个民族发展进步的不竭动力。

(8)坚持敢于斗争。敢于斗争、敢于胜利,是党和人民不可战胜的强大精神力量。

(9)坚持统一战线。建立最广泛的统一战线,是党克敌制胜的重要法宝,也是党执政兴国的重要法宝。

(10)坚持自我革命。勇于自我革命是**中国共产党区别于其他政党的显著标志。**自我革命精神是党永葆青春活力的强大支撑。

思维导图

(请登录“追求卓越官网 www.365zhuoyue.com”免费下载)

专项训练

单项选择题

1. 中国特色社会主义最本质的特征和最大优势是(　　)。

A. 中国共产党领导　　B. 坚持中国特色社会主义道路

C. 高举中国特色社会主义旗帜　　D. 坚持中国特色社会主义理论体系

2. 要毫不动摇推进党的建设,尤其要把党的(　　)。

A. 政治建设摆在首位　　B. 思想建设摆在首位

C. 组织建设摆在首位　　D. 纪律建设摆在首位

3. 新时代党的建设的根本原则是(　　)。

笔记

A. 坚持和加强党的全面领导

B. 坚持党要管党、全面从严治党

C. 加强党的长期执政能力建设、先进性和纯洁性建设

D. 提高党建工作质量

4. 全党要更加自觉地增强(　　),既不走封闭僵化的老路,也不走改旗易帜的邪路,保持政治定力,坚持实干兴邦,始终坚持和发展中国特色社会主义。

A. 政治自信、理论自信、道路自信、制度自信

B. 道路自信、理论自信、制度自信、文化自信

C. 道路自信、理想自信、文化自信、制度自信

D. 政治自信、理想自信、道路自信、文化自信

5. 党的十九大报告指出,坚持全面从严治党,(　　)是我们党最鲜明的品格。

A. 勇于自我革新,从严管党治党　　B. 勇于管党治党,从严自我约束

C. 勇于自我革命,从严管党治党　　D. 勇于自我净化,从严打击腐败

6. 党内监督专责机关是(　　)。

A. 各级监察委员会　　B. 中央纪律检查委员会

C. 党的各级纪律检查组　　D. 党的各级纪律检查委员会

综合模考题

一、单项选择题

1. 2021 年 7 月 1 日,习近平同志在庆祝中国共产党成立一百周年大会上指出,为了实现中华民族伟大复兴,中国共产党团结带领中国人民,自信自强、守正创新,统揽伟大斗争、伟大工程、伟大事业、伟大梦想,创造了(　　)的伟大成就。

A. 改革开放和社会主义现代化建设　　B. 新民主主义革命

C. 新时代中国特色社会主义　　D. 社会主义革命和建设

2. 我们党提出到建党一百年时建成经济更加发展、民主更加健全、科教更加进步、文化更加繁荣、社会更加和谐、人民生活更加殷实的(　　)然后再奋斗(　　),到新中国成立一百年时,基本实现现代化,把我国建成(　　)。

A. 小康社会、二十年、新时代中国特色社会主义国家

B. 小康社会、三十年、社会主义现代化国家

C. 小康社会、十五年、社会主义现代化国家

D. 小康社会、二十年、新时代社会主义现代化同家

3. 毛泽东把理论和实践相结合的作风,和人民群众紧密联系在一起的作风,以及自我批评的作风,概括为中国共产党新的工作作风。在这三大作风中,最根本的是(　　)。

A. 理论和实践相结合　　B. 人民群众紧密联系在一起

C. 自我批评　　D. 独立自主

4. 党的十九届四中全会提出,(　　)是党和人民在长期实践探索中形成的科学制度体系,我国国家治理一切工作和活动都依照其展开。

A. 中国特色社会主义制度

B. 民族区域自治制度

C. 共产党领导的多党合作和政治协商制度

D. 人民代表大会制度

笔记

5. 党的十九届五中全会公报指出，全党要统筹(　　)，深刻认识我国社会主要矛盾变化带来的新特征新要求，深刻认识错综复杂的国际环境带来的新矛盾新挑战。

A. 中华民族伟大复兴战略全局和世界百年未有之大变局

B. 中华民族伟大复兴的中国梦和世界百年未有之大变局

C. 国内发展与对外开放

D. 发展和安全

6. 党的领导主要是(　　)的领导。

A. 政治、经济和文化　　B. 政治、思想和组织

C. 政治、国防和外交　　D. 政治、思想和国防

7. (　　)是党的根本组织制度和领导制度，是最重要的组织纪律。

A. 多党合作　　B. 民主集中制

C. 常委会议事制　　D. 民主生活会

8. 当代中国发展进步的根本方向是(　　)。

A. 新时代坚持和发展中国特色社会主义　　B. 新时代解决社会主要矛盾

C. 中华民族伟大复兴的中国梦　　D. 巩固马克思主义的指导地位

9. 新时代坚持和发展中国特色社会主义的根本立场是(　　)。

A. 坚持以人民为中心　　B. 人民代表大会制度

C. 新时代坚持和发展中国特色社会主义　　D. 坚持人民专政

10. 遵义会议是我们党历史上一次伟大的转折点。关于遵义会议，下列说法错误的是(　　)。

A. 遵义会议结束了以王明为首的“左倾”主义错误

B. 确立了以毛泽东为代表的党中央的正确领导，把党的路线转移到了马克思主义的轨道上来

C. 重申了党对红军的绝对领导

D. 是中国共产党第一次独立自主地运用马列主义基本原理解决自己的路线、方针和政策的会议

11. 下列与我国军事国防相关的说法错误的是(　　)。

A. 大力发展军民融合是维护国家主权和安全的战略基石

B. 新形势下我军的军事战略方针是积极防御

C. 中国位于海洋地缘战略区和欧亚大陆地缘战略区的交接处

D. 维护地区和世界和平是我国军队担负的主要战略任务之一

12. 党的十八大以来，党中央团结带领全党全国各族人民，深刻回答了重大时代课题，形成了习近平新时代中国特色社会主义思想。关于习近平新时代中国特色社会主义思想，下列表述正确的是(　　)。

①根本立场是以人民为中心，坚持人民主体地位

②核心要义是坚持和发展中国特色社会主义

③精髓是为人民谋幸福、为民族谋复兴、为世界作贡献

笔记

④理论特色是体现了理论与实际相结合、战略和战术相一致

A. ①②③　　B. ①③④　　C. ②③④　　D. ①②③④

13. 下列关于习近平新时代中国特色社会主义思想的说法错误的是(　　)。

A. 中国特色社会主义最本质的特征是中国共产党的领导

B. 全面深化改革总目标是实现社会主义现代化和中华民族伟大复兴

C. 全面推进依法治国总目标是建设中国特色社会主义法治体系、建设社会主义法治国家

D. 新时代我国社会主要矛盾是人民日益增长的美好生活需要和不平衡不充分的发展之间的矛盾

14. 党的十九大报告指出，发展必须是科学发展，必须坚定不移贯彻创新、协调、绿色、开放、共享的发展理念。下列与之有关的说法，正确的有几项？(　　)

①创新发展注重的是解决发展动力问题

②协调发展注重的是解决社会公平正义问题

③绿色发展注重的是解决人与自然和谐共生问题

④开放发展注重的是解决发展内外联动问题

⑤共享发展注重的是解决发展不平衡问题

A. 1　　B. 2　　C. 3　　D. 4

15. 党的十九届四中全会通过了《坚持和完善中国特色社会主义制度、推进国家治理体系和治理能力现代化若干重大问题的决定》。关于该《决定》的内容，下列说法正确的是(　　)。

①阐述了我国国家制度和国家治理体系发展的历史性成就和显著优势

②提出了推进国家治理体系和治理能力现代化的重大意义和总体要求

③回答了什么是社会主义和怎样建设社会主义这个重大政治问题

④明确了各项制度必须坚持和巩固的根本点、完善和发展的方向

A. ①②③　　B. ①②④　　C. ①③④　　D. ②③④

16. 下列关于社会主义初级阶段阐述不准确的是(　　)。

A. 中国现在处于并将长期处于社会主义初级阶段

B. 是我国生产力落后商品经济不发达条件下建设社会主义必然要经历的特定阶段

C. 我国已经是社会主义社会，我们必须坚持而不能离开社会主义

D. 我国的社会主义还处于不发达阶段，我们必须快速超越这个阶段

17. 根据《乡村振兴战略规划(2018—2022年)》，下列表述不正确的是(　　)。

A. 2022年农村全面实现脱贫

B. 分两个阶段实现第二个百年奋斗目标

C. 2020年实现全面建成小康社会

D. 为基本实现农业农村现代化开好局，起好步，打好基础

18. 首次用“台湾回到祖国怀抱，实现统一大业”来代替“解放台湾”提法的文件是(　　)。

A. 党的十一大报告　　B. 党的十二大报告

C. 党的十一届三中全会公报　　D. 党的十二届三中全会公报

19. 历史的走向往往因为一些关键事件而出现重大转折。下列事件可以被称为中国共产党历史两大转折点的是(　　)。

A. 古田会议、遵义会议　　B. 中共一大、八七会议

C. 遵义会议、中共一大　　　　　　　　D. 遵义会议、十一届三中全会

笔记

20. 1949 年 9 月 21 日，毛泽东同志在中国人民政治协商会议第一届全体会议上发表的开幕词是(　　)。

A.《中国革命和中国共产党》　　　　B.《论人民民主专政》

C.《中国人民站起来了》　　　　　　D.《论十大关系》

二、多项选择题

1. 中国共产党第十九届中央委员会第四次全体会议于 2019 年 10 月 28 日至 31 日在北京举行，全会提出，坚持和完善中国特色社会主义制度、推进国家治理体系和治理能力现代化的总体目标是(　　)。

A. 到我们党成立一百年时，在各方面制度更加成熟更加定型上取得明显成效

B. 到 2035 年，各方面制度更加完善，基本实现国家治理体系和治理能力现代化

C. 到新中国成立一百年时，全面实现国家治理体系和治理能力现代化，使中国特色社会主义制度更加巩固、优越性充分展现

D. 到中国共产党成立一百年时，把我国制度优势更好转化为国家治理效能，实现中华民族伟大复兴的中国梦

2. 党的十九大提出以党的政治建设为统领，全面推进党的政治建设、思想建设、组织建设、作风建设、纪律建设，把制度建设贯穿其中，并特别强调把党的政治建设摆在首位。之所以要把党的政治建设摆在首位，是因为(　　)。

A. 旗帜鲜明讲政治是我们党作为马克思主义政党的根本要求

B. 坚定政治立场是党的根本宗旨

C. 政治建设是党的根本性建设，决定党的建设方向和效果

D. 政治属性是政党的第一属性

3. 2021 年 7 月 1 日，习近平同志在庆祝中国共产党成立一百周年大会上指出，一百年前，中国共产党的先驱们创建了中国共产党，形成了(　　)的伟大建党精神，这是中国共产党的精神之源。

A. 坚持真理、坚守理想　　　　　　B. 践行初心、担当使命

C. 对党忠诚、不负人民　　　　　　D. 不怕牺牲、英勇斗争

4. 以下属于实施乡村振兴战略的目标任务有(　　)。

A. 到 2020 年，乡村振兴取得初步进展，制度框架和政策体系初步形成

B. 到 2020 年，乡村振兴取得重要进展，制度框架和政策体系基本形成

C. 到 2035 年，乡村振兴取得决定性进展，农业农村现代化基本实现

D. 到 2050 年，乡村全面振兴，农业强、农村美、农民富全面实现

5. 到 2035 年基本实现社会主义现代化远景目标，以下说法正确的有(　　)。

A. 我国经济实力、科技实力、综合国力将大幅跃升，经济总量和城乡居民人均收入将再迈上新的大台阶，关键核心技术实现重大突破，进入创新型国家行列

B. 基本实现新型工业化、信息化、城镇化、农业现代化，建成现代化经济体系

C. 建成文化强国、教育强国、人才强国、体育强国、健康中国，国民素质和社会文明程度达到新高度，国家文化软实力显著增强

D. 人均国内生产总值达到中等发达国家水平，中等收入群体显著扩大，基本公共服务实现均等化，城乡区域发展差距和居民生活水平差距显著缩小；人民生活更加美好，人的全面发展、全体人民共同富裕取得更为明显的实质性进展

笔记

6.《中共中央关于加强党的政治建设的意见》中指出，坚决站稳政治立场，全党必须始终坚定马克思主义立场，坚决站稳（　　）。

A. 党性立场　　B. 群众立场　　C. 人民立场　　D. 中国立场

7. 中国特色社会主义进入新时代，人民群众的新期待内容更广泛，不仅关注“有没有”，更关注“好不好”；不仅包括既有的物质文化需求，更包括在此基础上衍生出来的获得感、幸福感、安全感及尊严、权利等新需求。这一变化表明（　　）。

A. 我国已满足人民“从有到优”的需求

B. 我国社会主要矛盾发生了历史性变化

C. 人民群众对日益增长的物质文化需要出现了阶段性新特征

D. 我国不平衡不充分的发展已成为制约满足人民需要的主要根源

8. 下列有关 RCEP 东亚自贸区说法正确的有（　　）。

A. RCEP 由东盟十国于 2012 年发起

B. RCEP 是我国参与的成员最多、规模最大、影响最广的自贸区谈判

C. 2020 年 11 月 15 日中国正式签署《区域全面经济伙伴关系协定》

D. RCEP 是应对经济全球化和区域经济一体化的发展而提出的

9. 决胜全面建成小康社会取得的十方面决定性成就，以下说法正确的有（　　）。

A. “十三五”时期，全面深化改革取得重大突破，全面依法治国取得重大进展，全面从严治党取得重大成果，国家治理体系和治理能力现代化加快推进，中国共产党领导和我国社会主义制度优势进一步彰显

B. 经济实力、科技实力、综合国力跃上新的大台阶，经济运行总体平稳，经济结构持续优化，预计 2020 年国内生产总值突破 100 万亿元

C. 脱贫攻坚成果举世瞩目，5 575 万农村贫困人口实现脱贫；粮食年产量连续 5 年稳定在 13 000 亿斤以上

D. 人民生活水平显著提高，高等教育进入大众化阶段，城镇新增就业超过 6 000 万人，建成世界上规模最大的社会保障体系，基本医疗保险覆盖超过 13 亿人，基本养老保险覆盖近 10 亿人，新冠肺炎疫情防控取得重大战略成果

10. 党的十九届五中全会提出，协调推进（　　）、全面从严治党的战略布局。

A. 全面建设社会主义现代化国家　　B. 全面建成小康社会

C. 全面深化改革　　D. 全面依法治国

第五篇

法律常识

命题趋势

从 2018 年以来公共基础知识法律常识部分的考试来看，单项选择题、多项选择题、案例分析题为固定题型。判断题在 2016 年之前为固定题型，2017～2019 年未出现。在 2020 年和 2021 年的考试中未出现案例分析题，但判断题再次出现。就题量而言，单项选择题的数量减少，多项选择题基本维持不变。但是 2021 年的法律常识只考查了《刑法修正案十一》的内容。近两年命题很特殊，我们建议考生还是要重视法律知识的学习，一旦规范化，法律将会成为重头戏。

核心考点

法律常识部分主要包括法理学、宪法、民法、刑法、行政法行政诉讼法、民事诉讼法、刑事诉讼法、劳动合同法和商法等考点，其中重点是宪法、民法、刑法、行政法和新出台的法律。

备考方法

法律常识部分的学习：一是先系统理解考点；二是结合思维导图巩固并记忆知识点；三是通过做与考点对应的真题及练习题达到灵活运用考点的目的；四是考点结合案例来复习；五是在做题时掌握做题技巧，通过阅读题干判断考点内容，然后把考点内容结合选项进行分析判断或排除，进而选出正确答案；六是对于比较疑难的考点要进行集中强化练习。法律常识的考点绝大多数要理解才能提高得分能力。

考点精讲

第一讲　法　理　学

考点一　法

一、法的概念

法是由国家制定或认可，是被上升为国家意志的**统治阶级意志**，**法的内容是由统治阶**

笔记

笔记

级的物质生活条件决定的,以权利义务为内容,由国家强制力保障实施的社会规范。

核心提示:法律规范与其他社会规范的区别——由国家强制力保障实施。这也是法律最重要的特征。

二、法的特征

规范性、国家意志性、普遍约束性、国家强制性、程序性和可诉性。

三、法的作用

(1)规范作用:指引、评价、教育、预测和强制。

(2)社会作用:维护阶级统治和执行社会公共事务。

考点二 法的渊源

当代中国法的渊源主要为**以宪法为核心的各种制定法。**

(1)**宪法:**宪法的修改,由全国人民代表大会**常务委员会或者1/5以上的全国人民代表大会代表**提议,并由全国人民代表大会**以全体代表的2/3以上的多数通过**。

(2)**法律:**全国人大及其常委会**行使国家立法权**。前者制定修改基本法;后者制定修改基本法以外的其他法律。

核心提示:在全国人民代表大会闭会期间,全国人大常委会对全国人民代表大会制定的法律进行个别或部分修改,但是不得同该法律的基本原则相抵触。

(3)**行政法规:**行政法规**是由国务院制定的**规范性法律文件。

(4)**部门规章:**注意制定者是**国务院的部或者委。**

(5)**地方性法规:由地方权力机关制定。**

(6)**地方政府规章:其效力等级低于地方性法规。**

核心提示:不同法律渊源的位阶排序:____________________________。

(7)**自治条例和单行条例。**

注意1:只有民族自治地方的人大有权制定。

注意2:自治区的自治法规报全国人大常委会批准后生效;自治州和自治县的自治法规报省、自治区、直辖市的人大常委会批准生效,并由后者**报全国人大常委会和国务院备案**。

(8)**特别行政区基本法和法律。**

(9)**军事法规和军事规章。**

(10)**国际条约和国际惯例。**

考点练习

【例题1】(2017年多选)下列机关中,有权制定地方性法规的有(　　)。

A. 省级人大及其常委会

B. 经济特区所在地的市的人大及其常委会

C. 经国务院批准的较大的市的人大及其常委会

D. 省、自治区人民政府所在地的人大及其常委会

笔记

考点三 法的效力

一、法律对人的效力

我国采用的原则：**以属地主义为主，属地主义与属人主义、保护主义相结合。**

二、法律的空间效力

法律的空间效力指法律在哪些地域有效力，适用于哪些地区。一般来说，一国法律适用于该国主权范围所及的全部领域，包括**领土、领水及其底土和领空**，以及作为领土延伸的**本国驻外使馆、在外船舶及飞机**。

三、法律的时间效力

1. 法律生效的时间

法律生效的时间**主要有三种**：自法律公布之日起生效；由该法律规定具体生效时间；规定法律公布后符合一定条件时生效。

2. 法律终止生效的时间

明示的废止，即在新法或其他法律文件中明文规定废止旧法。

默示的废止，即在适用法律中，新法与旧法冲突时，适用新法而使旧法事实上被废止。**"新法优于旧法""后法优于前法"**。

考点练习

【例题2】（单选）法律终止生效是法律时间效力的一个重要问题。在以默示废止方式终止法律生效时，一般应当选择下列哪一原则？（　）

A. 特别法优于一般法　　B. 国际法优于国内法

C. 后法优于前法　　D. 法律优于行政法规

考点四 法律关系

一、法律关系的概念

法律关系是以法律规范为基础形成的、以法律权利与法律义务为内容的社会关系。

二、法律关系的产生、变更和消灭

法律关系的产生、变更和消灭需要具备一定的条件：**一是法律规范；二是法律事实。**

三、法律关系的三要素

法律关系的主体、客体和内容。

笔记

法律关系的内容：权利和义务。

考点练习

【例题 3】(2018 年多选)构成法律关系的三要素的主体、客体和内容，而法律关系根据其调整内容与对象的不同，可分为(　　)。

A. 刑事法律关系　　B. 民事法律关系

C. 社会法律关系　　D. 行政法律关系

考点五　法律责任与法律制裁

一、法律责任产生的原因

违法行为、违约行为、基于法律的规定。

二、法律制裁

根据违法行为和法律责任的性质不同，法律制裁可以分为**司法制裁(包括民事制裁、刑事制裁)和行政制裁、违宪制裁**。

(1)**民事制裁**：是人民法院对民事违法行为实施的强制性惩罚措施。主要包括：**停止侵害、排除妨碍、消除危险；返还财产；恢复原状；修理、重作、更换；赔偿损失；支付违约金；消除影响，恢复名誉；赔礼道歉**等。

(2)**刑事制裁**：也称刑罚，它是人民法院对于犯罪行为实施的惩罚措施。刑罚是最严厉的一种法律制裁，包括**主刑和附加刑**。

(3)**行政制裁**：是指国家行政机关对违法行为所实施的强制性惩罚措施。行政制裁分为**行政处分(警告、记过、记大过、降级、撤职、开除)和行政处罚**。

(4)**违宪制裁**：指依照宪法的规定对责任主体依其所应承担的违宪责任而实施的一种强制措施。违宪制裁主要有：**撤销同宪法相抵触的法律、行政法规、地方性法规等；罢免国家机关的领导人员**。

考点练习

【例题 4】(单选)下列属于法律制裁的是(　　)。

A. 某党员因违反党纪受到党内警告处分

B. 某高校学生因违反校规被学校通报批评

C. 某省人大制定的地方性法规因与宪法相抵触，被全国人大常委会撤销

D. 甲、乙两个公司签订合作协议后不久，甲公司违约。乙公司以提起诉讼相威胁，迫使甲公司付给乙公司一笔违约金

笔记

考点六 法的运行

一、法的制定(立法)

1. 法律议案的提出

向全国人民代表大会提出法律案的主体:全国人民代表大会主席团;全国人民代表大会常务委员会;国务院;中央军事委员会;最高人民法院;最高人民检察院;全国人民代表大会各专门委员会;一个代表团或者 30 名以上的代表联名。

核心提示:除此以外的人提出都只能叫**提出立法建议**,不能叫提出法律议案。

2. 法律草案的审议

3. 法律草案的表决和通过

这是法律制定程序中最具有决定意义的一个阶段。**法律草案要有过半数的代表同意**,这里面大家一定要注意到是指**全体代表**。全国人大常委会审议的法案,**由常委会全体组成人员的过半数通过**。

4. 法律的公布

国家主席根据全国人民代表大会的决定和全国人民代表大会常务委员会的决定,公布法律。**法律没经公布就不具效力**,所以必须在法定的媒体上进行公布。

二、法的实施

1. 守法

守法是最主要的法律实施方式。任何组织和任何个人都没有超越法律的特权,在法律面前一律平等。

2. 司法(法律适用)

(1)概念:司法是指**国家司法机关及其司法工作人员**依照法定职权和法定程序,具体运用法律处理案件的专门活动。它是在法律实现过程中体现国家司法权的活动。

(2)司法的原则:①司法公正,司法公正既包括实体公正也包括程序公正,其中**以程序公正为重点**;②公民在法律面前一律平等;③以事实为依据,以法律为准绳;④司法机关**依法独立行使职权**。

(3)司法机关依法独立行使职权原则的含义:

①**司法权的专属性**,即国家的司法权只能由国家各级审判机关和检察机关统一行使,其他任何机关、团体和个人都无权行使此项权利;

②**行使职权的独立性**,即人民法院、人民检察院依照法律独立行使自己的职权,**不受行政机关、社会团体和个人的非法干涉**;

③**行使职权的合法性**,即司法机关审理案件必须严格依照法律规定,正确适用法律,不得滥用职权,枉法裁判。

3. 执法

国家行政机关主动的依照法律进行社会事务的管理。

笔记

4. 法律监督

(1)**国家监督**:包括**权力机关**的法律监督;**监察机关的法律监督**;**行政机关**的法律监督;**司法机关**的法律监督,包括检察机关的监督和审判机关的监督。

(2)**社会监督**:指各种社会力量以各种方式和手段对法律**制定和实施**活动的合法性的监督,**它不具有强制性的法律后果**,是国家管理民主化的体现。它主要包括:**政党监督、政协监督、社会团体的监督、新闻舆论工作者监督、人民群众的直接监督**。

三、法律解释

1. 法律解释的分类

法律解释分为**正式解释和非正式解释**。

(1)**正式解释**,又称**有权解释或法定解释**。**正式解释**,分为**立法解释、司法解释和行政解释**。这里法律解释,是指正式解释中的立法解释。

核心提示:最高人民法院和最高人民检察院的解释**如果有原则性的分歧,报请全国人民代表大会常委会解释或决定**。

(2)**非正式解释**是指**不会产生实际法律后果**的解释,包括**学理解释和普法解释**。

2.《中华人民共和国立法法》(以下简称《立法法》)关于法律解释的规定

法律解释权属于全国人大常委会。全国人民代表大会常务委员会的**法律解释与法律具有同等效力**。

考点练习

【例题5】(单选)我国公民在法律面前人人平等是指(　　)。

A. 立法的平等　　B. 每个公民享有同样的权利

C. 公民是完全绝对平等的　　D. 司法平等和守法平等

考点七 法与道德

一、法与道德的一致性

在社会中占主导地位的道德与法有着一致性。

(1)**两者有共同的经济基础和思想基础,有共同的本质**,都担负着确立和维护一定的社会关系和社会秩序的使命,在基本原则上也有诸多一致之处。

(2)**两者相互渗透**。法既体现某些道德精神,又直接赋予某些道德以法的效力,使其既是道德规范又是法的规范。一般说,凡是法所禁止的行为,也是道德所谴责的行为,违反了法往往也违反了道德;法所要求的行为,往往也是道德所鼓励的行为。

(3)**两者相辅相成**。它们都有调整和规范人们行为的功能,是指引、评价人们行为的尺度。法侧重于对人们外部行为进行调整,道德则首先调整人们内心的活动。它们各自从不同角度发挥调整一定社会关系的作用。

笔记

二、法与道德的区别

法与在社会中占主导地位的道德的区别

	法	道　德
生成方式	人为形成的	自然演进生成
行为标准	确定性：有特定表现形式，具体明确，可操作性强	模糊性：无特定具体的表现形式，笼统，标准模糊
存在形态	一元性：法具有统一性和普适性	多元性：道德评价是个体化的、主观的，因此导致道德的多元、多层次性
调整方式	侧重外在行为	关注内在动机
强制方式	外在强制：有组织的国家强制	内在强制：主要凭靠内在良知认同和责难
解决方式	可诉性	不具有可诉性

考点练习

【例题6】（单选）下列关于法律与道德关系的表述中，错误的是（　　）。

A. 法律和道德都属于社会规范的范畴，均具有规范

B. 法律由国家强制力保障实施，而道德主要通过社会舆论和内心自律得以实施

C. 违法行为一定是违反道德的，但违反道德的行为不一定都违法

D. 法律和道德可以互为促进

思维导图

（请登录“追求卓越官网 www.365zhuoyue.com”免费下载）

专项训练

一、单项选择题

1. 西方法律格言说“法律不强人所难”，关于这句格言含义的阐释，下列哪一选项是正确的？（　　）

A. 凡是人能够做到的，都是法律所要求的

B. 对人所不知晓的事项，法律不得规定为义务

C. 根据法律规定，人对不能预见的事项，不承担过错责任

D. 天灾是人所不能控制的，也不是法律加以调整的事项

2. 下列有关法律权利和法律义务的论述，错误的是哪项？（　　）

A. 权利和义务相对立、相区别

B. 权利和义务相依存

C. 权利和义务在法律体系和法律关系体系中的地位有主次之分

笔记

D. 法律制度均以权利为本

3. 下列关于我国法律效力等级的说法，正确的是(　　)。

A. 法律的效力低于国务院颁布的行政法规

B. 行政法规的效力与地方性法规、规章相当

C. 地方性法规的效力高于本级和下级地方政府规章

D. 法律和行政法规是平行的，两者具有相同法律效力

二、多项选择题

1. 关于法律原则的适用，下列哪些选项是错误的？(　　)

A. 案件审判中，先适用法律原则，后适用法律规则

B. 案件审判中，法律原则都必须无条件地适用

C. 法律原则的适用可以弥补法律规则的漏洞

D. 法律原则的适用采取“全有或全无”的方式

2. 下列情形，哪些选项不属于法律制裁？(　　)

A. 某私企职员王某侵占单位资金，被单位开除

B. 林某因骑车不慎，撞伤他人，被法庭判决赔偿 300 元

C. 常某因违约被仲裁裁定赔偿对方当事人损失 10 万元

D. 钟某因生活作风问题严重被开除党籍

三、判断题

1. 我国法律规定，未经质证的证据，不能作为认定案件事实的依据。(　　)

2. 立法活动是指国家行政机关制定、修改、补充、解释或者废止法律、法规的活动。(　　)

3. 所有国家机关、政党、社会团体、社会组织、大众传媒和公民既是监督的主体，也是监督的客体。(　　)

第二讲　宪　法　学

考点一　宪法的分类

(1)成文宪法：具有统一的法典形式。如 1787 年《美利坚合众国宪法》；1791 年《法国宪法》。

(2)不成文宪法：散见于多种法律文书、宪法判例、宪法惯例。如英国宪法。

核心提示 1：英国是世界上最早的宪法国家，但英国宪法没有制定出一部统一的、完整的成文法典，而是由各个历史时期颁布的宪法性文件、法院判例和国会惯例所组成。

核心提示 2：美国宪法是资本主义国家第一部成文宪法。

笔记

考点二 宪法的法律特征

(1)宪法是根本法,表现在以下三方面。

内容上,规定了国家最根本、最重要的问题。

效力上,最高性。有三个方面的体现:

①宪法是制定普通法律的依据,普通法律是由宪法派生的。

②任何普通法律、法规都不得与宪法的原则和精神相违背。

③宪法是一切国家机关、社会团体和全体公民的最高行为准则。

程序上,严格性。这里包括立法和修改的程序。

(2)宪法最显著的特点是人民权利的保障书;这也是宪法最重要、最核心的价值。

(3)宪法是民主事实法律化的外在表现。

考点三 我国宪法的基本原则

(1)人民主权原则。

(2)基本人权原则。

(3)法治原则。法治是相对于人治而言的。法治的核心是依法治国,反对特权。

(4)权力监督和制约原则。

(5)民主集中制原则。

(6)党的领导原则。

考点练习

【例题 1】(单选)下列关于宪法的表述,正确的一项是(　　)。

A. 宪法对法院的审判活动没有约束力

B. 宪法的法律效力主要表现为对公民的行为约束

C. 在我国,宪法性法律即具有最高法律效力

D. 我国宪法适用于一切拥有中国国籍的人

考点四 我国的四部宪法

1. 中国宪法历史

中国的第一部宪法性文件是 1908 年清政府颁布的《钦定宪法大纲》。

核心提示:我国第一部资产阶级性质的宪法是《中华民国临时约法》。

2. 新中国的四部宪法

先后于1954 年、1975 年、1978 年和 1982 年颁布了四部宪法。我国现行宪法是 1982

笔记

年颁布的《中华人民共和国宪法》(以下简称《宪法》)及其1988年、1993年、1999年、2004年和2018年修正案。

3. 2018年宪法修正案的主要内容

(1)写入了“习近平新时代中国特色社会主义思想”和“生态文明”。

(2)在爱国统一战线的表述中增加致力于中华民族伟大复兴的爱国者。

(3)增加“中国共产党领导是中国特色社会主义最本质的特征”。

(4)增加国家监察机关由人民代表大会产生,对它负责,受它监督。

(5)增加国家工作人员就职时应当依照法律规定公开进行宪法宣誓。

(6)全国人民代表大会职权中增加“选举国家监察委员会主任”。

(7)全国人民代表大会有权罢免的人员中增加“国家监察委员会主任”。

(8)删除“中华人民共和国主席、副主席连续任职不得超过两届”的规定。

(9)增加“设区的市的人民代表大会和它们的常务委员会,在不同宪法、法律、行政法规和本省、自治区的地方性法规相抵触的前提下,可以依照法律规定制定地方性法规,报本省、自治区人民代表大会常务委员会批准后施行”。

(10)宪法第三章“国家机构”中增加一节“监察委员会”。

考点五 国体——国家性质,国家制度的核心

1. 我国的国家性质

我国的国家性质是人民民主专政(中华人民共和国是工人阶级领导的、以工农联盟为基础的人民民主专政的社会主义国家)。

2. 人民民主专政制度的本质

人民的民主和对少数敌对分子专政的有机统一。

考点六 政体

(1)政体,也就是政权组织形式,也是我国的**根本政治制度:即人民代表大会制度**。

(2)社会主义民主就其本质来说,是人民当家作主。

考点七 我国的所有制形式

(1)**属于国家所有的(或全民所有的):矿藏、水流、城市市区的土地和无线电频谱资源。**

(2)**森林、山岭、草原、荒地、滩涂等自然资源,属于国家所有。法律规定属于集体所有的除外。**

(3)农村和城市郊区的土地,除法律规定属国家所有之外,属集体所有。

(4)宅基地、自留地、自留山等属于集体所有。

(5)**对集体经济的保护政策**:国家保护集体经济组织的合法权益,**鼓励、指导、帮助**集体经济的发展。

(6)非公有制经济:国家**鼓励、支持和引导**非公有制经济的发展,并对非公有制经济依法实行**监督和管理**。

笔记

考点练习

【例题 2】(多选)关于国有土地,下列哪些说法是正确的?(　　)

A. 国有土地可以是建设用地,也可以是农用地

B. 国有土地可以确定给单位使用,也可以确定给个人使用

C. 国有土地可以有偿使用,也可以无偿使用

D. 国有土地使用权可以有期限,也可以无期限

考点八 国家结构形式

1. 我国的国家结构形式

我国的国家结构形式是**单一制**。

2. 我国实行单一制的原因

历史原因	我国历史上国家统一占据主导地位
民族原因	我国是一个多民族国家,民族关系、民族分布、资源分布、经济发展不平衡以及我国所处的国际环境决定了我国实行单一制,单一制有利于国家的统一和各民族的团结

考点练习

【例题 3】(多选)单一制国家结构形式的特征有(　　)。

A. 全国只有一部宪法

B. 国家只有一套中央机构

C. 公民只有一种国籍

D. 只有一个国家主权

考点九 公民

1. 取得公民的条件

国籍是取得公民的条件。

2. 我国国籍的取得方式

血统主义和出生地主义相结合的方式。

核心提示 1:取得中国国籍的途径。

(1)父母双方或一方为中国公民,本人出**生在中国**,具有中国国籍。

(2)父母双方或一方为中国公民,本人出**生在外国**,具有中国国籍;**但父母双方或一方为中国公民并定居在外国,本人出生时即具有外国国籍的,不具有**中国国籍。

(3)父母无国籍或国籍不明,定居在中国,本人出生在中国,具有中国国籍。

笔记

(4)外国人或无国籍人,愿意遵守中国宪法和法律,并具有下列条件之一的,**可以经申请批准加入中国国籍:中国人的近亲属;定居在中国的;有其他正当理由。**

核心提示 2:中国公民具有下列条件之一的,可以经申请批准退出中国国籍:外国人的近亲属;定居在外国的;有其他正当理由。

3. 丧失中国国籍的情形

定居外国的中国公民,自愿加入或取得外国国籍的;申请退出中国国籍获得批准的。**但是,国家工作人员和现役军人,不得退出中国国籍。**

考点练习

【例题 4】(单选)下列关于中国国籍的取得和丧失的原则的表述,哪一项是正确的?(　　)

A. 因出生而取得中国国籍,适用双系血统原则

B. 因归化而取得中国国籍,适用自愿申请原则

C. 任何中国公民如属外国人的近亲属,或定居在外国,或有其他正当理由,可经申请批准退出中国国籍

D. 中国各族的人都具有中国国籍原则和中国不承认中国公民具有双重国籍原则

考点十　我国公民的基本权利

1. 平等权

中华人民共和国公民在法律面前一律平等。

2. 政治权利和自由

(1)选举权与被选举权。

选举权享有的条件:中国公民、18 周岁、未被剥夺政治权利。

暂停行使选举权的情形:①经选举委员会确认后不列入选举名单的精神病人;②因叛国或者其他严重刑事犯罪被羁押,正在受侦查、起诉、审判的人,经检察院、法院决定,羁押期间停止行使选举权。

(2)言论、**出版**、集会、结社、游行、示威自由。

核心提示:首要的自由是言论自由;没有的自由是罢工自由。

3. 监督权和取得赔偿权

批评权、建议权、**申诉权**、控告权、检举权,以及取得赔偿权。

4. 宗教信仰自由

我国的宗教团体和宗教事务不受外国势力的干预,实行自治原则或**独立自主自办的原则**。

5. 人身自由

人身自由不受侵犯(任何公民,非经人民检察院批准或者决定或者人民法院决定,并由公安机关执行,不受逮捕。禁止非法拘禁和以其他方法非法剥夺或者限制公民的人身自由,禁止非法搜查公民的身体)。

人格尊严不受侵犯。禁止用任何方法对公民进行侮辱、诽谤和诬告陷害。

公民的住宅不受侵犯。禁止非法搜查或者非法侵入公民的住宅。

公民的通信自由和通信秘密受法律保护。

核心提示：宪法规定，基于国家安全和刑事侦查的需要，**国家安全机关、公安机关和检察机关可以对其进行限制**。比如开拆信件。

笔记

6. 社会经济权利

(1)财产权。

(2)劳动的权利和义务。

(3)劳动者的休息权。

(4)生活保障权。**主体：企事业单位职工和国家机关工作人员**。

(5)**物质帮助权(年老、疾病、丧失劳动能力)**。

7. 文化教育权利

(1)**受教育的权利和义务**。

(2)**文化权利和自由。主要包括进行科学研究、文学艺术创作和其他文化活动的自由**。

8. 特定主体的权利

(1)妇女权利。

(2)婚姻、家庭、母亲、儿童、老人权利。

(3)华侨、归侨和侨眷权利：国家保护华侨、归侨和侨眷的利益。**保护华侨的"正当利益"，保护归侨和侨眷的"合法利益"**。

(4)烈军属的权利。国家和社会保障残废军人的生活，抚恤烈士家属，优待军人家属。

考点练习

【例题5】(2016年单选)下列关于我国公民基本权利和义务的表述，正确的是(　　)。

A. 国家机关无权对公民的住宅权进行限制

B. 平等权意味着公民不应受到任何差别的对待

C. 物质帮助权在我国属于公民的社会经济权

D. 依法服兵役是基本义务，也是公民的基本权利

【例题6】(2017年多选)下列关于我国宪法规定的公民的基本权利和义务的说法，正确的有(　　)。

A. 国家机关在适用法律时，对所有公民都应平等对待

B. 公民享有向任何国家机关提出批评和建议的权利

C. 公民的基本权利包括劳动、受教育和依法纳税

D. 公民有随时改变自己的宗教信仰的自由

考点十一　我国公民的基本义务

(1)维护国家统一和民族团结。

笔记

(2)依法纳税。

(3)遵纪守法。

(4)维护祖国安全、荣誉和利益。

(5)依法服兵役。

五大义务以外的义务:①劳动既是公民的权利,又是公民的义务;②受教育既是公民的权利,又是公民的义务;③夫妻双方有实行计划生育的义务;④父母抚养教育未成年子女,成年子女赡养扶助父母。

考点练习

【例题7】(2018年单选)关于宪法规定的公民义务,下列说法正确的是( )。

A. 公民有维护国家统一和各民族团结的义务

B. 接受教育是公民的权利而不是义务

C. 父母有抚养教育子女的义务,子女有赡养扶助父母的义务

D. 有特殊宗教信仰的公民依照法律可免服兵役

考点十二 全国人民代表大会

1. 性质

最高国家权力机关,又是国家的立法机关和监督机关。

2. 组成

全国人大由省、自治区、直辖市的人民代表大会和军队选出的代表组成;**香港和澳门特别行政区**,两地的全国人大代表将**单独选出**。

3. 任期

全国人大每届任期是5年。

4. 全国人大的职权

(1)**宪法修改权和监督权**。

(2)基本法律的制定权和修改权。“基本法律”主要包括:民事法律、刑事法律、诉讼法、组织法、选举法、民族区域自治法、有关特别行政区的立法。

(3)**选举国家领导人员:国家主席、副主席;全国人大常委会组成人员(委员长、副委员长、秘书长和委员);中央军事委员会主席、国家监察委员会主任、最高人民法院院长、最高人民检察院检察长。**

(4)**国家重大问题决定权。**

※批准省、自治区和直辖市的建置;

※决定特别行政区的设立及其制度;

※决定战争与和平问题。

(5)最高监督权。

5. 质询案的提出

(1)**提出主体:1个代表团;30名以上代表;全国人大常委会组成人员10人以上。**

(2)**受质询对象:国务院,国务院各部委;最高人民法院;最高人民检察院;国家监察委员会。**

笔记

考点练习

【例题 8】(多选)关于全国人大职权,下列哪些说法是正确的?(　　)

A. 选举国家主席、副主席

B. 选举国务院总理、副总理

C. 选举最高人民法院院长、最高人民检察院检察长

D. 决定特别行政区的设立与建置

考点十三 全国人民代表大会常务委员会

全国人大常委会的任期与全国人大相同,即 5 年。组成人员有委员长、副委员长、秘书长、委员若干。委员长、副委员长连续任职不得超过两届。

1. 宪法解释权和宪法监督权

2. 立法权和法律解释权

3. 国家重大事务的决定权

如决定**驻外全权代表**的任免;**如决定同外国缔结条约的批准和废除**;规定和决定授予国家的**勋章和荣誉**称号;**决定特赦**;遇到国家遭受武装侵犯或者必须履行国家间共同防止侵略的条约的情况,**有权决定宣布战争状态**;**决定全国总动员和局部动员**;**决定全国或者个别省、自治区和直辖市的进入紧急状态等**。

记忆技巧:战争、动员和紧急状态。

4. 任免权

在全国人大闭会期间,全国人大常委会有权**根据国务院总理的提名**,**决定部长、委员会主任、审计长、秘书长的人选**。

注意:全国人大常委会无权决定副总理和国务委员人选。

5. 监督权

全国人大常委会有权**撤销**国务院制定的同宪法、法律相抵触的行政法规、决定和命令;有权**撤销**省、自治区、直辖市的国家权力机关制定的同宪法、法律和行政法规相抵触的地方性法规和决议。

6. 质询案的提出

(1)提出时间和主体:常委会会议期间,常委会组成人员**10 人以上**。

(2)受质询的对象:国务院和国务院各部、委;最高法、最高检、国家监察委员会。

考点练习

【例题 9】(单选)根据《宪法》的规定,下列必须向全国人民代表大会报告工作的领导或机关是(　　)。

A. 中华人民共和国国家主席　　B. 中央军委主席

C. 全国人大常务委员会　　D. 中共中央委员会

笔记

考点十四 全国人大代表的权利

(1)出席人大会议,发表意见,参与表决,共同决定中央国家机关领导人的人选和国家生活中的重大问题。

(2)提出议案的权利。

(3)提出质询和询问的权利。

(4)言论免责权。

(5)依法提出罢免案的权利。

(6)刑事豁免权。代表在全国人大会议期间**非经全国人大主席团许可,闭会期间非经全国人大常委会许可,不受逮捕或刑事审判。**

核心提示:准确理解人身特别保护权:县级以上人大代表。

考点十五 国务院

1. 性质

最高国家权力机关的执行机关,是最高国家行政机关。

2. 组成和任期

国务院组成人员:总理,副总理若干人,国务委员若干人,各部部长,各委员会主任,审计长,秘书长。

国务院的任期每届5年。**总理、副总理、国务委员连续任职不得超过两届。**

3. 重大问题决定权

(1)**批准省、自治区、直辖市区域划分。**

(2)批准市县级建制及区域划分。

(3)**决定省、自治区、直辖市范围内部分地区进入紧急状态。**

考点练习

【例题10】(多选)根据《宪法》规定,关于国务院的说法,下列哪些选项是正确的?( )

A. 国务院由总理、副总理、国务委员、秘书长组成

B. 国务院常务会议由总理、副总理、国务委员、秘书长组成

C. 国务院有权改变或者撤销地方各级行政机关的不适当的决定和命令

D. 国务院依法决定省、自治区、直辖市的范围内部分地区进入紧急状态

考点十六 中华人民共和国主席

1. 性质

中华人民共和国主席是我国的国家元首,**是一个国家机关**,包括国家主席和副主席。

2. 当选条件

年满45周岁＋有选举权和被选举权＋中国公民。

3. 缺位补救

主席缺位	副主席继任
副主席缺位	全国人大补选
主席、副主席均缺位	由全国人大补选，**补选之前由全国人大常委会委员长暂代**

笔记

考点十七 中央军事委员会

全国武装力量的最高领导机关。**没有任期限制。**

考点十八 监察委员会

1. 性质

监察机关。

2. 组成

中华人民共和国设立国家监察委员会和地方各级监察委员会。监察委员会由下列人员组成：主任，副主任若干人，委员若干人。

3. 任期

监察委员会主任每届任期同本级人民代表大会每届任期相同。国家监察委员会主任连续任职不得超过两届。

4. 上下关系及与人大的关系

中华人民共和国国家监察委员会是最高监察机关。国家监察委员会领导地方各级监察委员会的工作，上级监察委员会领导下级监察委员会的工作。国家监察委员会对全国人民代表大会和全国人民代表大会常务委员会负责。地方各级监察委员会对产生它的国家权力机关和上一级监察委员会负责。

5. 职责

监察委员会依照本法和有关法律规定履行监督、调查、处置职责。

监察委员会依照法律规定独立行使监察权，不受行政机关、社会团体和个人的干涉。

考点十九 最高人民法院

最高人民法院是国家的**最高审判机关**，统一监督地方各级人民法院和专门人民法院的审判工作，**向全国人大及常委会负责并汇报工作。**上级人民法院**监督**下级法院的审判工作。

最高人民法院对全国人民代表大会和全国人民代表大会常务委员会负责。地方各级人民法院对产生它的国家权力机关负责。

笔记

考点二十 最高人民检察院

人民检察院是国家的**法律监督机关**，最高人民检察院是行使**国家最高检察权**的机关。

下级人民检察院在接受上级人民检察院领导的同时，还要**向本级人民代表大会及其常委会负责**，这是一种**双重领导体制。人民检察院上下级之间为领导关系**。

最高人民检察院对全国人民代表大会和全国人民代表大会常务委员会负责。地方各级人民检察院对产生它的国家权力机关和上级人民检察院负责。

考点二十一 法律规范的效力等级

一、同一位阶的法（没有上下之分）

(1)部门规章与地方性法规。

(2)**部门规章与地方政府规章**。

二、立法裁决

(1)**部门规章与地方性法规之间**：先由**国务院**提出意见，国务院认为应当适用地方性法规的，适用地方性法规；国务院认为应当适用部门规章的，应当提请**全国人大常务委员会**裁决。

(2)**部门规章之间、部门规章与地方政府规章之间**：**国务院裁决**。

三、立法审查

1. 有权改变或者撤销：都属于人大系统和行政系统的

(1)**全国人民代表大会**有权**改变或者撤销**它的常务委员会制定的不适当的**法律**。

(2)**省、自治区、直辖市的人民代表大会**有权**改变或者撤销**它的常务委员会制定的和批准的不适当的**地方性法规**。

(3)**国务院**有权**改变或者撤销**不适当的部门规章和地方政府**规章**。

(4)**省、自治区的人民政府**有权**改变或者撤销**下一级人民政府制定的不适当的**规章**。

2. 有权撤销：指人大系统对行政系统的

(1)**全国人民代表大会**有权**撤销**全国人民代表大会常务委员会批准的**违背宪法和立法法的自治条例和单行条例**。

(2)**全国人民代表大会常务委员会**有权**撤销**同宪法和法律相抵触的**行政法规**，有权**撤销**同宪法、法律和行政法规相抵触的**地方性法规**，有权**撤销**省、自治区、直辖市的人民代表大会常务委员会批准的违背宪法和立法法的**自治条例和单行条例**。

(3)**地方人民代表大会常务委员会**有权撤销本级人民政府制定的不适当的**规章**。

笔记

考点二十二 民族区域自治制度

1. 民族自治地方的范围和自治机关

我国民族自治地方的自治机关是自治区、自治州、自治县的**人民代表大会**和相应的各级**人民政府**。

2. 民族自治地方的领导

民族自治地方的人大常委会中应当由实行区域自治的民族的公民担任主任或副主任、自治区主席、自治州州长、自治县县长由实行区域自治的民族的公民担任。

3. 民族区域自治制度的核心是自治权

自治权主要包括：

(1)制定自治条例和单行条例；

(2)变通或停止执行法律和政策权；

(3)自主管理地方财政；

(4)经济建设；

(5)教科文卫体事业权；

(6)组织公安部队权；

(7)语言文字权。

考点二十三 特别行政区制度

(1)特别行政区内实行的制度由**全国人大以法律规定。**

(2)实行高度自治，即“港人治港”“澳人治澳”：享有**行政管理权、立法权、独立的司法权和终审权**。财政独立。

(3)可在经济、贸易、金融、航运、通信、旅游、文化、体育等领域以**“中国香港”“中国澳门”**名义，单独同各国、各地区及有关国际组织保持和发展关系，签订和履行有关协议。

(4)决定特别行政区进入紧急状态：由**全国人大常委会**决定。

(5)基本法的解释权归**全国人大常委会。**

(6)修改特别行政区基本法：

①基本法的修改权归全国人大；

②基本法的修改提案权归：全国人大常委会、国务院和特区；

③特区的修改议案，须经特区全国人大代表 2/3 多数、特区立法会全体议员 2/3 多数和特区行政长官同意，交由特区全国人大代表团向全国人大提出。

(7)特区行政长官：年满 40 周岁；居住连续满 20 年；在外国无居留权的永久性中国公民(澳门行政长官“在任期内不得具有外国居留权”)；任期 5 年，连任一次。

笔记

(8)全国人大常委会关于《中华人民共和国香港特别行政区基本法》第一百零四条的解释：

《中华人民共和国香港特别行政区基本法》第一百零四条："香港特别行政区行政长官、主要官员、行政会议成员、立法会议员、各级法院法官和其他司法人员在就职时必须依法宣誓拥护中华人民共和国香港特别行政区基本法，效忠中华人民共和国香港特别行政区"的规定，作如下解释：

一、《中华人民共和国香港特别行政区基本法》第一百零四条规定的"拥护中华人民共和国香港特别行政区基本法，效忠中华人民共和国香港特别行政区"，既是该条规定的宣誓必须包含的法定内容，也是参选或者出任该条所列公职的法定要求和条件。

二、《中华人民共和国香港特别行政区基本法》第一百零四条规定相关公职人员"就职时必须依法宣誓"，具有以下含义：

(一)宣誓是该条所列公职人员就职的法定条件和必经程序。

(二)宣誓必须符合法定的形式和内容要求。

(三)宣誓人拒绝宣誓，即丧失就任该条所列相应公职的资格。

(四)宣誓必须在法律规定的监誓人面前进行。监誓人负有确保宣誓合法进行的责任，对符合本解释和香港特别行政区法律规定的宣誓，应确定为有效宣誓；对不符合本解释和香港特别行政区法律规定的宣誓，应确定为无效宣誓，并不得重新安排宣誓。

三、《中华人民共和国香港特别行政区基本法》第一百零四条所规定的宣誓，是该条所列公职人员对中华人民共和国及其香港特别行政区作出的法律承诺，具有法律约束力。宣誓人必须真诚信奉并严格遵守法定誓言。宣誓人作虚假宣誓或者在宣誓之后从事违反誓言行为的，依法承担法律责任。

考点二十四 选举制度

一、我国选举法的四个原则

普遍性原则	享有选举权的基本条件：中国国籍，年满18，享有政治权利 不享有选举权和被选举权的情况：依法被剥夺政治权利的人
平等性原则	一人一票；同票同权
直接选举和间接选举并用原则	不设区的市、市辖区、县、自治县、乡、民族乡、镇的人民代表大会代表，由选民直接选出
秘密投票原则	全国和地方各级人民代表大会代表的选举，一律采用无记名投票的方法。**选民如果是文盲或者因残疾不能写选票的，可以委托他信任的人代写**

笔记

二、选举的主持机构

直接选举	间接选举
①选举委员会 ②选举委员会受县级人大常委会任命和领导，受省、市两级人大常委会的指导	①本级人大常委会主持本级人大代表的选举 ②县级以上地方人大在选举上一级人大代表时，由各该级人大主席团主持 ③全国人大常委会主持特别行政区代表的选举

1. 人大常委会

(1)全国人民代表大会常务委员会主持全国人民代表大会代表的选举。

(2)省、自治区、直辖市、设区的市、自治州的人民代表大会常务委员会主持本级人民代表大会代表的选举。

2. 选举委员会

不设区的市、市辖区、县、自治县、乡、民族乡、镇设立选举委员会，主持本级人民代表大会代表的选举。

三、选民登记

(1)选民登记采取一次登记，长期有效的原则。

(2)新迁入的，列入；死亡和被剥夺政治权利的，除名；精神病患者不能行使的，经选举委员会确认，不列入选民名单。

(3)选民名单在选举日(**20 日**)前公布。实行凭选民证参加投票选举的，并应当发给选民证。

(4)对于公布的选民名单有不同意见的，可以在选民名单公布之日起**5 日内**向选举委员会提出申诉。选举委员会对申诉意见，应在**3 日内**作出处理决定。申诉人如果对处理决定不服，可以**在选举日的 5 日以前向人民法院起诉**，人民法院应在选举日以前作出判决。**人民法院的判决为最后决定**。

四、代表候选人的提出

1. 推荐候选人

(1)各政党、各人民团体可以单独或联合。

(2)选民或代表 10 人以上联名。

2. 差额选举

选民**直接选举**人民代表大会代表的，代表候选人的人数应多于应选代表名额**1/3 至 1 倍**。

3. 代表候选人

由县级以上的地方各级人民代表大会选举上一级人民代表大会代表的，代表候选人的人数应多于应选代表名额**1/5 至 1/2**。

笔记

五、投票与确定结果

1. 投票的种类

选举人对于代表候选人可以投赞成票，可以投反对票，可以另选其他任何选民，也可以弃权。

2. 委托投票

选民如果在选举期间外出，经选举委员会同意，可以书面委托其他选民代为投票。每一选民接受的委托不得超过 **3** 人，**并应当按照(委托人)的意愿代为投票。**

3. 选举结果的确定

(1)选举有效：①每次选举所投的票数，多于投票人数的无效，等于或者少于投票人数的有效；②在选民**直接选举**人民代表大会代表时，选区全体选民的过半数参加投票，选举有效。

(2)选票有效：每一选票所选的人数，多于规定应选代表人数的作废，**等于或者少于**规定应选代表人数的有效。

六、代表候选人的当选

(1)在**直接选举**中，代表候选人获得**参加投票的选民过半数**即可当选。

(2)在**间接选举**中，代表候选人须获得**全体代表的过半数**选票才能当选。

七、选举的完成时间和推迟选举

(1)全国人大任期届满的 2 **个月**以前，全国人大常委会必须完成下届全国人大代表的选举。

(2)如果遇到不能选举的非常情况，由全国人大常委会全体组成人员的 **2/3 以上多数通过**，可以**推迟选举**，延长本届全国人大的任期。

(3)非常情况结束后 1 年内，必须完成下届全国人大代表的选举。

八、直接选举代表的罢免

全国和地方各级人民代表大会的代表，受选民和原选举单位的监督。选民或者选举单位都有权罢免自己选出的代表。

(1)对于县级的人民代表大会代表，原选区选民 **50 人以上**联名，对于乡级的人民代表大会代表，原选区选民 **30 人以上**联名，可以向县级的人民代表大会常务委员会书面提出罢免要求。

(2)罢免县级和乡级的人民代表大会代表，**须经原选区过半数的选民通过。**

九、代表的辞职

(1)乡镇代表可向本级人大书面辞职；乡级人大经代表的过半数通过。

(2)县级代表可向本级人大常委会书面辞职；县级人大常委会经组成人员的过半数通过。

(3)间接选举的代表，可向选举他的人大的常委会书面提出辞职；该常委会经其组成人员的过半数通过，并将决议报送上一级人大常委会备案、公告。

笔记

考点练习

【例题 11】(2016 年单选)根据我国选举法的相关规定,下列关于选举法的说法正确的是(　　)。

A. 依据法律被剥夺政治权利的人没有选举权和被选举权

B. 完全不能辨认自己行为的精神病人没有选举权

C. 正在接受刑法处罚的公民暂停行使选举权

D. 每次选举前,选民资格都要重新登记

思维导图

(请登录“追求卓越官网 www.365zhuoyue.com”免费下载)

专项训练

一、单项选择题

1. 宪法效力是指宪法作为法律规范所具有的约束力与强制性。关于我国宪法效力,下列哪一选项是不正确的?(　　)

A. 侨居国外的华侨受中国宪法保护

B. 宪法效力及于中华人民共和国的所有领域

C. 宪法的最高法律效力首先源于宪法的正当性

D. 宪法对法院的审判活动没有约束力

2. 根据我国宪法的规定,下列哪一种说法不正确?(　　)

A. 城市的土地属于国家所有

B. 农村和城市郊区的土地,除有法律规定属于国家所有的以外,属于集体所有

C. 矿藏、水流、海域、森林专属于国家所有

D. 宅基地、自留地、自留山属于集体所有

3. 关于《宪法》对人身自由的规定,下列哪一选项是不正确的?(　　)

A. 禁止用任何方法对公民进行侮辱、诽谤和诬告陷害

B. 生命权是《宪法》明确规定的公民基本权利,属于广义的人身自由权

C. 禁止非法搜查公民身体

D. 禁止非法搜查或非法侵入公民住宅

4. 2020 年 12 月 4 日是我国第七个国家宪法日。关于宪法,下列说法错误的是(　　)。

A. 宪法是国家的根本大法,坚持依法治国首先是依宪治国

B. 宪法的生命和权威在于宪法的实施

C. 宪法具有最高的法律效力、法律地位、法律权威

D. 宪法是我国治国安邦的总章程,不能变动

5. 甲与同村另外四名选民在外打工,不能回原籍参加镇人大代表选举。甲的下列做法,符合我国选举法的是(　　)。

A. 口头委托在原籍的同村选民乙代为投票

笔记

B. 与另外四人共同委托同村选民乙代为投票

C. 书面委托同村选民乙按照甲的意愿代为投票

D. 经户籍所在地镇政府同意，由同村选民乙代为投票

6. 王某为某普通高校应届毕业生，23 岁，尚未就业。根据《宪法》和法律的规定，关于王某的权利义务，下列哪一选项是正确的？（　　）

A. 无须赡养父母　　　　B. 不得被征集服现役

C. 有选举权和被选举权　　　　D. 有休息的权利

二、多项选择题

1. 上级国家机关的决议、决定、命令和指示，如有不适合民族自治地方实际情况的，自治机关可以报经该上级国家机关批准，（　　）。

A. 拒绝执行　　　　B. 停止执行

C. 变通执行　　　　D. 退回上级国家机关

2. 我国的人民代表大会制度可以概括为（　　）。

A. 国家的一切权力属于人民

B. 人民通过民主选举产生全国人民代表大会和地方各级人民代表大会

C. 国家行政机关、审判机关、检察机关都由人民代表大会产生、对它负责

D. 全国人民代表大会和地方各级人民代表大会对人民负责，受人民监督

3. 可以行使国家元首职权，对外代表国家的是（　　）。

A. 全国人民代表大会常务委员会　　　　B. 国家主席

C. 国务院　　　　D. 国务院总理

4. 下列有关公民基本权利，说法正确的有（　　）。

A. 在我国，法人也可以作为基本权利的主体

B. 国家尊重和保障人权

C. 我国公民在行使权利时，不得损害国家的、社会的、集体的利益

D. 公民在享有宪法和法律规定的权利的同时，也必须履行相应的义务

5. 政治权利和自由是指公民作为国家政治生活主体依法享有的参加国家政治生活的权利和自由，是国家公民直接参与政治生活提供的基本保障，这一基本权利具体包括（　　）。

A. 人身自由权

B. 选举权和被选举权

C. 宗教信仰自由

D. 言论、出版、集会、结社、游行、示威的自由

三、判断题

1. 世界上最早立宪的国家是美国。（　　）

2. 被剥夺政治权利的公民不得享有出版著作的自由。（　　）

3. 全国人大和全国人大常委会有权修改宪法、监督宪法的实施。（　　）

4. 民族自治地方的国家机关都是自治机关。（　　）

5. 县级以上地方各级人民政府可依照法律权限管理本行政区域内的监察工作。（　　）

第三讲　民　法　学

笔记

考点一　民法的概念

所谓民法，是调整平等主体的自然人、法人和非法人组织之间的人身关系和财产关系的法律规范的总称。财产关系的内容包括物权、债权和知识产权；人身关系的内容包括人格权和身份权。

注意：法人、非法人组织享有名称权、名誉权、荣誉权等权利。

考点练习

【例题 1】（单选）甲、乙在火车上相识，甲怕自己到站时未醒，请求乙在 A 站唤醒自己下车，乙欣然同意。火车到达 A 站时，甲沉睡，乙也未醒。甲未能在 A 站及时下车，为此支出了额外费用。甲要求乙赔偿损失。对此，应如何处理？（　　）

A. 由乙承担违约责任　　B. 由乙承担侵权责任

C. 由乙承担缔约过失责任　　D. 由甲自己承担损失

考点二　民法的基本原则

平等原则、自愿原则（意思自治）、诚信原则、公平原则、公序良俗的原则、**绿色原则**。

考点三　民事法律关系

一、主体

自然人（包括体工商户和农村承包经营户）、法人和非法人组织（个人独资企业、合伙企业、不具有法人资格的专业服务机构等）。**国家在特殊情况下也可以成为民事主体。**

二、客体

客体具体包括**物、行为、智力成果或知识产品、人身利益**。

注意：物的分类。

（1）动产与不动产：以物能否移动和移动后是否会损害物的价值为标准划分的。

注意：民法上对物的最重要分类。

（2）原物与孳息：依产生收益的物与所生收益之间的关系而对物所作的区分。

笔记

三、内容

权利和义务(民事权利相关内容见考点十一)。

考点四 自然人的民事权利能力

自然人的民事权利能力是指自然人依法取得**享有民事权利、承担民事义务**的资格。它是自然人参加民事法律关系,享有民事权利、承担民事义务的法律依据,也是自然人**享有民事主体资格的标志**。自然人的民事权利能力一律平等。

(1)自然人的民事权利能力**始于出生,终于死亡(包括宣告死亡)**。

注意:出生时间 医院出生证明→户籍证明。有其他证据足以推翻以上记载时间的,以该证据证明的时间为准。

(2)**涉及遗产继承、接受赠与等胎儿利益保护的,胎儿视为有民事权利能力。**

(3)**相互有继承关系的数人在同一事件中死亡**,难以确定死亡时间的,推定没有其他继承人的人先死亡。都有其他继承人,辈分不同的,推定长辈先死亡;辈分相同的,推定同时死亡,相互不发生继承。

注意:死亡顺序记忆技巧 无继承人→长辈→同时。

举例:A、B一对老夫妻,和儿子C、媳妇D、孙子E一起出去,在同一事件中死亡。现在D的哥哥F和C的妹妹H都要主张分遗产。(E先死亡,然后是A,B,最后是C、D)

考点练习

【例题2】(单选)民事权利能力是指民事主体依法享有民事权利承担民事义务的资格。下列关于民事权利能力的说法中,正确的是(　　)。

A. 被监护人不具有民事权利能力
B.“植物人”没有民事权利能力
C. 享有民事权利能力的人应有意思能力
D. 未成年人也享有民事权利能力

考点五 自然人的民事行为能力

自然人以自己的行为取得民事权利、承担民事义务的资格,即自然人依法独立进行民事活动的资格。根据年龄和精神状况自然人的民事行为能力分为三种。

1. 完全民事行为能力

(1)成年人为完全民事行为能力人,可以独立实施民事法律行为。

(2)16周岁以上的未成年人,以自己的劳动收入为主要生活来源的,视为完全民事行为能力人。

2. 限制民事行为能力

(1)8周岁以上的未成年人为限制民事行为能力人,实施民事法律行为由其法定代理人代理或者经其法定代理人同意、追认，但是可以独立实施纯获利益的民事法律行为或者与其年龄、智力相适应的民事法律行为。

笔记

(2)不能完全辨认自己行为的成年人为限制民事行为能力人，实施民事法律行为由其法定代理人代理或者经其法定代理人同意、追认，但是可以独立实施纯获利益的民事法律行为或者与其智力、精神健康状况相适应的民事法律行为。

3. 无民事行为能力

(1)不满8周岁的未成年人为无民事行为能力人，由其法定代理人代理实施民事法律行为。

(2)不能辨认自己行为的成年人为无民事行为能力人，由其法定代理人代理实施民事法律行为。

(3)8周岁以上的未成年人不能辨认自己行为的为无民事行为能力人。无民事行为能力人实施的民事法律行为无效。

考点练习

【例题3】(单选)肖特有音乐天赋，16岁便不再上学，以演出收入为主要生活来源。肖特成长过程中，多有长辈馈赠：7岁时受赠口琴1个，9岁时受赠钢琴1架，15岁时受赠名贵小提琴1把。对肖特行为能力及其受赠行为效力的判断，根据《民法典》相关规定，下列哪一选项是正确的？(　　)

A. 肖特尚不具备完全的民事行为能力

B. 受赠口琴的行为无效，应由其法定代理人代理实施

C. 受赠钢琴的行为无效，因与其当时的年龄、智力不相当

D. 受赠小提琴的行为无效，因与其当时的年龄、智力不相当

考点六 监护人的设立

1. 法定监护

(1)对未成年人的法定监护人的设立：父母是未成年子女的监护人。未成年人的父母已经死亡或者没有监护能力的，由下列有监护能力的人按顺序担任监护人：①祖父母、外祖父母；②兄、姐；③其他愿意担任监护人的个人或者组织，但是须经未成年人住所地的居民委员会、村民委员会或者民政部门同意。

没有依法具有监护资格的人的，监护人由民政部门担任，也可以由具备履行监护职责条件的被监护人住所地的居民委员会、村民委员会担任。

(2)无民事行为能力或者限制民事行为能力的成年人法定监护人的设立：①配偶；②父母、子女；③其他近亲属；④其他愿意担任监护人的个人或者组织，但是须经被监护人住所地的居民委员会、村民委员会或者民政部门同意。

没有依法具有监护资格的人的，监护人由民政部门担任，也可以由具备履行监护职责条件的被监护人住所地的居民委员会、村民委员会担任。

笔记

2. 遗嘱监护

被监护人的父母担任监护人的，可以通过遗嘱指定监护人。

3. 协议监护

依法具有监护资格的人之间可以协议确定监护人。协议确定监护人应当尊重被监护人的真实意愿。

4. 指定监护

(1)程序：对监护人的确定有争议的，由被监护人住所地的居民委员会、村民委员会或者民政部门指定监护人，有关当事人对指定不服的，可以向人民法院申请指定监护人；有关当事人也可以直接向人民法院申请指定监护人。

(2)临时监护人：指定监护人前，被监护人的人身权利、财产权利以及其他合法权益处于无人保护状态的，由被监护人住所地的居民委员会、村民委员会、法律规定的有关组织或者民政部门担任临时监护人。

(3)效力：监护人被指定后，不得擅自变更；擅自变更的，不免除被指定的监护人的责任。

5. 成年人的意定监护

具有完全民事行为能力的成年人，可以与其近亲属、其他愿意担任监护人的个人或者组织事先协商，以书面形式确定自己的监护人。协商确定的监护人在该成年人丧失或者部分丧失民事行为能力时，履行监护职责。

6. 监护人的职责

监护人的职责是代理被监护人实施民事法律行为，保护被监护人的人身权利、财产权利以及其他合法权益等。监护人依法履行监护职责产生的权利，受法律保护。监护人不履行监护职责或者侵害被监护人合法权益的，应当承担法律责任。因发生突发事件等紧急情况，监护人暂时无法履行监护职责，被监护人的生活处于无人照料状态的，被监护人住所地的居民委员会、村民委员会或者民政部门应当为被监护人安排必要的临时生活照料措施。

7. 监护资格的撤销(《民法典》第三十六条)

监护人有下列情形之一的，人民法院根据有关**个人或者组织的申请**，撤销其监护人资格，安排必要的临时监护措施，**并按照最有利于被监护人的原则依法指定监护人**：

(1)实施**严重损害**被监护人身心健康行为的；

(2)**怠于履行监护职责**，或者**无法履行监护职责并且拒绝将监护职责部分或者全部委托给他人**，导致被监护人**处于危困状态**的；

(3)实施**严重侵害**被监护人合法权益的其他行为的。

考点练习

【例题 4】(单选)甲某 17 周岁，已参加工作，有固定收入，某日因甲某在街上寻衅滋事，将乙某打伤，乙某要求赔偿医药费，则下列表述中，不正确的是(　　)。

A. 甲某的父母必须承担赔偿医药费用

B. 甲某的父母无须承担赔偿医药费的义务

C. 甲某的父母可以选择是否替甲某赔偿医药费用

D. 甲某的父母如赔偿了医药费，则对甲某有追偿权

笔记

考点七 被监护人的财产问题

监护人应当按照最有利于被监护人的原则履行监护职责。监护人**除为维护被监护人利益外，不得处分被监护人的财产**，否则处分行为便**不具有效力**。

未成年人的监护人履行监护职责，在作出与被监护人利益有关的决定时，应当根据被监护人的年龄和智力状况，尊重被监护人的真实意愿。

成年人的监护人履行监护职责，应当最大限度地尊重被监护人的真实意愿，保障并协助被监护人实施与其智力、精神健康状况相适应的民事法律行为。对被监护人有能力独立处理的事务，监护人不得干涉。

注意：监护人尽了主要义务的可以适当减轻其民事责任。但不是免除！

考点八 宣告失踪和宣告死亡

一、宣告失踪制度

	条件	起　算	利害关系人提出申请	公告期
宣告失踪	下落不明 **2** 年	从下落不明的次日开始计算，战争期间下落不明的则从战争结束之日计算	近亲属、监护责任人、债权债务人，**没有先后顺序**，不告不理	**3** 个月

核心提示：宣告失踪的效力就是指定财产代管人。

二、宣告死亡制度

1. 宣告死亡的条件和程序

(1)自然人下落不明，**通常情况下须满 4 年，因意外事件，下落不明满 2 年，意外事件且下落不明且经有关机关证明该自然人不可能生存的，申请宣告死亡不受 2 年时间的限制**。

(2)公告期：**普通——1 年　特殊——3 个月**。

(3)利害关系人的申请**没有顺序限制**：配偶；父母、子女；兄弟姐妹、祖父母、外祖父母、孙子女、外孙子女；其他有民事权利义务关系人。

(4)**人民法院的受理**：宣告失踪不是宣告死亡的必经程序。

(5)宣告：被宣告死亡的人，人民法院宣告死亡的判决作出之日视为其死亡的日期；因意外事件下落不明宣告死亡的，意外事件发生之日视为其死亡的日期。

2. 宣告死亡的效力

(1)**婚姻关系自然消灭。**

(2)财产变为遗产依法继承。

笔记

(3)民事主体资格消灭,权利能力和行为能力终止。

(4)**自然人被宣告死亡但是并未死亡的,不影响该自然人在被宣告死亡期间实施的民事法律行为的效力。**

(5)被宣告死亡的人,人民法院宣告死亡的判决作出之日视为其死亡的日期;因意外事件下落不明宣告死亡的,意外事件发生之日视为其死亡的日期。

3. 死亡宣告的撤销

(1)婚姻关系:**死亡宣告被撤销的,婚姻关系自撤销死亡宣告之日起自行恢复,但是其配偶再婚或者向婚姻登记机关书面声明不愿意恢复的除外。**

(2)被继承的财产予以返还。

(3)**继承人对继承的财产所做的处分有效。**

(4)已成立的收养关系不得解除等。

注意:

对同一自然人,有的利害关系人申请宣告死亡,有的利害关系人申请宣告失踪,符合本法规定的宣告死亡条件的,人民法院应当宣告死亡。

考点九 法人制度

1. 法人的一般特征

(1)法人是一种社会组织,是一种集合体,是由法律赋予法律人格的组织集合体。**这是法人与自然人的根本区别。**

(2)具有民事权利能力和民事行为能力。身体权、健康权、隐私权、继承权、扶养请求权、婚姻自主权等,法人因自然属性**无法享有**。

(3)法人可以独立享受民事权利和承担民事义务(**财产独立、人格独立、责任独立**)。

2. 法人的合并与分立

法人合并的,其权利和义务由合并后的法人享有和承担。法人分立的,其权利和义务由分立后的法人享有连带债权,承担连带债务。

3. 法人的分类

《民法典》将法人分为**营利法人、非营利法人、特别法人。**

(1)营利法人:以取得利润并分配给股东等出资人为目的成立的法人,为营利法人。包括有限责任公司、股份有限公司和其他企业法人等。

(2)非营利法人:为公益目的或者其他非营利目的成立,不向出资人、设立人或者会员分配所取得利润的法人,为非营利法人。包括事业单位、社会团体、捐助法人(基金会、社会服务机构、宗教活动场所等)。

(3)特别法人:包括机关法人、农村集体经济组织法人、城镇农村的合作经济组织法人、基层群众性自治组织法人。

注意:企业法人超范围经营的,除违背法律规定的禁止性经营、限制性经营和特许性经营的外,**其所签订的合同有效。**

笔记

考点练习

【例题5】(2016年多选)甲公司法定代表人赵某与乙公司法定代表人孙某签订了一份服装购销合同,下列关于这份合同效力的叙述,正确的有(　　)。

A. 甲公司可以以该合同超越其经营范围为由,主张合同无效

B. 甲公司可以以赵某未经授权便签订合同为由,主张合同无效

C. 甲公司可以以该合同违反了法律的强制性规定为由,主张合同无效

D. 甲公司可以以赵某受到威胁而签订对甲公司不利合同为由,主张撤销合同

考点十　合伙企业

合伙企业包括普通合伙企业和有限合伙企业。有限合伙人不得以劳务出资,不执行合伙事务。

(1)在合伙财产问题上,合伙人的出资包括资金、实物、知识产权、土地使用权和劳务,合伙财产为合伙人共有。

(2)合伙人对合伙事务有执行权、代理权、监督权。

(3)**合伙负责人的行为对全体合伙人发生法律效力。**

(4)**合伙人退伙应对退伙前的债务负连带无限责任。**

(5)**合伙人入伙应取得全体合伙人的同意,并对入伙前的债务负连带无限责任。**

考点十一　民事权利

一、民事权利的分类

1. 根据民事权利是否以财产利益为内容分

根据民事权利是否以财产利益为内容,民事权利可分为财产权和人身权。

2. 根据权利的作用分

根据权利的作用,民事权利可分为支配权、请求权、抗辩权和形成权。

支配权,是指主体对权利客体可直接加以支配并享受其利益的权利。物权、人身权、知识产权都属于支配权。

请求权,是指请求他人为一定行为或不为一定行为的权利。

抗辩权,广义上是指抗辩请求权或否认他人的权利主张的权利,有的称为异议权;狭义上是指对抗请求权的权利。

形成权,是指权利人得以自己一方的意思表示而使法律关系发生变化的权利。

3. 根据民事权利的效力范围分

根据民事权利的效力范围,民事权利可分为绝对权和相对权。

笔记

绝对权，又称对世权，是指其效力及于一切人，即义务人为不特定的任何人的权利。物权、知识产权、人身权都为绝对权。

相对权，又称对人权，是指其效力及于特定人的权利，即义务人为特定人的权利。债权为典型的相对权。

二、民事权利保护的方法

1. 自我保护(自力救济)

(1)**正当防卫**。因正当防卫造成损害的，不承担民事责任。正当防卫超过必要的限度，造成不应有的损害的，正当防卫人应当承担适当的民事责任。

(2)**紧急避险**。因紧急避险造成损害的，由引起险情发生的人承担民事责任。危险由自然原因引起的，紧急避险人不承担民事责任，可以给予适当补偿。紧急避险采取措施不当或者超过必要的限度，造成不应有的损害的，紧急避险人应当承担适当的民事责任。

(3)**自助行为**。《民法典》第一千一百七十七条规定，**合法权益受到侵害，情况紧迫且不能及时获得国家机关保护，不立即采取措施将使其合法权益受到难以弥补的损害的，受害人可以在保护自己合法权益的必要范围内采取扣留侵权人的财物等合理措施；但是，应当立即请求有关国家机关处理。**

受害人采取的措施不当造成他人损害的，应当承担侵权责任。

2. 国家保护(公力救济)

(1)民事诉讼保护。

(2)刑事诉讼保护。

(3)行政程序及行政诉讼保护。

考点练习

【例题6】(多选)下列关于民事权利中的形成权的表述，哪些是正确的？(　　)

A. 形成权只能通过明示方式行使

B. 效力待定合同中相对人的催告权并非形成权

C. 债权人撤销权属于形成权

D. 形成权不受诉讼时效期间的限制

考点十二 民事法律行为

1. 民事法律行为的生效条件

(1)**行为人具有相应的民事行为能力。**

(2)**意思表示真实。**

(3)**不违反法律、行政法规的强制性规定，不违背公序良俗。**

2. 无效的民事法律行为

(1)无民事行为能力人实施的行为。

笔记

(2)违反法律、行政法规的强制性规定的民事法律行为无效。

(3)违背公序良俗的民事法律行为无效。

(4)行为人与相对人恶意串通,损害他人合法权益的民事法律行为无效。

(5)行为人与相对人以虚假的意思表示实施的民事法律行为无效(通谋虚伪表示)。以虚假的意思表示隐藏的民事法律行为的效力,依照有关法律规定处理。

无效的合同或者被撤销的合同自始没有法律约束力。合同部分无效,不影响其他部分效力的,其他部分仍然有效。

3. 可撤销的民事法律行为

(1)可撤销民事行为的除斥期间。有下列情形之一的,撤销权消灭:①当事人自知道或者应当知道撤销事由之日起一年内、重大误解的当事人自知道或者应当知道撤销事由之日起90日内没有行使撤销权;②当事人受胁迫,自胁迫行为终止之日起一年内没有行使撤销权;③当事人知道撤销事由后明确表示或者以自己的行为表明放弃撤销权。

当事人自民事法律行为发生之日起5年内没有行使撤销权的,撤销权消灭。

(2)可撤销民事法律行为的类别:①重大误解;②欺诈;③胁迫。

(3)可撤销民事法律行为的撤销:向人民法院和仲裁机构申请。

4. 效力未定的民事法律行为

(1)类型:民事行为能力欠缺;处分权限的欠缺;代理权的欠缺。

(2)追认权:追认权人既可以追认,也可以拒绝追认;经追认后,自始有效。

(3)相对人的催告权:30日内追认。民事法律行为被追认前,**善意相对人**有撤销的权利。撤销应当以通知的方式作出。

特别注意:限制民事行为能力人的行为效力。①限制民事行为能力人**接受报酬、赠与、奖励的行为有效**;②限制民事行为能力人所进行的**与其能力相适应的民事行为有效**;③限制民事行为能力人所进行的与其能力不相适应的合同行为**效力未定**。

考点练习

【例题7】(多选)王某以5万元从甲商店购得标注为明代制品的瓷瓶一件,放置于家中客厅。李某好奇把玩,不慎将瓷瓶摔坏。经鉴定瓷瓶为赝品,市场价值为100元,甲商店系知假卖假。王某下列请求哪些是合法的?(　　)

A. 要求甲商店赔偿10万元　　B. 要求甲商店赔偿5万元

C. 要求李某赔偿5万元　　D. 要求李某赔偿100元

【例题8】(单选)下列行为属于效力待定民事行为的是(　　)。

A. 小花(8岁)接受其叔叔5 000元赠与的行为

B. 江某以欺诈手段与王某签订的买卖钢材的合同

C. 小曹(12岁)与当代商城签订的购买一台价值1 800元的手机的合同

D. 赵某基于重大误解与钱某签订的买卖大米的合同

【例题9】(2016年单选)甲,13岁,用春节所得压岁钱5 000元在商场买了一部智能手机。该手机买卖合同的效力属于(　　)。

A. 有效　　B. 无效

C. 效力待定　　D. 可撤销、可变更

笔记

考点十三 代理制度

一、代理的概念

代理人以被代理人(又称本人)的名义,在代理权限内与第三人实施的民事法律行为,其法律后果直接由被代理人承受的民事法律制度。

二、无权代理

效力待定。

三、表见代理

1. 构成要件

行为人没有代理权、超越代理权或者代理权终止后,仍然实施代理行为,相对人有理由相信行为人有代理权的,代理行为有效。

(1)代理人为代理行为时,没有代理权。

(2)**具有使相对人合理相信行为人具有代理权的事实和理由。**①无权代理人持有本人的介绍信、盖有本人公章的空白合同书;无权代理人持有本人的印章;无权代理人持有本人准备授予代理权的通知、公告或声明。②代理权终止后,本人未收回授权证明,无权代理人继续持有代理证书或者授权委托书。

(3)相对人主观上是善意且无过失。

2. 表见代理的法律效果

表见代理发生与有权代理同样的法律效果,相对人有权主张表见代理人所从事法律行为的效果直接归属于本人。

考点练习

【例题 10】(2018 年单选)王某是某企业的销售人员,随身携带盖有企业公章的空白合同书,便于对外签约,后王某因收取回扣被企业辞退,但空白合同书未被该企业回收,王某以此合同书与不知情的第三人签订了购销协议,该购销协议的性质应认定为(　　)。

A. 不成立　　B. 无效　　C. 可撤销　　D. 成立并有效

考点十四 诉讼时效

1. 一般诉讼时效

一般诉讼时效即**普通诉讼时效。诉讼时效期间为** 3 **年**,法律另有规定的除外。

2. 特别诉讼时效

(1)涉外货物买卖合同争议提起诉讼的期限为 **4 年**;因环境污染损害赔偿提起诉讼的时效期间为 **3 年**。

笔记

(2)因产品存在缺陷造成损害要求赔偿的诉讼时效期间为 2 年，自当事人知道或者应当知道其权益受到损害时起计算。因产品存在缺陷造成损害要求赔偿的请求权，在造成损害的缺陷产品交付最初消费者满 10 年丧失；但是，尚未超过明示的安全使用期的除外。

(3)最长诉讼时效，是指诉讼时效期间**为 20 年的**诉讼时效。

3. 时间起算点

(1)普通时效期间与特殊时效期间的起算：自权利人知道或者应当知道权利受到损害以及义务人之日起计算。

(2)未成年人遭受性侵害的损害赔偿请求权的诉讼时效期间，自受害人年满十八周岁之日起计算。

考点十五　诉讼时效的中止、中断

1. 诉讼时效的中止

诉讼时效的中止发生在时效进行中的最后六个月内，其法定事由包括不可抗力和其他障碍。

2. 诉讼时效的中断

已经进行的诉讼时效期间**全部归于无效，诉讼时效期间重新计算**。法定事由包括：**提起诉讼；当事人一方提出请求；义务人同意履行义务**。

3. 不适用诉讼时效的规定

(1)请求停止侵害、排除妨碍、消除危险；

(2)不动产物权和登记的动产物权的权利人请求返还财产；

(3)请求支付抚养费、赡养费或者扶养费；

(4)依法不适用诉讼时效的其他请求权。

考点十六　物权法的基本原则

1. 物权法定

物权的种类与内容只能由法律来规定，不允许当事人自由创设。

2. 一物一权原则

一物一权原则是指在同一物上不能同时存在两个以上相互冲突的物权。

3. 公示公信原则

公示原则是物权变动时，将物权变动的事实通过法定的方式向社会公开。

考点十七　动产物权的公示

交付——这是**动产物权变动的公示方法**。

笔记

考点十八 不动产物权的公示——登记

不动产登记又称为不动产物权登记，是权利人、利害关系人申请国家确定的职能部门将有关申请人的不动产物权的事项记载于不动产登记簿的行为。

考点十九 所有权

一、物权分类

物权分为自物权和他物权，自物权指的就是所有权；他物权包括用益物权和担保物权。

二、财产所有权所具有的四项权能

(1)所有权人对自己的不动产或者动产，依法享有占有、使用、收益和处分的权利。财产所有权是**唯一完全**的物权，它是物权中**最完整、最充分**的权利。

(2)因抢险救灾、**疫情防控**等紧急需要，依照法律规定的权限和程序可以征用组织、个人的不动产或者动产。**被征用的不动产或者动产使用后，应当返还被征用人。组织、个人的不动产或者动产被征用或者征用后毁损、灭失的，应当给予补偿。**

三、业主的建筑物区分所有权

1. 概念

建筑物区分所有权是指，业主对一栋建筑物中自己专有部分的单独所有权、对共有部分的共有权以及因共有关系而产生的管理权相结合所形成的“三位一体”的所有权。

2. 共有权的理解

(1)业主不得以放弃权利为由不履行义务；建筑物区分所有权人之间不存在优先购买权。

(2)《民法典》规定：建设单位、物业服务企业或者其他管理人等利用业主的共有部分产生的收入，在扣除合理成本之后，属于业主共有。

3. 业主的成员权，即表决权、管理权问题

(1)业主可以设立业主大会，选举业主委员会。地方人民政府**有关部门、居民委员会**应当对设立业主大会和选举业主委员会给予指导和协助。

(2)下列事项由业主共同决定：

①制定和修改业主大会议事规则；

②制定和修改管理规约；

③选举业主委员会或者更换业主委员会成员；

④选聘和解聘物业服务企业或者其他管理人；

⑤**使用**建筑物及其附属设施的维修资金；

笔记

⑥筹集建筑物及其附属设施的维修资金；

⑦改建、重建建筑物及其附属设施；

⑧改变共有部分的用途或者利用共有部分从事经营活动；

⑨有关共有和共同管理权利的其他重大事项。

业主共同决定事项，应当由专有部分面积占比三分之二以上的业主且人数占比三分之二以上的业主参与表决。决定第⑥项至第⑧项规定的事项，应当经参与表决专有部分面积四分之三以上的业主且参与表决人数四分之三以上的业主同意。决定前款其他事项，应当经参与表决专有部分面积过半数的业主且参与表决人数过半数的业主同意。

(3)建筑物及其附属设施的维修资金，属于业主共有。经业主共同决定，可以用于电梯、屋顶、外墙、无障碍设施等共有部分的维修、更新和改造。建筑物及其附属设施的维修资金的筹集、使用情况应当定期公布。

紧急情况下需要维修建筑物及其附属设施的，业主大会或者业主委员会可以依法申请使用建筑物及其附属设施的维修资金。

考点二十 共有

不动产或者动产可以由两个以上组织、个人共有。共有包括按份共有和共同共有。

1. 按份共有的推定

共有人共有的不动产或者动产没有约定为按份共有或者共同共有，或者约定不明确的，除共有人具有家庭关系等外，视为按份共有。

2. 共同共有的类型

(1)夫妻共同共有。

(2)家庭共同共有。

(3)遗产分割前，法定继承人对遗产的共同共有。

(4)被宣告无效或被撤销的婚姻，当事人同居期间所得的财产，按共同共有处理。但有证据证明为当事人一方所有的除外。

3. 优先购买权

实践中常遇到的情况有以下几种。

(1)**有限责任公司的股东**向股东以外的人转让其出资时，必须经全体股东过半数同意；不同意转让的股东应当购买该转让的出资，如果不购买该转让的出资，视为同意转让。**经股东同意转让的出资，在同等条件下，其他股东对该出资有优先购买权。**

(2)出租人出卖租赁房屋的，应当在出卖之前的合理期限内通知承租人，承租人享有以同等条件优先购买的权利；**但是，房屋按份共有人行使优先购买权或者出租人将房屋出卖给近亲属的除外。**出租人履行通知义务后，承租人在15日内未明确表示购买的，视为承租人放弃优先购买权。

(3)共有人处分自己享有的份额的，其他共有人享有优先购买权。

(4)**知识产权法上的优先购买权**。①**委托合同**完成的发明，**专利申请权**归研发人，研发人若转让专利申请权，**委托人有优先购买权**。②**职务技术成果**的使用权、转让权归单位，单位转让职务技术成果时，**完成人有优先购买权**。③**合作技术开发合同**完成的发明，

笔记

专利申请权归合作人共有的，一方转让时，他方有优先购买权。

4. 买卖不破租赁的理解

《民法典》规定：租赁物在承租人按照租赁合同占有期限内发生所有权变动的，不影响租赁合同的效力。

5. 建筑物区分所有权

建筑物区分所有权，业主对一栋建筑物中自己专有部分的单独所有权、对共有部分的共有权以及因共有关系而产生的管理权相结合所形成的"三位一体"的所有权。

考点练习

【例题 11】（多选）关于共有，下列哪些表述是正确的？（　　）

A. 对于共有财产，部分共有人主张按份共有，部分共有人主张共同共有，如不能证明财产是按份共有的，应当认定为共同共有

B. 按份共有人对共有不动产或者动产享有的份额，没有约定或者约定不明确的，按照出资额确定；不能确定出资额的，视为等额享有

C. 夫或妻在处理夫妻共同财产上权利平等，因日常生活需要而处理夫妻共同财产的，任何一方均有权决定

D. 对共有物的分割，当事人没有约定或者约定不明确的，按份共有人可以随时请求分割，共同共有人在共有的基础丧失或者有重大理由需要分割时可以请求分割

考点二十一 所有权取得的方式

1. 所有权的特别取得方法——善意取得

（1）善意取得是一个前提，三个条件。所说的**一个前提**是指，善意取得**仅存在于无权处分**的情况，因此，善意取得为**原始取得**。所指的**三个条件**，一个条件为**取得人的善意**；第二个条件为**有偿**，**即约定了合理的价格**；第三个条件是**取得**。

（2）**遗失物、盗赃物、走私物、查封扣押物不适用善意取得**。此外，**赠与、继承、遗赠不适用善意取得**。

2. 先占

先占只适用于动产，不适用于不动产。在动产中，先占适用于抛弃物。

3. 拾得遗失物

拾得遗失物应当返还失主。遗失物自发布招领公告之日起一年内无人认领的，归国家所有。

考点二十二 用益物权

用益物权——用益物权人对他人所有的不动产或者动产，依法享有占有、使用和收益的权利。

用益物权有建设用地使用权、土地承包经营权、宅基地使用权、居住权、地役权。

1. 土地承包经营权

耕地的承包期为30年。草地的承包期为30年至50年。林地的承包期为30年至70年。

2. 建设用地使用权

设立建设用地使用权，可以采取出让或者划拨等方式。

3. 居住权

含　义	居住权人有权按照合同约定，对他人的住宅享有占有、使用的用益物权，以满足生活居住的需要
居住权合同	设立居住权，当事人应当采用书面形式订立居住权合同
设立	居住权无偿设立，但是当事人另有约定的除外。设立居住权的，应当向登记机构申请居住权登记。居住权自登记时设立
限制	居住权不得转让、继承。设立居住权的住宅不得出租，但是当事人另有约定的除外
消灭	居住权期限届满或者居住权人死亡的，居住权消灭。居住权消灭的，应当及时办理注销登记

4. 地役权

地役权是指为使用自己不动产的便利或提高其效益而按照合同约定利用他人不动产的权利。其一，地役权是按照当事人的**约定**设立的用益物权；其二，地役权是存在于**他人不动产**上的用益物权；其三，地役权是**为了需役地**的便利而设立的用益物权。

考点二十三　担保物权——抵押权、质权、留置权

1. 债的担保

债的担保有五种：**保证、抵押、质押、留置、定金**。

2. 抵押权成立的要件

(1)以建筑物和其他土地附着物、建设用地使用权、海域使用权和正在建造的建筑物抵押的，应当办理抵押登记。抵押权**自登记时**设立。抵押要生效就必须**履行登记，否则不生效**。

(2)以动产抵押的，抵押权自抵押合同生效时设立；未经登记，不得对抗善意第三人。

3. 质权成立的标志

(1)**权利质权**。

(2)**动产质权**。

4. 法定的担保物权

法定的担保物权是**留置权**。

5. 定金罚则

考点二十四　债权

1. 债产生的原因

债产生的原因有四种：**合同、不当得利、无因管理、侵权行为**。

笔记

笔记

2. 债终止的原因

债终止的原因或方式有：履行、**抵销、提存**、双方协议、免除、混同。

核心提示 1：抵销

抵销，是消灭债权债务的一种方式，是指双方互负到期债务时，各以其债权充当债务之清偿，而使其债务与对方的债务在对等额内相互消灭。

核心提示 2：提存

提存是债务人转移交付不能的标的物于法定机构，以代替向债权人交付从而消灭债务的行为。

3. 不当得利

（1）**不当得利的构成条件：**一方受有利益；他方受有损失；有因果关系；没有合法根据。

（2）**不当得利的返还：**返还原物和孳息。**得利人不知道且不应当知道取得的利益没有法律根据，取得的利益已经不存在的，不承担返还该利益的义务。得利人已经将取得的利益无偿转让给第三人的，受损失的人可以请求第三人在相应范围内承担返还义务。**

4. 无因管理

（1）**无因管理的构成要件。**管理他人事务；为避免他人利益损失而为管理；无法律上的义务或者约定的义务。

（2）**管理人的请求权。**管理人对本人享有以下请求权：**必要费用偿还请求权、债务代偿请求权、损害赔偿请求权（但是只能以其管理行为给本人带来的利益为限）。**

《民法典》新增无因管理的准用：管理人管理事务不属于法条规定的无因管理的情形，但是受益人享有管理利益的，受益人应当在其获得的利益范围内向管理人承担义务。

考点练习

【例题 12】（单选）下列关于提存的说法，正确的是（　　）。

A. 标的物提存后，损毁、灭失的风险由债务人承担

B. 标的物提存后，债务人可以随时领取提存物

C. 提存的费用由债务人承担

D. 提存期间，标的物的孳息归债权人所有

考点二十五 合同编

一、合同的形式

（1）婚姻、收养、监护等有关身份关系的协议，适用有关该身份关系的法律规定；没有规定的，可以根据其性质参照适用《民法典》合同编的规定。

（2）当事人订立合同，可以采用书面形式、口头形式或者其他形式。以电子数据交换、电子邮件等方式能够有形地表现所载内容，并可以随时调取查用的数据电文，**视为书面形式。**

二、合同的成立：要约与承诺

1. 要约须具备以下条件

要约是希望与他人订立合同的意思表示。

(1)要约须是特定人的意思表示。

(2)要约须是向相对人发出的意思表示。

(3)要约须具备合同的各项必要因素。

2. 要约邀请

希望他人向自己发出要约的意思表示。

常见的邀约邀请有：拍卖公告、招标公告、招股说明书、债券募集办法、基金招募说明书、商业广告和宣传、寄送的价目表等。

商业广告和宣传的内容符合要约条件的，构成要约。

3. 承诺

(1)承诺是受要约人同意要约的意思表示。承诺应当以通知的方式作出；但是，根据交易习惯或者要约表明可以通过行为作出承诺的除外。承诺生效时合同成立。

(2)承诺生效的地点为合同成立的地点。采用数据电文形式订立合同的，收件人的主营业地为合同成立的地点；没有主营业地的，其住所地为合同成立的地点。当事人另有约定的，按照其约定。

(3)当事人采用合同书形式订立合同的，合同成立的地点为**最后一方签字、盖章或者按手印的地点**。

三、格式条款

(1)格式条款是当事人为了重复使用而预先拟定，并在订立合同时未与对方协商的条款。

(2)采用格式条款订立合同的，提供格式条款的一方应当遵循公平原则确定当事人之间的权利和义务，并采取合理的方式**提示**对方注意免除或者减轻其责任等与对方有重大利害关系的条款，按照对方的要求，对该条款予以**说明**。

(3)提供格式条款的一方预先拟定的**免除或者减轻己方责任、加重对方责任、限制、排除对方主要权利**的条款**无效**。

(4)对格式条款的理解发生争议的，应当按照通常理解予以解释。**对格式条款有两种以上解释的，应当作出不利于提供格式条款一方的解释。**格式条款和非格式条款不一致的，应当采用非格式条款。

四、违约责任

(1)当事人可以约定一方向对方给付定金作为债权的担保。定金合同**自实际交付定金时**成立。

①定金具有限额性，不得超过主体合同标的额的20%，超过的，超过部分无效；

②定金罚则(支付定金一方违约的，不得要求返还；收受定金一方违约的，双倍返还)；

③定金和违约金不能并存，只能择一选择。

(2)当事人一方因**不可抗力**不能履行合同的，根据不可抗力的影响，部分或者全部免

笔记

笔记

除责任，但是法律另有规定的除外。

考点练习

【例题13】（单选）甲与乙签订了一项买卖合同，约定：甲向乙支付定金5万元，如果任何一方不履行合同应支付违约金8万元，后来乙违约。甲打算向法院提起诉讼，下列哪种诉讼请求既能最大限度地保护自己的利益，又能获得法院的支持？（　　）

A. 请求乙支付违约金8万元

B. 请求乙双倍返还定金10万元

C. 请求乙支付违约金8万元，同时请求返还定金5万元

D. 请求乙双倍返还定金10万元，同时请求乙支付违约金8万元

考点二十六　几种典型的合同

1. 买卖合同

所有权转移：动产买卖中，交付标的物的，所有权也同时转移。不动产就按买卖当中，交付标的物并未转移所有权，所有权的变更以登记为准。

特别提示：买卖合同风险转移规则＿＿＿＿＿＿＿＿＿＿＿＿＿＿＿＿。

在途买卖：合同成立，风险转归买受人。当事人有约定的除外。

2. 赠与合同

3. 借款合同

（1）禁止高利放贷，借款的利率不得违反国家有关规定。**借款合同对支付利息没有约定的，视为没有利息。**借款合同对支付利息约定不明确，当事人不能达成补充协议的，按照当地或者当事人的交易方式、交易习惯、市场利率等因素确定利息。

（2）自然人之间的借款合同，**自贷款人提供借款时生效。**

（3）自然人之间的借款合同对支付利息**没有约定或者约定不明确的，视为不支付利息。**

（4）借款人未按照约定的期限返还借款的，应当按照约定或者国家有关规定支付逾期利息。

4. 租赁合同

（1）转租：承租人经出租人同意，可以将租赁物转租给第三人。承租人转租的，承租人与出租人之间的租赁合同继续有效；第三人造成租赁物损失的，承租人应当赔偿损失。承租人未经出租人同意转租的，出租人可以解除合同。

出租人知道或者应当知道承租人转租，**但是在6个月内未提出异议的，**视为出租人同意转租。

（2）租赁期限届满，承租人继续使用租赁物，出租人没有提出异议的，原租赁合同继续有效，**但是租赁期限为不定期。**

租赁期限届满，房屋承租人享有以同等条件优先承租的权利。

笔记

考点练习

【例题14】（单选）《民法典》合同编对买卖合同中标的物风险的负担作出了较为详细的规定，下列有关风险负担的表述正确的是（ ）。

A. 特定物的风险在合同成立后即由买受人承担

B. 需要运输的标的物，自交付给买受人后风险转移给买受人

C. 在途货物的风险除另有约定外，自合同成立后即转移给买受人

D. 由于标的物不符合质量要求致使合同不能实现合同目的，买受人拒绝接受标的物的情况下，风险转移给买受人

考点二十七 人格权编

1. 人格权种类

人格权包括一般人格权和具体人格权。

一般人格权，是指以非法拘禁等方式剥夺、限制他人的行动自由，或者非法搜查他人身体的，受害人有权依法请求行为人承担民事责任。

具体人格权包括三类物质性人格权（生命权、身体权、健康权）和六类精神性人格权（姓名权、名称权、肖像权、名誉权、荣誉权、隐私权）。

人格权不得放弃、转让或者继承。

2. 对死者人格利益的保护

死者的姓名、肖像、名誉、荣誉、隐私、遗体等受到侵害的，其配偶、子女、父母有权依法请求行为人承担民事责任；死者没有配偶、子女且父母已经死亡的，其他近亲属有权依法请求行为人承担民事责任。

3. 法定救助义务

自然人的生命权、身体权、健康权受到侵害或者处于其他危难情形的，负有法定救助义务的组织或者个人应当及时施救。

4. 人体组织捐献

任何组织或者个人不得强迫、欺骗、利诱他人捐献。完全民事行为能力人同意捐献的，采用书面形式，也可以订立遗嘱。自然人生前未表示不同意捐献的，该自然人死亡后，其配偶、成年子女、父母可以共同决定捐献，决定捐献应当采用书面形式。

5. 临床试验

为研制新药、医疗器械或者发展新的预防和治疗方法，需要进行临床试验的，应当依法经相关主管部门批准并经伦理委员会**审查同意**，向受试者或者受试者的监护人告知试验目的、用途和可能产生的风险等详细情况，并经其**书面同意**。

6. 医学和科研活动

从事与人体基因、人体胚胎等有关的医学和科研活动，应当遵守法律、行政法规和国家有关规定，不得危害人体健康，不得违背伦理道德，不得损害公共利益。

笔记

7. 性骚扰

违背他人意愿，以言语、文字、图像、肢体行为等方式对他人实施性骚扰的，受害人有权依法请求行为人承担民事责任。机关、企业、学校等单位应当采取合理的预防、受理投诉、调查处置等措施，防止和制止利用职权、从属关系等实施性骚扰。

8. 对姓名权的保护

自然人享有姓名权，有权依法决定、使用、变更或者许可他人使用自己的姓名，但是不得违背公序良俗。

9. 对肖像权的保护

任何组织或者个人不得以丑化、污损，或者利用信息技术手段伪造等方式侵害他人的肖像权。自然人声音的保护参照肖像权。

10. 对隐私权的保护

隐私是自然人的私人生活安宁和不愿为他人知晓的私密空间、私密活动、私密信息。除法律另有规定或者权利人明确同意外，**任何组织或者个人不得实施下列行为：**①以电话、短信、即时通信工具、电子邮件、传单等方式侵扰他人的私人生活安宁；②进入、拍摄、窥视他人的住宅、宾馆房间等私密空间；③拍摄、窥视、窃听、公开他人的私密活动；④拍摄、窥视他人身体的私密部位；⑤处理他人的私密信息；⑥以其他方式侵害他人的隐私权。

11. 对个人信息的保护

个人信息是以电子或者其他方式记录的能够单独或者与其他信息结合识别特定自然人的各种信息，包括自然人的姓名、出生日期、身份证件号码、生物识别信息、住址、电话号码、电子邮箱、健康信息、行踪信息等。

国家机关、承担行政职能的法定机构及其工作人员对于履行职责过程中知悉的自然人的隐私和个人信息，应当予以保密，不得泄露或者向他人非法提供。

考点二十八 结婚及夫妻关系

1. 禁止结婚的条件

直系血亲、三代以内旁系血亲及患有医学上认为不宜结婚的疾病。

2. 无效婚姻

(1)重婚。

(2)有禁止结婚的亲属关系。

(3)未到法定婚龄。

注意：结婚年龄，男不得早于 22 周岁，女不得早于 20 周岁。

3. 可撤销婚姻

(1)情形：一方患有重大疾病的，应当在结婚登记前如实告知另一方；不如实告知的，另一方可以向人民法院请求撤销婚姻。因胁迫结婚的，受胁迫的一方可以向人民法院请求撤销婚姻。

(2)撤销机关：法院。

(3)除斥期间：因一方患有重大疾病婚前未如实告知而请求撤销婚姻的，应当自知道或者应当知道撤销事由之日起一年内提出。

因受胁迫而请求撤销婚姻的，应当自胁迫行为终止之日起一年内提出。

被非法限制人身自由的当事人请求撤销婚姻的，应当自恢复人身自由之日起一年内提出。

(4)婚姻无效或者被撤销的，无过错方有权请求损害赔偿。

4. 夫妻家事代理权

夫妻一方因家庭日常生活需要而实施的民事法律行为，对夫妻双方发生效力，但是夫妻一方与相对人另有约定的除外。夫妻之间对一方可以实施的民事法律行为范围的限制，不得对抗善意相对人。

5. 婚内分割夫妻共同财产的情形

婚姻关系存续期间，有下列情形之一的，夫妻一方可以向人民法院请求分割共同财产：①一方有隐藏、转移、变卖、毁损、挥霍夫妻共同财产或者伪造夫妻共同债务等严重损害夫妻共同财产利益的行为；②一方负有法定扶养义务的人患重大疾病需要医治，另一方不同意支付相关医疗费用。

考点二十九 离婚问题

1. 离婚冷静期的规定

自婚姻登记机关收到离婚登记申请之日起**30日内**，任何一方不愿意离婚的，可以向婚姻登记机关撤回离婚登记申请。期限届满后30日内，双方应当亲自到婚姻登记机关申请发给离婚证；未申请的，视为撤回离婚登记申请。

注意：经人民法院判决不准离婚后，双方又分居满一年，一方再次提起离婚诉讼的，应当准予离婚。

2. 离婚后孩子抚养权问题

离婚后，不满2周岁的子女，以由母亲直接抚养为原则。已满两周岁的子女，父母双方对抚养问题协议不成的，由人民法院根据双方的具体情况，按照最有利于未成年子女的原则判决。子女已满8周岁的，应当尊重其真实意愿。

3. 对军人和妇女的特殊保护

(1)女方的保护：怀孕期间；分娩后一年内；终止妊娠后6个月内。

例外：女方提出离婚的，或人民法院认为确有必要受理男方离婚请求。

(2)现役军人的保护：军人同意离婚。

4. 债务清偿

共同债务以共同财产清偿；个人债务以个人财产清偿。

考点三十 夫妻财产关系（法定财产制和约定财产制）

(1)夫妻在婚姻关系存续期间所得的下列财产归夫妻共同所有：①工资、奖金、劳务报酬；②生产、经营、投资的收益；③知识产权的收益；④继承或受赠的财产，但明确归个人的除外；⑤其他应当共同所有的财产。包括男女双方实际取得或者应当取得的住房补贴、住

笔记

笔记

房公积金;男女双方实际取得或者应当取得的养老保险金、破产安置补偿费;夫妻取得的共同债权。

(2)下述财产属于夫妻**一方所有**:①一方的婚前财产;②一方因身体受到伤害获得的医疗费、残疾人生活补助费等费用;③遗嘱或赠与合同中确定只归夫妻一方所有的财产;④一方专用的生活用品。

特别提示:婚前父母为双方购置房屋出资的,是对子女的个人赠与,除非表明赠与双方的。

婚后父母为双方购置房屋出资的,是对双方的赠与,除非表明赠与一方的。

考点练习

【例题15】(单选)下列财产关系中,属于共同共有的是(　　)。

A. 合伙人投到合伙中的财产

B. 两位同学共同出钱购买电脑

C. 夫妻关系存续期间,一方从事个体经营的收入

D. 父与子共同出资设立一个公司

考点三十一　养父母子女关系

1. 收养关系的成立

(1)收养人:无子女或者只有一名子女;有抚养、教育和保护被收养人的能力;未患有在医学上认为不应当收养子女的疾病;无不利于被收养人健康成长的违法犯罪记录;**年满30周岁**。

(2)被收养人:丧失父母的孤儿;查找不到生父母的未成年人;生父母有特殊困难无力抚养的子女。

(3)收养三代以内旁系血亲:不受生父母有特殊困难无力抚养的子女、由于特殊困难无力抚养子女的生父母和无配偶者收养异性子女的,收养人与被收养人的年龄差在40周岁以上规定的限制。

(4)无子女的收养人可以收养两名子女;有子女的收养人只能收养一名子女。

有配偶者收养子女,应当夫妻共同收养。

(5)无配偶者收养异性子女的,收养人与被收养人年龄相差40周岁以上。

(6)收养人收养与送养人送养,应当双方自愿。收养8周岁以上未成年人的,应当征得被收养人的同意。

收养应当向县级以上人民政府民政部门登记。收养关系**自登记之日**起成立。

收养查找不到生父母的未成年人的,办理登记的民政部门**应当在登记前予以公告**。

收养关系当事人愿意签订收养协议的,**可以**签订收养协议。

收养关系当事人各方或者一方要求办理收养公证的,应当办理收养公证。

县级以上人民政府民政部门应当依法进行收养评估。

笔记

2. 拟制血亲的关系

养子女与养父母之间产生拟制血亲的关系，与自然血亲的权利义务相同。

3. 养子女与生父母以及其他近亲属间的权利义务关系

养子女与生父母以及其他近亲属间的权利义务关系，因收养关系的成立而消除。

考点练习

【例题16】（单选）赵先生欲收养一名子女，对于其收养的相关事项，下列说法正确的是（　）。

A. 赵先生与其收养的子女应当办理收养公证

B. 赵先生与其收养的子女应当签订收养协议

C. 应当向县级以上人民政府民政部门登记

D. 如果该子女查不到生父母，办理登记的民政部门应当登记后公告

考点三十二　继承编

1. 继承法的基本原则

保护继承权原则；男女平等原则；权利义务一致原则；养老育幼原则；互谅互让、协商原则。

2. 丧失继承权的情形

《民法典》第一千一百二十五条规定，继承人有下列行为之一的，丧失继承权：(一)故意杀害被继承人；(二)为争夺遗产而杀害其他继承人；(三)遗弃被继承人，或者虐待被继承人情节严重；(四)伪造、篡改、隐匿或者销毁遗嘱，情节严重；(五)以欺诈、胁迫手段迫使或者妨碍被继承人设立、变更或者撤回遗嘱，情节严重。

继承人有前款第三项至第五项行为，确有悔改表现，被继承人表示宽恕或者事后在遗嘱中将其列为继承人的，该继承人不丧失继承权受遗赠人有本条第一款规定行为的，丧失受遗赠权。

3. 法定继承人第一顺序

配偶、子女、父母、丧偶儿媳对公婆、丧偶女婿对岳父母，尽了主要赡养义务的作为第一顺序继承人。

4. 法定继承人第二顺序

兄弟姐妹、祖父母、外祖父母。

核心提示：子女，包括婚生子女、非婚生子女、养子女和有扶养关系的继子女。

5. 代位继承和转继承

要　点	代位继承	转继承
含义	被继承人的子女先于被继承人死亡的，由被继承人的子女的晚辈直系血亲代位继承。被继承人的兄弟姐妹先于被继承人死亡的，由被继承人的兄弟姐妹的子女代位继承	继承开始后，继承人于遗产分割前死亡，并没有放弃继承的，该继承人应当继承的遗产转给其继承人；但是遗嘱另有安排的除外

笔记

续上表

要　点	代位继承	转继承
本质	继承权的转移(一次继承且代位继承人属于第一顺序继承人)	分割被继承人遗产的权利(两次继承)
适用情形	被继承人的子女先于被继承人死亡或被继承人的兄弟姐妹先于被继承人死亡	继承开始后遗产分割前继承人死亡
权利主体	被代位人的直系晚辈血亲	被转继承人死亡时生存的所有合法继承人

6. 遗嘱继承

(1)遗嘱的形式:①自书遗嘱;**②代书遗嘱;③录音遗嘱;④口头遗嘱**;⑤打印遗嘱;⑥公证遗嘱。

(2)遗嘱人可以撤回、变更自己所立的遗嘱。立遗嘱后,遗嘱人实施与遗嘱内容相反的民事法律行为的,视为对遗嘱相关内容的撤回。**立有数份遗嘱,内容相抵触的,以最后的遗嘱为准。**

(3)遗嘱必须表示遗嘱人的真实意思,受欺诈、胁迫所立的遗嘱无效。伪造的遗嘱无效。遗嘱被篡改的,篡改的内容无效。

7. 遗赠

遗赠是指自然人以遗嘱的方式将其个人财产赠与**国家、集体或者法定继承人以外的组织、个人**,而于其**死亡后发生效力**的民事行为。

8. 继承、遗赠的放弃

(1)**继承开始后**,继承人放弃继承的,应当在遗产处理前,以书面形式作出放弃继承的表示。**没有表示的,视为接受继承。**

(2)**受遗赠人**应当在知道受遗赠后**60日内**,作出接受或者放弃受遗赠的表示。**到期没有表示的,视为放弃受遗赠。**

9. 遗产的处理

无人继承又无人受遗赠的遗产,归国家所有,用于公益事业;死者生前是集体所有制组织成员的,归所在集体所有制组织所有。

考点练习

【例题17】(2015年多选)甲因心脏病突发死亡没有留下遗嘱,其有一个养子乙和两个女儿,两个女儿均先于甲去世,乙有一子丙,大女儿有一形成抚养关系的继子丁,二女儿的丈夫戊对甲尽了主要赡养义务。则对甲的遗产享有继承权的有(　　)。

A. 乙　　B. 丙　　C. 丁　　D. 戊

【例题18】(2016年多选)甲与其父乙素来关系不好,乙多次说其死后甲不能继承自己的财产,甲亦多次对外人宣扬自己绝对不会要父亲的财产。据此,下列表述正确的有(　　)。

A. 乙的口头表明无效,甲仍有继承其父遗产的权利

B. 乙有权通过口头遗嘱处分个人财产,所以甲无权继承乙的遗产

C. 甲多次对外宣扬自己绝对不会要父亲财产,视为其已放弃继承权

D. 甲放弃继承权的意思表示应在乙去世后遗产分割前作出才产生法律效力

考点三十三 侵权责任编

笔记

一、概念

侵权是指行为人不法侵害他人财产权益或人身权益，依照法律规定应对其所造成的损害负赔偿责任的行为。

二、归责原则

我国侵权责任确立了“二元归责原则体系”，即过错责任和无过错责任。

1. 过错责任原则

过错责任原则区分两类，一般过错和过错推定。**二者的核心区别即举证责任。**对于一般过错而言，采用“谁主张谁举证”的举证责任方式；过错推定则采用“过错要件举证责任倒置”的举证责任方式。

过错责任原则对应的是一般侵权责任。对于一般侵权责任而言，应同时满足如下四个构成要件：①侵害行为；②损害后果；③因果关系；④主观过错。

2. 无过错责任原则

对于无过错责任原则而言，区分两类即相对无过错和绝对无过错。二者的核心区别是否存在免责事由。对于相对无过错而言，存在免责事由；绝对无过错则没有任何免责事由。

无过错责任原则对应的是特殊侵权责任。对于特殊侵权责任而言，与一般侵权责任不同，只要求满足如下三个构成要件即可：①侵害行为；②损害后果；③因果关系。

注意：绝对无过错归责原则。禁止饲养的烈性犬等危险动物造成他人损害的，动物饲养人或者管理人应当承担侵权责任。

3. 关于公平补偿规则

受害人和行为人对损害的发生都没有过错，依照法律的规定由双方分担损失。“公平补偿规则”在性质上属于“损失分担的方法”而不属于一种“归责原则”。

三、侵权责任的免责事由

(1)过失相抵。

(2)受害人故意。

(3)自担风险。

(4)自助行为。

(5)紧急避险。

(6)正当防卫。

(7)意外事件。

四、共同侵权

1. 教唆、帮助侵权

教唆、帮助他人实施侵权行为的，应当与行为人承担连带责任。

笔记

教唆、帮助无民事行为能力人、限制民事行为能力人实施侵权行为的，应当承担侵权责任；该无民事行为能力人、限制民事行为能力人的监护人未尽到监护职责的，应当承担相应的责任。

2. 共同危险行为

二人以上实施危及他人人身、财产安全的行为，其中一人或者数人的行为造成他人损害，能够确定具体侵权人的，由侵权人承担责任；不能确定具体侵权人的，行为人承担连带责任。

五、损害赔偿

1. 人身损害赔偿

侵害他人造成人身损害的，应当赔偿**医疗费、护理费、交通费、营养费、住院伙食补助费**等为治疗和康复支出的合理费用，以及因误工减少的收入。造成残疾的，还应当赔偿辅助器具费和残疾赔偿金；造成死亡的，还应当赔偿丧葬费和死亡赔偿金。

2. 精神损害赔偿

侵害自然人人身权益造成严重精神损害的，被侵权人有权请求精神损害赔偿。因故意或者重大过失侵害自然人具有人身意义的特定物造成严重精神损害的，被侵权人有权请求精神损害赔偿。

六、特殊主体责任

1. 监护人责任

(1)归责原则：相对无过错。

(2)免责事由：尽到监护责任的，可以适当减轻责任。

(3)责任承担：原则上由监护人承担，有财产的无民事行为能力人、限制民事行为能力人造成他人损害的，从本人财产中支付赔偿费用；不足部分，由监护人赔偿。

(4)委托监护：无民事行为能力人、限制民事行为能力人造成他人损害，监护人将监护职责委托给他人的，监护人应当承担侵权责任；受托人有过错的，承担相应的责任。

(5)父母离异：同该子女共同生活的一方独立承担责任；前者不能独立承担的，另一方承担补充赔偿责任。

2. 教育机构责任

(1)归责原则。过错推定(无民事行为能力人)和一般过错(限制民事行为能力人)。

(2)责任主体。学校、幼儿园或者其他教育机构。

(3)第三人侵权。

3. 用工责任

单位用工：劳动关系，相对无过错。

用人单位的工作人员因执行工作任务造成他人损害的，由用人单位承担侵权责任。用人单位承担侵权责任后，可以向有故意或者重大过失的工作人员追偿。

劳务派遣期间，被派遣的工作人员因执行工作任务造成他人损害的，由接受劳务派遣的用工单位承担侵权责任；劳务派遣单位有过错的，承担相应的责任。

4. 安保义务人责任

(1)归责原则：一般过错(受害人举证)。

笔记

宾馆、商场、银行、车站、机场、体育场馆、娱乐场所等经营场所、公共场所的经营者、管理者或者群众性活动的组织者，未尽到安全保障义务，造成他人损害的，应当承担侵权责任。

(2)第三人侵权：因第三人的行为造成他人损害的，由第三人承担侵权责任；经营者、管理者或者组织者未尽到安全保障义务的，承担相应的**补充责任**。经营者、管理者或者组织者承担补充责任后，可以向第三人追偿。

七、典型的侵权责任

1. 产品责任

(1)外部关系。因产品存在缺陷造成他人损害的，被侵权人可以向产品的生产者请求赔偿，也可以向产品的销售者请求赔偿(生产者和销售者对外均为无过错责任，受害人只能在生产者和销售者之间选择其一)。

(2)内部关系。产品缺陷由生产者造成的，销售者赔偿后，有权向生产者追偿。因销售者的过错使产品存在缺陷的，生产者赔偿后，有权向销售者追偿。

(3)第三人原因。因运输者、仓储者等第三人的过错使产品存在缺陷，造成他人损害的，产品的生产者、销售者赔偿后，有权向第三人追偿。

2. 机动车交通事故责任

(1)机动车与机动车：过错方承担责任，都有过错，按比例分担责任。

(2)机动车与非机动车或行人：相对无过错责任。非机动车或行人全部过错的，机动车驾驶人承担不超过10%的赔偿责任；非机动车驾驶人或行人故意的，机动车驾驶人免责。

3. 医疗损害责任

(1)归责原则。一般过错责任原则。

过错推定责任原则。患者在诊疗活动中受到损害，有下列情形之一的，推定医疗机构有过错：①违反法律、行政法规、规章以及其他有关诊疗规范的规定；②隐匿或者拒绝提供与纠纷有关的病历资料；③遗失、伪造、篡改或者违法销毁病历资料。

(2)责任主体。患者在诊疗活动中受到损害，医疗机构或者其医务人员有过错的，由医疗机构承担赔偿责任。医务人员在诊疗活动中未尽到与当时的医疗水平相应的诊疗义务，造成患者损害的，医疗机构应当承担赔偿责任。

4. 环境污染和生态破坏责任

(1)规则原则。相对无过错责任原则。

(2)免责事由和举证责任。**因污染环境、破坏生态发生纠纷，行为人应当就法律规定的不承担责任或者减轻责任的情形及其行为与损害之间不存在因果关系承担举证责任。**

行为人主张自己主观上没有过错不能免责；行为人主张自己的排污符合规定的标准，不能免责；行为人主张第三人的过错污染环境、破坏生态的，不能免责。

(3)诉讼时效。因环境污染和生态破坏向人民法院请求保护民事权利的诉讼时效期间为3年。

笔记

5. 高度危险责任

相对无过错责任原则。

6. 饲养动物损害责任

(1)一般动物，相对无过错责任原则。饲养人或管理人承担责任。被侵权人故意的，可以不承担责任。被侵权人重大过失的，可以减轻责任。第三人原因不免责，承担责任后有追偿权。

(2)动物园责任，过错推定责任原则。动物园承担责任，能够证明尽到管理职责的，不承担侵权责任。

7. 建筑物和物件损害责任

(1)不动产倒塌、塌陷。相对无过错责任原则。建设与施工单位承担连带责任。建设单位与施工单位能够证明不存在质量缺陷的除外。因所有人、管理人、使用人或者第三人的原因，建筑物、构筑物或者其他设施倒塌、塌陷造成他人损害的，由所有人、管理人、使用人或者第三人承担侵权责任。

(2)不动产及其搁置物、悬挂物发生脱落、坠落。过错推定责任原则。所有人、管理人或者使用人承担责任。第三人原因不能免责，承担责任后有追偿权。

(3)不明抛掷物、坠落物(高空抛物)。公平补偿规则。由可能加害的建筑物使用人给予补偿。能够证明自己不是侵权人的免责。

(4)地面施工侵权。过错推定责任原则。施工人(即承包人)负责，已经设置明显标志和采取安全措施(即尽到法定警示义务)即可免责。

注意：公平补偿规则。

(1)《民法典》第一百八十三条：因保护他人民事权益使自己受到损害的，由侵权人承担民事责任，受益人可以给予适当补偿。没有侵权人、侵权人逃逸或者无力承担民事责任，受害人请求补偿的，受益人应当给予适当补偿。

第一百八十四条：因自愿实施紧急救助行为造成受助人损害的，救助人不承担民事责任。

(2)完全民事行为能力人对自己的行为**暂时没有意识或者失去控制**造成他人损害有过错的，应当承担侵权责任；**没有过错的，根据行为人的经济状况对受害人适当补偿**。完全民事行为能力人因**醉酒、滥用麻醉药品或者精神药品**对自己的行为暂时没有意识或者失去控制造成他人损害的，**应当承担侵权责任**。

考点练习

【例题 19】(2020 年单选)某草莓大棚对公众开放提供自助采摘活动，因天气炎热告知参加者在大棚内有中暑风险。老年人甲加活动时自感不适却仍坚持采摘，最终深度中暑并在医院治疗花去一万元。关于草莓大棚负责人在该事件中应负的责任，下列说法正确的是(　　)。

A. 应承担主要赔偿责任　　B. 应承担次要赔偿责任

C. 可能承担次要赔偿责任　　D. 不应承担责在

笔记

【例题 20】（单选）村民甲（18 周岁）路过村民乙家门口时，用一块石头向乙家所养且卧在乙家门口的狗打去，该狗立即扑向甲，甲因跑得快未被狗咬，狗咬伤了甲旁边的行人丙。丙因躲避，将路边丁叫卖的西瓜踩碎 3 个。丙因治伤支付医药费 60 元。丁的 3 个西瓜价值 16 元。对丙、丁损失应由谁赔偿？（ ）

A. 丙的损失由甲赔偿，丁的损失由丙赔偿

B. 丙的损失由乙赔偿，丁的损失由丙赔偿

C. 丙的损失由甲和乙赔偿：丁的损失主要由甲赔偿，丙予以适当补偿

D. 丙、丁的损失均由甲赔偿

考点三十四 知识产权法

一、知识产权的概念

知识产权亦称智力成果权，是指公民、法人对自己创造性的智力活动成果依法享有的包括人身权和财产权在内的民事权利。包括**著作权、专利权、商标权、发现权、发明权和其他科技成果权**。

二、知识产权的法律特征

知识产权的法律特征包括专有性、时间性和地域性。

三、著作权

1. 主体

作者——直接创作作品的人，包括自然人与单位。注意电影作品著作权属于制片人。

2. 客体

作品（独创性，自动保护，计算机软件受著作权保护）。

3. 内容

（1）**人身权：①发表权；②署名权；③修改权；④保护作品完整权。**

（2）**财产权**：复制权、发行权、出租权、展览权、表演权、放映权、广播权、信息网络传播权、摄制权、改编权、翻译权、汇编权。

4. 保护期限

作者的署名权、修改权、保护作品完整权的保护期不受限制。公民的作品，其发表权、著作财产权的保护期为作者终生及其死亡后 50 年，截止于作者死亡后第 50 年的 12 月 31 日；**如果是合作作品，截止于最后死亡的作者死亡后第 50 年的 12 月 31 日**。

四、专利权

（1）**发明、实用新型、外观设计**。（新颖性、创造性、实用性，须国家授权）

（2）保护期：发明专利权的期限为 20 年，实用新型专利权的期限为 10 年，外观设计专

笔记

利权的期限为 15 年，均自申请日起计算。

五、商标权

有效期为 10 年，但商标所有人需要继续使用该商标并维持专用权的，可以通过续展注册延长商标权的保护期限。**续展注册应当在有效期满前 12 个月内办理**；在此期间未能提出申请的，**有 6 个月的宽展期**。宽展期仍未提出申请的，注销其注册商标。**每次续展注册的有效期为 10 年。**

考点练习

【例题 21】（2016 年多选）甲完成了一项发明创造，并申请了专利。如果下列情况发生，能够成为该发明创造专利权人的有（　　）。

A. 乙，购买到该发明创造技术专利

B. 丙，取得该发明创造专利的使用权

C. 丁，购买使用该专利技术生产的产品

D. 戊，甲死亡后作为其唯一继承人行使继承权

思维导图

（请登录“追求卓越官网 www.365zhuoyue.com”免费下载）

专项训练

一、单项选择题

1. 为避免绕远，与邻人协商通过其土地直接到达自己的土地，该项权利属于（　　）。

A. 相邻权　　B. 地役权

C. 地上权　　D. 土地使用权

2. 王老先生久卧病在床，一直是保姆李某照顾。老人去世前，希望通过合同或者遗嘱的方式，让李某可以继续在房子里居住，但把房屋产权留给子女。关于李某对房屋的居住权，根据《民法典》，下列说法错误的是（　　）。

A. 保姆李某不能将自己的居住权转让给其他人

B. 保姆李某死后李某的子女可以继承对该房屋的居住权

C. 李某对该房屋只能居住不能出租

D. 王老先生的子女不能擅自出租该房屋

3. 王某将自有房屋一套出租给赵某，租期 2 年。1 年以后，王某由于急需用钱，欲将该房屋出售，赵某表示不买。王某遂将该房屋卖给梁某，并办理了过户登记手续。梁某遂要求赵某退租。对此，下列表述中正确的是（　　）。

A. 赵某有权租赁该房屋直到租赁期限届满

B. 因租赁期限未满，梁某尚未取得该房屋的所有权

C. 赵某有权继续租赁该房屋,但必须与梁某重新签订租赁合同

D. 王某与梁某的买卖合同无效,但梁某取得该房屋的所有权

笔记

4. 乙怀孕期间丈夫甲意外死亡,未留遗嘱,甲父已去世,甲母和甲、乙一起生活,经夫妻财产分割后,认定甲的个人遗产有30万元,其中10万元由甲母继承,10万元由乙继承,并依法为胎儿留下了10万元继承份额。因乙过度悲伤,孩子早产后夭折。本案中为孩子预留的10万元应当(　　)。

A. 由甲母与乙共同继承,自行协商分配

B. 由甲母和乙各继承5万元

C. 全部由甲母继承

D. 全部由乙继承

5. 甲2岁时被一对夫妇收养,22岁时知道了自己被收养的事实,经多方寻找,终于见到亲生父母。对此,下列说法正确的是(　　)。

A. 甲有赡养生父母的义务

B. 甲有赡养养父母的义务

C. 甲的生父母犯了遗弃罪

D. 甲的生父母在丧失劳动能力的情况下可要求甲赡养

二、多项选择题

1. 小李8岁、小张6岁。某日放学后,两人觉得无聊,便相约到山上玩耍。由于山上碎石特别多,两人就随手拾起向远处掷。农民老黄刚好在山下经过,被石头砸伤,花去医疗费5 000元。请问,下列说法正确的有(　　)。

A. 小李、小张构成共同危险行为

B. 小张的监护人承担医疗费

C. 小李的监护人与小张的监护人共同承担医疗费

D. 由于小李与小张都是未成年人,属于意外事件,应由老黄自己承担医疗费

2. 甲正在市场卖鱼,突闻其父病危,急忙离去,邻摊菜贩乙见状遂自作主张代为叫卖,以比甲原每斤10元高出5元的价格卖出鲜鱼200斤,并将多卖的1 000元收入自己囊中,后乙因急赴喜宴将余下的100斤鱼以每斤3元卖出。下列哪些选项是正确的?(　　)

A. 乙的行为构成无因管理

B. 乙收取多卖1 000元构成不当得利

C. 乙低价销售100斤鱼构成不当管理,应承担赔偿责任

D. 乙可以要求甲支付一定报酬

三、判断题

1. 同一顺序的继承人继承遗产的份额一律均等。(　　)

2. 受理申请宣告失踪或宣告死亡的机关是公证机关。(　　)

3. 甲乙按份共有一辆汽车,甲向丙出卖该车时,乙享有优先购买权。(　　)

笔记

第四讲 刑 法 学

考点一 刑法的基本原则

1. 罪刑法定原则

《刑法》第三条规定：**“法律明文规定为犯罪行为的，依照法律定罪处刑，法律没有明文规定为犯罪行为的，不得定罪处刑。”“法无明文规定不为罪”“法无明文规定不处罚”。**

注意：①禁止适用有罪类推；②禁止适用习惯法；③禁止重法溯及既往；④禁止法外刑和绝对不定期刑。

2. 刑法面前人人平等原则

刑法面前人人平等原则指在适用法律上一律平等。

3. 罪刑相适应原则

刑罚的轻重，应当与犯罪分子所犯罪行和承担的刑事责任相适应。

考点二 刑法的效力范围

一、刑法的空间效力

1. 属地管辖

注意 1：三个延伸地域：____。

注意 2：犯罪地在我国，犯罪行为和犯罪结果有一项发生在我国领域内。

2. 属人管辖

《刑法》第七条规定：中华人民共和国公民在中华人民共和国领域外犯本法规定之罪的，适用本法，但是按本法规定的**最高刑为三年以下有期徒刑的，可以不予追究。**中华人民共和国国家工作人员和军人在中华人民共和国领域外犯本法规定之罪的，适用本法。

二、刑法的时间效力

刑法适用溯及力问题——**“从旧兼从轻”原则**，首先要考虑的是适用旧法，即行为时的法律规定。刑法溯及力适用的对象**只能是未决犯**，对于已决犯则不适用。

考点练习

【例题 1】（单选）黎某是我国国家工作人员，2018 年，他在法国因酒后开车造成严重财产损失，据此，法国已对他进行了刑事处罚。若根据我国刑法，他可能因交通肇事罪被判 2 年有期徒刑。我国司法机关还应追究他的刑事责任吗？（ ）

A. 不应追究，此案应由法国管辖

笔记

B. 应该追究，因为他是我国国家工作人员

C. 不应追究，因为法国已对他进行了刑事处罚

D. 不应追究，因为按我国刑法，他所犯罪的法定最高刑在3年以下

【例题2】（多选）下列哪些犯罪行为应实行属地管辖原则？（　　）

A. 外国人乘坐外国民航飞机进入中国领空后实施犯罪行为

B. 中国人乘坐外国船舶，当船舶行驶于公海上时实施犯罪行为

C. 外国人乘坐中国民航飞机进入法国领空后实施犯罪行为

D. 中国国家工作人员在外国实施我国刑法规定的犯罪行为

考点三　犯罪的特征

严重的社会危害性；刑事违法性；应受刑罚处罚性。

注意：犯罪最本质的特征是________________________。

考点四　犯罪构成

一、犯罪客体

犯罪客体，是指我国刑法所保护而为犯罪行为所侵犯的社会关系。

二、犯罪的客观方面

犯罪的客观方面，是指犯罪活动的外在表现。

三、犯罪主体

自然人和单位。

1. 自然人犯罪

（1）已满16周岁的人犯罪应当负刑事责任，即完全或一般刑事责任年龄。

（2）**相对刑事责任年龄：已满14周岁不满16周岁的人**，犯故意杀人、故意伤害致人重伤或者死亡、强奸、抢劫、贩卖毒品、放火、爆炸、投放危险物质罪的，应当负刑事责任。但是**没有绑架罪**。

注意1：故意伤害罪的情节是重伤以上。

注意2：所有的**过失犯罪**不论危害程度如何，已满14周岁不满16周岁的人都**不负刑事责任**。

注意3：对于已满14周岁不满18周岁的人犯罪，适用刑罚时应当遵循的两个原则：一是**应当从轻或减轻处罚**；二是**不适用死刑**（包括死缓，另外审判时怀孕的妇女也不适用死刑）。

笔记

(3)尚未完全丧失辨认或者控制行为能力的精神病人犯罪的,应当负刑事责任,但可以从轻或者减轻处罚。

(4)又聋又哑的人或者盲人犯罪,可以从轻、减轻或者免除处罚。

2. 单位犯罪

(1)单位犯罪的概念:公司、企业、事业单位、机关、团体实施的危害社会的行为,法律规定为单位犯罪的,应当负刑事责任。

(2)单位犯罪是为单位或单位全体成员谋利益,由单位的决策机构按照单位的决策程序决定,由直接责任人员实施。通常单位负责人为单位利益所做的决定,可以认定为单位意志。

(3)单位犯罪时,直接负责的主管人员与其他直接责任人员,与单位本身不成立共同犯罪,只认定为一个单位犯罪。

(4)单位犯罪的处罚。

★采用"双罚制"原则,即对单位判处罚金,对单位直接负责的主管人员和其他直接责任人员判刑。

单罚制:只处罚直接责任人员,而不处罚单位。

四、犯罪的主观方面

故意或者过失。

1. 犯罪故意

犯罪故意是指行为人明知自己的行为会发生危害社会的结果,希望或者放任这种结果发生从而构成犯罪的心理态度。根据认识因素和意志因素的不同,犯罪故意可分为直接故意和间接故意两种形式。

区别的关键是:______。

2. 犯罪过失

犯罪过失是指行为人应当预见自己的行为可能发生危害社会的结果,因为疏忽大意而没有预见,或者已经预见而轻信能够避免,以致发生危害结果的心理态度。分为**疏忽大意的过失和过于自信**的过失。

核心提示:意外事件——不构成犯罪。

考点练习

【例题3】(2018年多选)下列关于单位犯罪的说法,错误的有(　　)。

A. 单位只能成为故意犯罪的主体,不能成为过失犯罪的主体

B. 单位犯罪时,单位本身与直接负责的主管人员、直接负责人员构成共同犯罪

C. 单位犯罪的主体包括公司、企业、事业单位、机关、团体

D. 单位犯罪必须是经过单位决策机构决定或者由负责人决定实施的危害社会的行为

考点五　正当防卫和紧急避险

1. 正当防卫

(1)存在现实的不法侵害。

笔记

(2)不法侵害正在进行,具有紧迫性。

核心考点:安装防卫装置,造成无辜者损害的,不是防卫;造成不法侵害人损害的,可成立防卫。

(3)具有防卫意识。

(4)针对不法侵害人本人进行防卫。

核心考点:对第三人造成损害的,按假想防卫处理。如:甲遭乙侵害时飞刀反击乙,却击中丙。阻却故意,不排除过失责任。**故意打击第三人的,则按故意犯罪处理**。

(5)没有明显超过必要限度造成重大损害。

2. 防卫过当

正当防卫**明显超过必要限度**造成重大损害的,**应当**负刑事责任,但是**应当减轻或者免除**处罚。

3. 无过当防卫权或无限防卫

1997 年修改后的《刑法》赋予公民对某些犯罪采取绝对防卫而不受限度限制的权利,即对正在进行**行凶、杀人、强奸、抢劫、绑架以及其他严重危及人身安全的暴力犯罪**,采取防卫行为,造成不法侵害人伤亡的,**不属于防卫过当,不负刑事责任。**

考点练习

【例题 4】(单选)张某的次子乙,平时经常因琐事滋事生非,无端打骂张某。一日,乙与其妻发生争吵,张某过来劝说。乙转而辱骂张某并将其踢倒在地,并掏出身上的水果刀欲刺张某,张某起身逃跑,乙随后紧追。张某的长子甲见状,随手从门口拿起扁担朝乙的颈部打了一下,将乙打昏在地上。张某顺手拿起地上的石头转身回来朝乙的头部猛砸数下,致乙死亡。对本案中张某、甲的行为应当如何定性?(　　)

A. 张某的行为构成故意杀人罪,甲的行为属于正当防卫

B. 张某的行为构成故意杀人罪,甲的行为属于防卫过当

C. 张某的行为属于防卫过当,构成故意杀人罪,甲的行为属于正当防卫

D. 张某和甲的行为均构成故意杀人罪

4. 紧急避险

以案说法:甲遭乙追杀,情急之下夺过丙的摩托车骑上就跑,丙被摔骨折。乙开车继续追杀,甲为逃命飞身跳下疾驶的摩托车奔入树林,丙一万元的摩托车被毁。甲行为应该怎样定性?

对于避险过当,**应当酌情减轻或者免除处罚。(防卫过当的量刑同紧急避险)**

考点六　犯罪的预备、未遂和中止

1. 犯罪预备

为了实施犯罪,准备工具、制造条件,但由于行为人意志以外的原因而未能着手实行犯罪的形态。

笔记

对犯罪预备的罪犯**可以比照既遂犯**从轻、减轻处罚或者免除处罚。

2. 犯罪未遂

已经着手实行犯罪，但由于行为人意志以外的原因而未得逞的形态。

对于未遂犯，**可以比照既遂犯从轻或者减轻处罚**。

注意：未遂犯与预备犯的区别在于是否已经“着手”实行犯罪。“着手”：即开始实行行为，对他人法益产生现实、紧迫、直接危险的行为。

3. 犯罪中止

在犯罪过程中，行为人自动放弃犯罪或者自动有效防止危害结果发生的犯罪停止形态。

对于终止犯罪，没有造成损害的，**应当免除处罚**；造成损害的，**应当减轻处罚**。

补充：自动放弃可重复实施的犯罪行为，为犯罪中止。

考点练习

【例题 5】（单选）甲携带凶器拦路抢劫，黑夜中遇到乙便实施暴力，乙发现是自己的熟人甲，便喊甲的名字，甲一听便住手，还向乙道歉说：“对不起，认错人了。”甲的行为属于下列哪一种情形？（　　）

A. 实行终了的犯罪未遂　　B. 预备阶段的犯罪中止

C. 未实行终了的犯罪未遂　　D. 实行阶段的犯罪中止

【例题 6】（单选）药店营业员李某与王某有仇。某日王某之妻到药店买药为王某治病，李某将一包砒霜混在药中交给王妻。后李某后悔，于第二天到王家欲取回砒霜，而王某谎称已服完。李某见王某没有什么异常，就没有将真相告诉王某。几天后，王某因服用李某提供的砒霜而死亡。李某的行为属于（　　）。

A. 犯罪中止　　B. 犯罪既遂

C. 犯罪未遂　　D. 犯罪预备

【例题 7】（2018 年单选）甲将单位的一台手提电脑偷回家，经其父母规劝后悔悟，在单位未发觉的情况下，偷偷地把这台电脑送回原处，甲的行为构成（　　）。

A. 犯罪中止　　B. 犯罪既遂

C. 犯罪未遂　　D. 治安管理违法行为

考点七 共同犯罪

（1）共同犯罪是指二人以上**共同故意**犯罪。二人以上**共同过失犯罪的，不以共同犯罪论处**。

（2）共同犯罪的基本特征：①二人以上共同犯罪；②实施共同的犯罪行为；③有共同的犯罪故意。

（3）**部分共同说**：数人共同犯罪性质虽有不同，如**有重合部分的，则在重合范围内成立共犯**，罪名可以不同。

（4）三人以上为共同实施犯罪而组成的较为固定的犯罪组织，是犯罪集团。

笔记

(5)对于**从犯,应当从轻、减轻或者免除**处罚。

(6)对于**胁从犯,应当按照他的犯罪情节减轻或者免除**处罚。

(7)如果被教唆之人未犯被教唆之罪,对于教唆犯,**可以从轻或者减轻**处罚。教唆不满18周岁的人犯罪的,**应当从重处罚**。

(8)**共同犯罪的停止形态**:中途退出犯罪,不一定成立中止。**如果其他共犯人既遂,退出者也随之既遂。**①一人着手,全体着手;一人既遂,全体既遂;②部分犯罪人的自动放弃犯罪行为导致犯罪既遂结果没有出现的,自动放弃者成立犯罪中止,未自动放弃的犯罪人成立犯罪未遂或者预备;③部分犯罪人有自动放弃犯罪行为,但是没有阻止犯罪既遂结果出现的,原则上成立既遂。

考点练习

【例题8】(2019年多选)关于共同犯罪,下列说法正确的有(　　)。

A. 甲、乙二人共谋杀丙,相约次日晚到丙家共同下手,但届时乙未去,甲一人将丙杀死。甲、乙二人成立共犯

B. 甲为在第二天盗窃张三的汽车而邀请开锁匠乙开车门锁。乙在同意之后很快反悔,并表示自己不敢去。第二天,甲自己开车门锁将汽车开走。乙成立犯罪中止

C. 甲为了刺杀钱某,先指使乙前往K市独自伺机行刺,数日后为保险起见,又指使丙前往K市独自伺机行刺,后来由乙找到钱某将其杀害。乙、丙不是共同犯罪

D. 被胁迫的人,在身体受到强制,完全丧失意志自由时实施某种危害行为的,不成立胁从犯

考点八 刑罚制度

一、刑罚的种类

我国**刑罚分为主刑和附加刑两类**,主刑和附加刑又各有多种。属于**主刑的各个刑种只能独立适用**;属于**附加刑的各个刑种既可以独立适用,也可以作为主刑的附加刑适用**。

1. 主刑

主刑**有管制、拘役、有期徒刑、无期徒刑和死刑五种**。

(1)**管制**,是对犯罪分子不实行关押,但是限制其一定的自由,对犯罪分子依法实行社区矫正的一种刑罚。管制的期限为**3个月以上2年以下,数罪并罚时,最高不能超过3年**。判决执行以前先行羁押的,羁押1日折抵刑期2日。被判处管制的犯罪分子,在劳动中同工同酬。

(2)**拘役**,是对犯罪分子在短时间内剥夺人身自由,由公安机关就近予以监禁的一种刑罚。拘役的期限为**1个月以上6个月以下,数罪并罚时,最高不能超过1年**。在执行期间,被判处拘役的犯罪分子每月可以回家1天至2天;参加劳动的,可以酌量发给报酬。判决执行以前先行羁押的,羁押1日折抵刑期1日。

(3)**有期徒刑**,**为6个月以上15年以下**。**数罪并罚时,数罪总和刑期高于35年的,并**

笔记

罚不得超过 25 年;低于 35 年的,最高不能超过 20 年。判决执行以前先行羁押的,羁押 1 日折抵刑期 1 日。

(4)**无期徒刑**,是对犯罪分子剥夺终身自由并强制其参加劳动生产、接受教育和改造的一种刑罚。

(5)**死刑**,是剥夺犯罪分子生命的一种刑罚。死刑**只适用于罪行极其严重的**犯罪分子。对于应当判处死刑的犯罪分子,**如果不是必须立即执行,可以判处死刑同时宣告缓期 2 年执行**。

特别注意 1:不适用死刑的情形。

犯罪时不满 18 周岁的人;**审判时怀孕的妇女**;审判的时候**已满 75 周岁**的人,不适用死刑,**但以特别残忍手段致人死亡的除外**。

特别注意 2:死缓。

(1)**死刑缓期执行的期间,从判决确定之日起计算**。

(2)在死刑缓期执行期间,如果没有故意犯罪,2 年期满后,减为无期徒刑。

(3)如果确**有重大立功表现**,2 年期满以后,**减为 25 年**有期徒刑。

(4)如果故意犯罪,情节恶劣的,报请最高人民法院核准后执行死刑;对于故意犯罪未执行死刑的,死刑缓期执行的期间重新计算,并报最高人民法院备案。

考点练习

【例题 9】(多选)依据法律规定,在管制的判决和执行方面,下列说法哪些是不正确的?(　　)

A. 管制的期限为 3 个月以上 2 年以下,数罪并罚时不得超过 3 年

B. 被判处管制的犯罪分子,依法实行社区矫正

C. 对于被判处管制的犯罪分子,在劳动中应酌量发给报酬

D. 管制的刑期从判决执行之日起计算,判决执行以前先行羁押的,羁押 1 日折抵刑期 1 日

【例题 10】(单选)孙某因犯抢劫罪被判处死刑,缓期 2 年执行。在死刑缓期执行期间,孙某在劳动时由于不服管理,违反规章制度,造成重大伤亡事故。对孙某应当如何处理?(　　)

A. 其所犯之罪查证属实的,由最高人民法院核准,立即执行死刑

B. 其所犯之罪查证属实的,由最高人民法院核准,2 年期满后执行死刑

C. 2 年期满后减为无期徒刑

D. 2 年期满后减为 15 年以上 20 年以下有期徒刑

【例题 11】(单选)下列关于死刑的说法中,错误的是(　　)。

A. 死刑只适用于罪行极其严重的犯罪分子

B. 犯罪时不满 18 周岁的人和审判时怀孕的妇女不适用死刑

C. 判决死刑立即执行的,由最高人民法院和最高人民法院授权的部分高级人民法院核准

D. 判处死刑缓期执行的,在死刑缓期执行期间,如果没有故意犯罪,2 年期满后减为无期徒刑

笔记

2. 附加刑

(1)罚金。强制犯罪分子或者犯罪单位向国家缴纳一定数额金钱的一种刑罚。

(2)剥夺政治权利。剥夺犯罪分子参加国家管理和政治活动权利的一种刑罚。

注意:剥夺政治权利是剥夺下列权利:①选举权和被选举权;②言论、出版、集会、结社、游行、示威自由的权利;③担任国家机关职务的权利;④担任国有公司、企业、事业单位和人民团体领导职务的权利。

(3)没收财产。将犯罪分子个人所有财产的一部分或全部强制无偿地收归国有的一种刑罚。

注意:驱逐出境。驱逐出境是强迫**犯罪的外国人**离开中国国(边)境的刑罚方法。**这是特殊附加刑。**

二、刑罚裁量

1. 自首与立功

自首。犯罪以后自动投案,如实供述自己的罪行的,是自首。被采取强制措施的犯罪嫌疑人、被告人和正在服刑的罪犯,**如实供述司法机关还未掌握的本人其他罪行的,以自首论。**

对于自首的犯罪分子,可以从轻或者减轻处罚。其中,犯罪较轻的,可以免除处罚。

坦白。犯罪嫌疑人虽不具有前两款规定的自首情节,但是如实供述自己罪行的,**可以从轻处罚**;因其如实供述自己罪行,避免特别严重后果发生的,**可以减轻处罚**。

立功。犯罪分子有揭发他人犯罪行为,查证属实的,或者提供重要线索,从而得以侦破其他案件等立功表现的,可以从轻或者减轻处罚;有重大立功表现的,可以减轻或者免除处罚。

2. 缓刑

附条件地暂缓执行原判刑罚,当犯罪人满足一定条件后,便不再执行原判刑罚。

前提:①被判**3年以下**有期徒刑、**拘役**;②犯罪情节较轻;③有悔罪表现;④没有再犯罪危险;⑤宣告缓刑对所居住社区没有重大不良影响。

(1)**应当缓刑的对象:**不满18周岁的人、怀孕的妇女和已满75周岁的人。

(2)**禁止缓刑的对象:**对于累犯和犯罪集团的首要分子,不适用缓刑。

(3)**已满75周岁的人故意犯罪的,可以从轻或者减轻处罚;过失犯罪的,应当从轻或者减轻处罚。**

注意:①缓刑考验期内**"犯新罪"**,考验期满以后才被发现的,不妨碍对其撤销缓刑数罪并罚;②缓刑考验期内**"被发现漏罪"的**,一般应对漏罪定罪判刑,并撤销缓刑数罪并罚;③如果缓刑**考验期已经过**,发现犯罪分子**在缓刑之前的漏罪的**,只需对漏罪进行追诉,**不能撤销缓刑**。

3. 累犯:从重处罚

(1)成立一般累犯应具备四个条件:**前罪和后罪都是故意犯罪和有期徒刑以上,犯前罪和后罪都年满18周岁,后罪发生在前罪刑罚执行完毕或假释期满以后5年之内。**

笔记

(2)特别累犯:危害国家安全犯罪、恐怖活动犯罪、黑社会性质的组织犯罪的犯罪分子,在刑罚执行完毕或者赦免以后,在任何时候再犯上述任一类罪的,都以累犯论处。

三、刑罚的执行

1. 减刑

对判处管制、拘役、有期徒刑、无期徒刑的犯罪人,适当减轻原判刑罚的制度。

(1)应当减刑的条件:重大立功。

(2)可以减刑的条件:立功或有悔改表现。

(3)减刑的限度:减刑以后实际执行的刑期不能少于下列期限:

①管制、拘役、有期徒刑的,不能少于原判刑期的 1/2;

②无期徒刑的,不能少于 13 年;

③"限制减刑的死缓犯":a. 对被判处死刑缓期执行的累犯;b. 因故意杀人、强奸、抢劫、绑架、放火、爆炸、投放危险物质或者有组织的暴力性犯罪被判处死刑缓期执行的犯罪分子。人民法院根据犯罪情节等情况可以同时决定对其限制减刑。

死缓犯缓期执行期满后依法减为无期徒刑的,减刑以后实际执行的刑期不能少于 25 年。死缓犯缓期执行期满后依法减为 25 年有期徒刑的,减刑后实际执行的刑期不能少于 20 年。

(4)**执行机关报"中级以上"人民法院裁定。**

2. 假释

对被判处有期徒刑或者无期徒刑的犯罪分子,附条件地予以提前释放的制度。

(1)**实际执行的刑期前提**:有期徒刑的,执行 1/2 以上,无期徒刑的,执行 13 年以上,如果有特殊情况,经最高法院核准,可以不受上述执行刑期的限制。

(2)**禁止假释的对象:对累犯以及因杀人、爆炸、抢劫、强奸、绑架等暴力性犯罪被判处 10 年以上有期徒刑、无期徒刑的犯罪分子,不得假释。**

3. 暂予监外执行

(1)先决条件:只有判处**有期徒刑、拘役**才可以监外执行。

(2)附加条件有四者之一:有严重疾病需要保外就医的(需要由省级人民政府指定的医院开具证明文件依照法律规定的程序审批);怀孕的妇女;正在哺乳自己婴儿的妇女;生活不能自理,暂予保外就医不致危害社会的罪犯。

(3)排除条件:可能有社会危害性的罪犯;自伤自残的罪犯,不得保外就医。

4. 追诉期限

(1)法定最高刑为不满 5 年有期徒刑的,追诉期限为 5 年。

(2)法定最高刑为 5 年以上不满 10 年有期徒刑的,追诉期限为 10 年。

(3)法定最高刑为 10 年以上有期徒刑的,追诉期限为 15 年。

(4)法定最高刑为无期徒刑、死刑的,追诉期限为 20 年,如果**20 年以后认为必须追诉的**,须报请**最高人民检察院批准**。

笔记

考点练习

【例题 12】(2019 年单选)关于我国法律对缓刑的规定,下列表述正确的是(　　)。

A. 仅适用于过失犯罪,不适用于故意犯罪

B. 有自首或立功表现的应当适用缓刑

C. 判处缓刑意味着原判刑罚推迟执行

D. 缓刑的适用对象只限于被判处拘役,3 年以下有期徒刑的犯罪分子

考点九 刑法重点罪名

危险驾驶罪:在道路上驾驶机动车,(一)追逐竞驶,情节恶劣的;(二)醉酒驾驶机动车的;(三)从事校车业务或者旅客运输,严重超过额定乘员载客,或者严重超过规定时速行驶的;(四)违反危险化学品安全管理规定运输危险化学品,危及公共安全的。

绑架罪:以勒索财物或满足其他不法要求为目的,使用暴力、胁迫等方法非法劫持控制他人的行为。

非法拘禁罪:故意非法剥夺他人人身自由的行为。为索要债务,非法扣押拘禁他人的。

虐待被监护、看护人罪:对未成年人、老年人、患病的人、残疾人等负有监护、看护职责的人虐待被监护、看护的人。

敲诈勒索罪:以非法占有为目的,对公私财物所有人、管理人实施威胁或要挟的方法,强行索取数额较大公私财物的行为。

抢劫罪:以非法占有为目的,使用暴力、胁迫或其他方法强行动当场劫取财物的行为。

抢夺罪:以非法占有为目的,公然夺取数额较大的公私财物的行为。携带凶器抢夺的,以抢劫论。

盗窃罪:以非法占有为目的,盗窃公私财物数额较大或者多次盗窃、入户盗窃、携带凶器盗窃、扒窃的行为。

诈骗罪:以非法占有为目的,用虚构事实或隐瞒真相的方法,骗取数额较大的公私财物的行为。

贪污罪:国家工作人员和受国家机关、国有公司、企业、事业单位、人民团体委托管理、经营国有财产的人员,利用职务上的便利,侵吞、窃取、骗取或者以其他手段,非法占有公共财物的行为。因贪污数额特别巨大,并使国家和人民利益遭受特别重大损失被判处死刑缓期执行的,人民法院根据犯罪情节等情况可以同时决定在其死刑缓期执行二年期满依法减为无期徒刑后,终身监禁,不得减刑、假释。

挪用公款罪:国家工作人员利用职务上的便利,挪用公款归个人使用,进行非法活动,或者挪用公款数额较大,进行营利活动,或者挪用公款数额较大,超过 3 个月未还的行为。

挪用特定款物罪:国家工作人员挪用救灾、抢险、防汛、优抚、扶贫、移民、救济款物归个人使用。

笔记

侵占罪:以非法占有为目的,将代为保管的他人财物或者他人的遗忘物、埋藏物非法占为己有,数额较大,拒不退还或拒不交出的行为。

职务侵占罪:非国有公司、企业或其他单位人员,利用职务上的便利,将本单位财物非法占有,数额较大的行为。

挪用资金罪:非国有公司企业或其他单位人员,利用职务上的便利,挪用本单位资金归个人使用或借贷给他人,数额较大,超过 3 个月未还的,或者虽未超过 3 个月,但数额较大,进行营利活动的,或者进行非法活动的。

受贿罪:国家工作人员利用职务便利,索取他人财物,或非法收受他人财物,为他人谋取利益的行为。国家工作人员利用本人职权或者地位形成的便利条件,通过其他国家工作人员职务上的行为,为请托人谋取不正当利益,索取请托人财物或者收受请托人财物的,以受贿论处。

行贿罪:为谋取不正当利益,给予国家工作人员以财物的,是行贿罪。在经济往来中,违反国家规定,给予国家工作人员以财物,数额较大的,或者违反国家规定,给予国家工作人员以各种名义的回扣、手续费的,以行贿论处。因被勒索给予国家工作人员以财物,没有获得不正当利益的,不是行贿。

滥用职权罪:国家机关工作人员滥用职权,致使公共财产、国家和人民利益遭受重大损失的行为。

玩忽职守罪:国家机关工作人员严重不负责任,不履行或怠于履行职责,致使公共财产、国家和人民利益遭受重大损失的行为。

重大责任事故罪:工厂、矿山、林场、建筑企业或其他企业、事业单位的职工,在生产、作业中违反有关安全管理的规定,因而发生重大伤亡事故或者造成其他严重后果的行为。

侮辱国旗、国徽罪/侮辱国歌罪:在公共场合,故意以焚烧、毁损、涂划、玷污、践踏等方式侮辱中华人民共和国国旗、国徽的。在公共场合,故意篡改中华人民共和国国歌歌词、曲谱,以歪曲、贬损方式奏唱国歌,或者以其他方式侮辱国歌,情节严重的。

考点练习

【例题 13】(2020 年单选)下列行为可能构成犯罪的是(　　)。

A. 甲在自家院中焚烧中国国旗

B. 乙自制中国国徽模型并公开售卖

C. 丙在公共场合焚烧某外国国旗

D. 丁在公共场合故意篡改中国国旗

【例题 14】(2020 年单选)《刑法修正案(十一)》于 2021 年 3 月 1 日起施行,下列属于此修正案新增罪名的有(　　)。

A. 网络诽谤罪　　B. 冒名顶替罪

C. 妨害安全驾驶罪　　D. 侵害英雄烈士名誉荣誉罪

思维导图

(请登录“追求卓越官网 www.365zhuoyue.com”免费下载)

笔记

专项训练

一、单项选择题

1. 李某在偷盗超市外停放的自行车时被超市保安刘某发现,李某于是持匕首划伤刘某,在争斗中李某因头部撞击旁边的栏杆昏迷倒地,匕首掉在地上,刘某见状,捡起匕首,往李某心脏部位猛刺数下,导致李某死亡。对于刘某用匕首刺死李某的行为,下列说法正确的是(　　)。

A. 属于正当防卫,不负刑事责任　　B. 属于意外事件,不负刑事责任

C. 属于防卫过当,应当负刑事责任　　D. 属于故意杀人,应当负刑事责任

2. 王某因诈骗罪被法院判处有期徒刑3年,考虑其有积极退赃并检举他人犯罪的情节,决定宣告缓刑3年。考验期满后,公安机关又查获王某在缓刑考验期满后又犯交通肇事罪。对王某的行为,如何处理?(　　)

A. 不撤销原判宣告的缓刑,以交通肇事罪处罚

B. 不撤销原判宣告的缓刑,以累犯从重处罚

C. 撤销原判宣告的缓刑,前罪与后罪并罚

D. 撤销原判宣告的缓刑,以惯犯从重处罚

二、多项选择题

1. 根据我国刑法规定,有关精神病人具有的刑事责任能力,正确的有(　　)。

A. 精神病人在不能辨认或者不能控制自己行为时不具有责任能力

B. 间歇性精神病人在精神正常时犯罪应负刑事责任

C. 尚未完全丧失辨认或者控制自己行为能力的精神病人犯罪应负刑事责任

D. 精神病人任何时候都不应负刑事责任

2. 下列情形中,属于故意杀人罪预备行为的有(　　)。

A. 甲为谋杀刘某而持刀潜入刘某家中隐藏、守候

B. 乙为谋杀孙某购买一支手枪,以便杀孙某时使用

C. 丙为谋杀赵某而在赵某饮用的茶水中投放毒药

D. 丁为谋杀李某而花10万元雇佣杀手

三、判断题

1. 15岁的甲聚众斗殴致人死亡,应追究甲的刑事责任。　　(　　)

2. 共同犯罪形式只能表现为共同作为。　　(　　)

第五讲　行政法与行政诉讼法

考点一　行政法的基本原则

(1)**行政合法性**:合法行政是行政法的首要准则,其他基本原则都是合法行政的延伸

笔记

和扩展。

(2)**行政合理性**:公平公正对待;考虑相关因素;比例原则(合目的性、适当性、损害最小)。

(3)**程序正当**:行政公开(保障知情权);公众参与(表达意见陈述申辩);公务回避。

(4)**诚实守信**:行政信息真实(行政机关对信息真实性负责);保护信赖利益。

(5)**权责统一**:行政效能(赋予执法手段、保证政令有效);行政责任(行政违法应承担法律责任)。

(6)**高效便民原则**:行政效率(积极履行职责、及时履行职责);便利当事人(减轻当事人程序负担)。

考点二 行政主体

1. 行政机关

(1)一般行政机关,如国务院、地方各级政府。

(2)专门行政机关,如一级政府的工作部门,具有外部权力。

(3)派出行政机关,地区行政公署、区公所、街道办。

2. 派出机构

派出机构——工商所、税务所、派出所。

3. 被授权的组织

考点练习

【例题 1】(单选)下列各项中,不具有行政主体资格的是(　　)。

A. 乡、镇人民政府　　B. 公安派出所

C. 街道办事处　　D. 国务院办公厅

考点三 行政行为

1. 具体和抽象行政行为

(1)**具体**:国家行政机关、法律法规授权的组织、行政机关委托的组织以及这些组织中的工作人员,在行政管理活动中行使行政职权,**针对特定的公民、法人或者其他组织,就特定的具体事项**,作出的有关该公民、法人或者其他组织权利义务的单方行为。

(2)**抽象**:行政主体制定发布普遍性行为规则的行为。

2. 行政行为的效力

确定力、拘束力、公定力、执行力。

3. 具体行政行为的类型

行政监督检查、行政征收、行政征用、行政裁决、行政确认、行政给付、行政合同。

笔记

考点练习

【例题 2】(2019 年多选)下列属于具体行政行为的有(　　)。

A. 某政府决定给某地区低保户发放补贴资金 1 000 元

B. 某行政单位对某公司进行行政处罚

C. 某交通局发布《桥道收费管理办法》

D. 某教育局向李某颁发《教师资格证书》

考点四 行政许可

1. 可不设定许可的事项

能够**自主**决定的;**市场**能够有效调节的;**行业**组织或**中介**组织能够自律管理的;能够**事后**监督予以解决的。

2. 行政许可的设定

(1)法律可以设定行政许可。

(2)尚未制定**法律**的,行政法规可以设定行政许可。

(3)必要时,国务院可以采用发布决定的方式设定行政许可。实施后,除临时性行政许可事项外,国务院应当及时提请全国人民代表大会及其常务委员会制定法律,或者自行制定行政法规。

(4)尚未制定**法律、行政法规**的,地方性法规可以设定行政许可。

(5)尚未制定**法律、行政法规和地方性法规**的,因行政管理的需要,确需立即实施行政许可的,省、自治区、直辖市人民政府规章可以设定临时性的行政许可。临时性的行政许可实施**满一年**需要继续实施的,应当提请本级人民代表大会及其常务委员会制定地方性法规。

3. 行政许可的程序

(1)申请:申请人可以委托代理人申请,但是依法应当亲自到场的除外;可以通过信函和数据电文的方式提交申请书;应当对申请材料实质内容的真实性负责。

(2)受理:依法不需许可的,即时告知不受理;不属于职权范围的,即时不受理,并告知向有权机关申请;可以当场更正错误材料的,应当允许当事人当场更正;材料不符合要求的,应当场告知或者 5 日内一次告知补正的全部内容,逾期不告知的,自收到申请材料之日起为受理。行政机关受理或者不予受理行政许可申请,应当出具加盖本行政机关专用印章和注明日期的书面凭证。

(3)**决定:行政机关作出的准予行政许可决定,应当予以公开(国家秘密、商业秘密、个人隐私除外),公众有权查阅。**

(4)**决定期限:**①当场决定;②**行政机关应当自受理申请之日起 20 日内→本机关负责人批准延长 10 日**(理由告知),**法律、法规另有规定的除外**;③统一、联合、集中办理,45 日内→本级政府负责人批准延长 15 日(理由告知);④准予许可,自决定之日**10 日内**颁发许可证或者加标签、加印章。

笔记

4. 听证

依职权或依申请的听证事项;行政机关于举行听证的7日前通知或告知;听证一公开进行(涉密除外);行政机关应当根据听证笔录作出行政许可决定(唯一证据)。申请人、利害关系人不承担行政机关组织听证的费用。

5. 收费

实施许可、监督检查**不能收费,但是法律、行政法规规定的除外**。

6. 申请人和被许可人的法律责任

(1)申请时隐瞒情况或提供虚假材料,**1年内**不得再次申请。

(2)欺骗贿赂等不正当手段取得许可,**3年内**不得再次申请。

考点练习

【例题3】(2019年多选)行政许可是指行政机关根据公民、法人或者其他组织的申请,经依法审查,准予从事特定活动的行为。下列情形中,属于行政许可的是(　　)。

A. 唐某与陈某恋爱三年,民政部门根据两人的申请向其颁发结婚证

B. 高某等发起成立有限责任公司,工商行政管理部门根据高某等人的申请颁发营业执照

C. 李某于2014年届满16岁,根据其申请,李某常住户口所在地公安机关向其发放居民身份证

D. 王某通过驾照考试,某车辆管理所根据王某的申请向其颁发驾驶执照

【例题4】(单选)刘某向卫生局申请在小区设立个体诊所,卫生局受理申请。小区居民陈某等人提出,诊所的医疗废物会造成环境污染,要求卫生局不予批准。对此,下列哪一选项符合《行政许可法》规定?(　　)

A. 刘某既可以书面也可以口头申请设立个体诊所

B. 卫生局受理刘某申请后,应当向其出具加盖本机关专用印章和注明日期的书面凭证

C. 如陈某等人提出听证要求,卫生局同意并听证的,组织听证的费用应由陈某承担

D. 如卫生局拒绝刘某申请,原则上应作出书面决定,必要时口头告知即可

考点五　行政处罚

一、适用

1. 不予处罚

(1)不满14周岁的。

(2)违法行为轻微并及时纠正,没有造成危害后果的。

(3)精神病人。

(4)违法事实不清的。

2. 应当从轻或减轻处罚

(1)已满14不满18周岁的。

(2)主动消除或者减轻违法行为危害后果的。

(3)受他人胁迫。

(4)配合行政机关查处违法行为有立功表现的。

二、种类

自由罚——行政拘留。

行为罚——暂扣许可证件、降低资质等级、吊销许可证件；限制开展生产经营活动、责令停产停业、责令关闭、限制从业。

财产罚——罚款；没收违法所得、没收非法财物。

声誉罚(申诫罚)——警告、通报批评。

三、设定

(1)**法律**可以设定各种行政处罚。**限制人身自由的行政处罚只能由法律设定**。

(2)**行政法规**可以设定**除限制人身自由以外**的行政处罚。

(3)**地方性法规**可以设定除限制人身自由、吊销企业营业执照以外的行政处罚。

(4)国务院部、委制定的**规章**可以设定警告或者一定数量罚款的行政处罚。罚款的数额由国务院规定。

(5)省、自治区、直辖市人民政府和省、自治区人民政府所在地的市人民政府以及经国务院批准的较大的市人民政府制定的**规章**可以设定警告或者一定数量罚款的行政处罚。罚款的限额由省、自治区、直辖市人民代表大会常务委员会规定。

四、实施机关

国务院或者经国务院授权的省级政府可以决定一个行政机关行使有关行政机关的行政处罚权，**但限制人身自由的行政处罚权只能由公安机关行使**。

行政处罚由**违法行为发生地的县级以上地方人民政府**具有行政处罚权的行政机关管辖。法律、行政法规另有规定的除外。

五、追究时效

违法行为在**2 年内**未被有权机关发现的，不再处罚。法律规定除外(**治安管理处罚法:6 个月**)。**从违法行为发生之日起计算**；连续违法行为，从行为终了之日起计算。

六、决定程序

1. 简易程序(当场决定程序)

★条件：①事实确凿、法律依据；②警告或罚款(**公民 50 元以下**；对法人或其他组织 1 000元以下)。

★程序：①表明身份；②说明理由；③听取陈述、申辩；④作出决定(**可 1 人**)。

2. 一般程序

在简易程序的基础上，增加调查检查和负责人决定两个程序。

调查、检查：执法人员不得少于两人，并出示证件表明身份；行政机关在收集证据时，可以采取抽样取证的方式。

笔记

笔记

负责人决定:行政机关负责人对调查结果进行审查后,作出处罚或不处罚的决定。情节负责或重大违法行为给予较重的行政处罚,行政机关负责人应当集体讨论决定。

3. 听证程序

(1)责令停产停业。

(2)吊销许可证或执照。

(3)较大数额罚款。

记住:告知→3 日内申请→7 日前通知→公开进行(涉密除外)→案外人主持→质证→听证笔录(证据之一)。

注意 1:应制作笔录,处罚决定参照笔录。

注意 2:不说明理由、不听取陈述申辩,行政处罚决定**不成立**。

七、执行程序

(1)复议、诉讼期间,原则上不停止执行。

(2)罚款的收缴:原则上,设定权、实施权、收缴权,三权分离。

(3)罚款,逾期每日加收**3%的罚款**。申请法院强制执行。

八、当场收缴罚款

(1)简易程序下:**20 元以下罚款**;不当场收缴事后难以执行的(公民 50 元以下;组织 1 000元以下)。

(2)任何程序下:边远水上交通不便地区+向指定银行缴纳确有困难+当事人提出。

(3)执法人员应出具**省级财政部门统一制发**的罚款收据,否则相对人有权拒绝缴纳。

(4)执法人员**2 日内**将罚款交行政机关(水上的抵岸 2 日内),行政机关**2 日内**交银行。

考点练习

【例题 5】(单选)2007 年 5 月 2 日,吴某到某县郊区旅社住宿,拒不出示身份证件,与旅社工作人员争吵并强行住入该旅社。该郊区派出所以扰乱公共秩序为由,决定对吴某处以 300 元罚款。下列哪一说法是正确的?(　　)

A. 派出所可以自己的名义作出该处罚决定

B. 派出所可以当场作出该处罚决定

C. 公安机关无须将此决定书副本抄送郊区旅社

D. 吴某对该罚款决定不服,应当先申请复议才能提起行政诉讼

考点六　行政强制

一、行政强制措施

1. 行政强制措施的种类

(1)限制公民人身自由。强制传唤、强制约束、强制隔离戒毒、强制带离现场等措施,

只有法律才能设定。

(2)查封场所、设施或者财物。加贴封条,主要针对不动产或者其他不便移动的财产。

(3)扣押财物。主要针对可移动的财产。

(4)冻结存款、汇款。只有法律才能设定。

2. 行政强制措施的设定

法律、行政法规、地方性法规。

二、行政强制执行的方式

(1)划拨存款、汇款。划拨需要法律明确授权。

(2)拍卖或者依法处理查封、扣押的场所、设施或者财物。

(3)排除妨碍、恢复原状。

(4)代履行。行政机关对逾期不履行义务的当事人,可以自己或者委托第三人代为履行,并向当事人收取履行费用的执行方式。

(5)加处罚款或者滞纳金,属于执行罚。执行罚是指行政机关对逾期不履行义务的当事人加处金钱给付义务,迫使其履行义务。

考点练习

【例题6】(2018年单选)王某因驾驶卡车超载超速被暂扣驾照,并被扣押卡车,查证后执法部门对王某做出暂扣驾驶证6个月,罚款2 000元的处理决定,对此,下列说法正确的是(　　)。

A. 暂扣驾照6个月的行为属于行政强制措施

B. 暂扣卡车的行为属于行政强制措施

C. 王某如果不缴纳罚款,执法部门不可对其加处罚款

D. 罚款2 000元的行为属于行政强制措施

考点七 行政复议

1. 行政复议范围

注意1:概括式

(1)行政复议直接审查**具体行政行为**,**附带审查部分**抽象行政行为。

(2)行政复议既审查行政行为的**合法性**,也审查行政行为的**合理性**。

注意2:肯定式列举

行政处罚;行政合同;行政强制措施;违法要求履行义务;行政许可;不履行保护职责;行政确认;行政给付;侵犯经营自主权;其他具体行政行为。

注意3:否定式列举

内部行为;行政调解;行政仲裁。

2. 被申请人与复议机关的确定

(1)对海关、金融、国税、外汇管理和国家安全机关的具体行政行为不服的,向上一级

笔记

笔记

主管部门申请行政复议。

（2）**政府对政府**：对地方各级人民政府的具体行政行为不服的，向上一级地方人民政府申请行政复议。对省、自治区人民政府依法设立的**派出机关所属的县级地方人民政府**的具体行政行为不服的，**向该派出机关**申请行政复议。

（3）**政府工作部门找同级和上级**：对县级以上地方各级人民政府工作部门的具体行政行为不服的，由申请人选择，可以向该部门的本级人民政府申请行政复议，也可以向上一级主管部门申请行政复议。

对国务院部门或者省、自治区、直辖市人民政府的具体行政行为不服的，向作出该具体行政行为的国务院部门或者省、自治区、直辖市人民政府申请行政复议。对行政复议决定不服的，可以向人民法院提起行政诉讼；**也可以向国务院申请裁决，国务院依照本法的规定作出最终裁决。**

（4）**联合找共同**：对两个或者两个以上行政机关以共同的名义作出的具体行政行为不服的，向其共同上一级行政机关申请行政复议。

（5）**被授权的组织**：直接管理该组织的机关。

（6）政府的派出机关：设立该派出机关的政府。

（7）部门的派出机构：该机构所在的主管部门或该主管部门的同级政府。

（8）被撤销的机关：职权继承机关的上一级机关。

考点练习

【**例题7**】（2019年单选）下列属于不可以提起复议申请的抽象行政行为的是（　　）。

A. 国务院某部门的《关于提高食盐出厂（场）价格的通知》

B. 某市政府的《××市农村社会基本养老保险实施细则》

C. 某镇政府的《关于出生人口性别比升高专项整治活动的意见》

D. 某省人大的《××省实施〈中华人民共和国消费者权益保护法〉办法》

考点八　行政复议程序

（1）公民、法人或者其他组织认为具体行政行为侵犯其合法权益的，可以自知道该具体行政行为之日起**60日内**提出行政复议申请。行政复议机关应当**自受理申请之日起60日内**作出行政复议决定，情况复杂，**经行政复议机关的负责人批准**，可以**适当延长**，**最多不超过30日**。

（2）在行政复议过程中，被申请人不得自行向申请人和其他有关组织或个人收集证据。除法律规定的例外情况，行政复议期间具体行政行为不停止执行。

考点九　行政诉讼的受案范围

1. 法律列举的受案范围

行政处罚案件；强制措施案件；强制执行案件；侵犯经营自主权案件；行政许可案件；不履行法定职责案件；行政给付案件；违法要求履行义务案件；政府信息公开行为；行政复

笔记

议案件；未成年人保护案件、妇女权益保护案件。

2. 理论发展确定的行为

行政裁决、行政合同、行政确认、行政征收与征用、行政奖励、行政检查。

3. 司法解释规定的受案范围

公平竞争权的案件；国际贸易案件；反倾销案件；反补贴案件。

注意：不属于行政诉讼受案范围的有以下几点。

(1)《中华人民共和国行政诉讼法》(以下简称《行政诉讼法》)**排除的案件：国家行为；抽象行政行为；内部行政行为；终局裁决。**

(2)《最高人民法院关于适用〈中华人民共和国行政诉讼法〉若干问题的解释》排除的案件：《中华人民共和国刑事诉讼法》(以下简称《刑事诉讼法》)明确授权的行为；行政调解、仲裁；不具有强制力的行政指导；驳回申诉的重复处理行为；对权利义务不产生实际影响的行为。

考点练习

【例题 8】(单选)下列案件属于行政诉讼受案范围的是(　　)。

A. 人民政府对某工作人员的开除决定

B. 政府关于在某日某时对某条街禁止通行的决定

C. 人民政府责令某企业停产治理环境污染的决定

D. 某国家机关对其内部某公务员的降职决定

考点十　行政诉讼的管辖

1. 中级人民法院

海关处理；被告为县级以上政府；社会影响重大的共同诉讼、集团诉讼；重大涉外及涉港澳台。

2. 一般地域管辖

"原告就被告"。

★复议：________________。

★★维持→原行为机关和复议机关是被告→原行为机关所在地法院或者复议机关所在地法院。

★★改变→复议机关是被告→原行为机关所在地法院或者复议机关所在地法院。

3. 特殊地域管辖

(1)**限制人身自由的行政强制措施**：被告所在地或原告所在地(户籍所在地、经常居住地、被限自由地)。

(2)**不动产而提起**→不动产所在地法院专属管辖。

考点十一　行政诉讼参加人

1. 行政诉讼的原告

行政行为的利害关系人，包括相对人和相关人(其他与行政行为有利害关系的公民、

笔记

法人或者其他组织）。

2. 行政诉讼的被告

行政机关、被授权组织。原告所起诉的被告不适格，原告只起诉其中一个的，法院应当告知原告变更被告；原告不同意变更的，裁定驳回起诉。

有两个以上的被告，原告只起诉其中一个的，法院通知其追加被告。原告不同意追加的，没有被起诉的行政机关作为第三人。

被告的确认。①**行政复议案件被告的确认。维持→原行为机关和复议机关**是被告；**改变→复议机关**是被告。②两个以上行政机关共同作出一个行政行为的，这些行政机关是共同被告。③**行政机关委托的组织作出行政行为的，委托的行政机关是被告。**④行政行为的作出或者生效需要上级行政机关批准的，被告应是在生效行政处理决定书上署名的机关。⑤**派出机构：幅度越权**派出机构为被告；**种类越权**→派出的行政机关为被告。

3. 行政诉讼的第三人

被诉行政行为的利害关系人，包括相对人和相关人，可以作为第三人申请参加诉讼，或者由法院通知参加诉讼。第三人享有当事人的诉讼地位，享有对不利判决的上诉权。

考点十二 行政诉讼审理期限

适用简易程序审理的行政案件，由审判员一人独任审理，并应当再立案之日起45日内审结。第一审普通程序应当依法组成**合议庭**，**一律实行公开审理，**不能书面审理，除法律规定不公开审理的案件外，应一律公开审理，并于**立案之日起6个月内**做出一审判决，如**延长判决**，由**高级人民法院批准**；高级人民法院审理第一审行政案件需要延长的，由最高人民法院批准。

二审法院应当自收到上诉状之日起3个月内作出终审判决，有特殊情况需要延长的，由高级法人民院批准。高级人民法院审理上诉案件需要延长审理期限的，由最高人民法院批准。

诉讼期间，不停止行政行为的执行。但有下列情形之一的，裁定停止执行：

(1)被告认为需要停止执行的；

(2)原告或者利害关系人申请停止执行，人民法院认为该行政行为的执行会造成难以弥补的损失，并且停止执行不损害国家利益、社会公共利益的；

(3)人民法院认为该行政行为的执行会给国家利益、社会公共利益造成重大损害的；

(4)法律、法规规定停止执行的。

考点十三 行政诉讼证据

举证责任的分配：

(1)被告必须证明行政行为"合法"，应当提供作出该行政行为的证据和所依据的规范性文件。

(2)原告必须证明行政行为“存在”。起诉时,应当提供其符合起诉条件的相应的证据材料。行政赔偿、行政补偿案件中,原告应当对行政行为造成的损害提供证据。

第六讲　国家赔偿法

国家赔偿是指国家对国家机关及其工作人员在行使职权过程中侵犯公民、法人和其他组织合法权益而造成的损害给予赔偿的活动。包括行政赔偿和司法赔偿。

考点一　行政赔偿

属于下列情形之一的,国家不承担赔偿责任:

(1)行政机关工作人员与行使职权无关的个人行为;

(2)受害人过错,因公民、法人和其他组织自己的行为致使损害发生的;

(3)法律规定的其他情形,主要包括不可抗力和第三人过错。

考点练习

【例题】(单选)根据国家赔偿法的规定,下列属于国家不予赔偿的是(　　)。

A. 某地政府为挽救当地一濒危倒闭的国有企业,强令另一企业与该国有企业订立订购合同,该企业不服,政府将其银行账户冻结

B. 税务局工作人员钱某与一个体户赵某素有嫌隙,以赵某偷税为名借税务局名义没收其价值 5 000 元财物

C. 司法局张某骑自行车上班途中与人相撞,发生争执后将人打伤

D. 狱警梁某的朋友被犯人陆某打伤,梁某指使同监犯人将陆某打伤

考点二　行政赔偿义务机关

原则上:谁有错谁赔偿。

(1)派出机构以自己的名义作出行政行为,由其所在的行政机关承担赔偿责任,由其所在的行政机关承担赔偿责任。

(2)经过行政复议(过错原则):

维持→原行政机关;**改变**→
- 减轻:原行政机关
- 加重:原行政机关对原来部分承担赔偿责任
  复议机关对加重部分承担赔偿责任

考点三　司法赔偿义务机关

(1)行使侦查、检察、审判职权的机关以及**看守所**、监狱管理机关及其工作人员在行使

笔记

职权时侵犯公民、法人和其他组织的合法权益造成损害的，该机关为赔偿义务机关。

(2)对公民采取拘留措施，依照国家赔偿法的规定应当给予国家赔偿的，作出拘留决定的机关为赔偿义务机关。

(3)对公民采取逮捕措施后决定撤销案件、不起诉或者判决宣告无罪的，作出逮捕决定的机关为赔偿义务机关。

(4)再审改判无罪的，作出原生效判决的人民法院为赔偿义务机关。二审改判无罪，以及二审发回重审后作无罪处理的，**作出一审有罪判决的人民法院为赔偿义务机关**。

考点四 国家赔偿的方式

国家赔偿以支付赔偿金为主要方式，能够返还财产或者恢复原状的，予以返还财产或者恢复原状。致人精神损害的，应当在侵权行为影响的范围内，为受害人**消除影响，恢复名誉，赔礼道歉；造成严重后果的，应当支付相应的精神损害抚慰金**。

思维导图

(请登录"追求卓越官网 www.365zhuoyue.com"免费下载)

专项训练

一、单项选择题

1. 下列不属于行政主体的是(　　)。

A. 市公安局　　B. 县政府　　C. 卫健委　　D. 居委会

2. 行政行为有效成立后，非依法律规定不得随意变更和撤销，这体现的是行政行为的(　　)。

A. 确定力　　B. 约束力　　C. 影响力　　D. 执行力

3. 王某在出行路上与李某发生纠纷，并出手将李某打伤，有路人见到并积极报案。辖区派出所接到报案后，将王某、李某带回派出所，以违反治安管理为由对王某给予800元的罚款，并责令其赔偿李某医药费500元。下列说法正确的是(　　)。

A. 派出所的处罚行为是违法的，超越了派出所的职权范围

B. 派出所的处罚是根据《治安管理处罚法》进行的，所以是合法的

C. 派出所的处罚是否合法取决于李某是否要控告王某

D. 王某如果不服派出所的行政处罚，应以派出所所属的公安局为被告提起行政诉讼

4. 在行政诉讼中，对被诉讼行政行为承担举证责任的是(　　)。

A. 原告　　B. 被告

C. 谁主张谁举证　　D. 人民法院

5. 某旅行社导游童某在带团出游期间强迫团员购物，并对拒不购物的团员进行辱骂，造成恶劣影响。甲市旅游局经调查后决定吊销童某的导游证。本案中，旅游局吊销童某导

笔记

游证的行为属于(　　)。

A. 行政征收　　B. 行政强制

C. 行政许可　　D. 行政处罚

二、多项选择题

1. 国家赔偿方式有(　　)。

A. 支付赔偿金　　B. 恢复原状

C. 返还财产　　D. 赔礼道歉

2. 下列诉讼中不属于行政诉讼受案范围的有(　　)。

A. 某社区居民对政府颁布的行政规章不服提起诉讼

B. 某职员对公司扣减其奖金的措施不服提起诉讼

C. 某经营者对工商部门吊销其经营许可证提起诉讼

D. 某公务员对其所在机关作出的有关任免决定不服提起诉讼

3. 唐某户籍所在地在甲市高林区。但其经常居住地为甲市铁塔区。2013 年 6 月,唐某因酒后驾车被甲市沙城区交警大队查获并处以 15 日行政拘留。唐某不服,拟提起行政诉讼。根据我国行政诉讼法的规定,有权受理唐某起诉的一审法院有(　　)。

A. 高林区人民法院　　B. 铁塔区人民法院

C. 沙城区人民法院　　D. 甲市中级人民法院

第七讲　民事诉讼法

考点一　民事诉讼的基本原则

(对基本内容有个了解就可以)

(1)当事人诉讼地位平等原则。

(2)同等原则和对等原则。

(3)法院调解自愿合法的原则。

(4)辩论原则。

(5)检察监督原则。

(6)支持起诉原则。

考点二　民事诉讼法基本制度

一、回避

1. 回避适用于人员

审判人员、书记员、翻译人员、鉴定人、勘验人。

笔记

注意：不适用回避的人员________________________。

2. 回避的决定权

(1)院长担任审判长时的回避：审判委员会决定。

(2)审判人员(含陪审员)的回避：院长决定。

(3)其他人员(书记员、翻译人员、鉴定人、勘验人)的回避：审判长决定。

3. 回避的原因

(1)本案当事人或者当事人、诉讼代理人近亲属的。

(2)与本案有利害关系的。

(3)与本案当事人、诉讼代理人有其他关系，可能影响对案件公正审理的。

审判人员接受当事人、诉讼代理人请客送礼，或者违反规定会见当事人、诉讼代理人的，当事人有权要求他们回避。

二、公开审判

不公开审理的案件。

(1)**应当不公开审理的：涉及国家机密的案件；涉及个人隐私的案件。**

(2)**可以不公开审理的：离婚案件和涉及商业秘密的案件。**

记忆技巧：应当“私、密”；可以“商、离”。

三、审判组织

1. 独任制

(1)适用案件：①简易程序；②特别程序，但是**选民资格案件或者重大、疑难案件应适用合议制**；③督促程序；④公示催告阶段。

(2)适用法院：基层法院及其派出法庭。

(3)适用审级：一审案件。

核心提示：被二审人民法院发回重审，或者依照审判监督程序决定再审时，尽管适用一审程序，却必须实行合议制。

2. 合议制

(1)第一审合议庭：①可以由审判员组成合议庭；②也可以由审判员和人民陪审员组成合议庭；③**选民资格案件或特别程序中的重大、疑难的案件，必须由审判员组成合议庭审理**。

(2)**第二审合议庭：必须由审判员组成。**

(3)合议庭评议：实行少数服从多数的原则。不同意见，必须如实记入笔录。

考点三 民事诉讼的管辖

一、级别管辖——中级人民法院管辖的案件

重大的涉外案件；在本辖区有重大影响的案件；最高人民法院确定由中级人民法院管辖的案件。目前这类案件主要有：海事、海商案件；**专利纠纷案件**；对于仲裁协议的效力有

异议请求法院作出裁决的；申请撤销仲裁裁决的。

笔记

二、地域管辖——一般地域管辖

1.“原告就被告”的原则

(1)对公民提起的民事诉讼，由被告住所地人民法院管辖；**被告住所地与经常居住地不一致的，由经常居住地**人民法院管辖。对法人或者其他组织提起的民事诉讼，由被告住所地人民法院管辖。

(2)因合同纠纷提起的诉讼，由**被告住所地或者合同履行地人民法院管辖**。

(3)因侵权行为提起的诉讼，由**侵权行为地或者被告住所地人民法院管辖**。

2.一般地域管辖原则的例外，即由原告住所地法院管辖

(1)对不在中华人民共和国领域内居住的人提起的有关身份关系的诉讼。

(2)对下落不明或者宣告失踪的人提起的有关身份关系的诉讼。

(3)对被采取强制性教育措施的人提起的诉讼。

(4)对被监禁的人提起的诉讼。

(5)被告一方被注销城镇户口的。

(6)追索赡养费案件的几个被告住所地不在同一辖区的，可以由原告住所地人民法院管辖。

三、专属管辖

(1)因不动产纠纷提起的诉讼，由不动产所在地人民法院管辖。

(2)因港口作业中发生纠纷提起的诉讼，由港口所在地人民法院管辖。

(3)因继承遗产纠纷提起的诉讼，由被继承人死亡时住所地或者主要遗产所在地人民法院管辖。

考点四 民事诉讼主体

(1)**民事诉讼的主体包括**：人民法院、诉讼参加人(当事人、诉讼代理人)。

(2)**当事人包括：一审——原告、被告、第三人**；

二审——上诉人、被上诉人。

(3)**诉讼代理人：法定诉讼代理人 VS. 委托诉讼代理人**。

考点五 民事诉讼证据

1.证据的种类

(1)**当事人的陈述**。

(2)**书证**。

(3)**物证**。

(4)**视听资料**。

笔记

(5)电子数据。

(6)证人证言。

(7)鉴定意见。

(8)勘验笔录。

证据必须查证属实,才能作为认定事实的根据。

2. 谁主张、谁举证

侵权纠纷:

一般侵权的证明责任的分配:原告对"四要件"承担举证责任。侵权行为+因果关系+损害后果+过错。被告对免责、减责事由承担举证责任。

3. 证人无特殊原因必须出庭作证

经人民法院通知,证人应当出庭作证。**有下列情形之一的,经人民法院许可,可以通过书面证言、视听传输技术或者视听资料等方式作证:**

因健康原因不能出庭的;因路途遥远,交通不便不能出庭的;因自然灾害等不可抗力不能出庭的;其他有正当理由不能出庭的。

考点六 民事诉讼送达方式

直接送达;**留置送达**;邮寄送达;**转交送达**;委托送达;**公告送达**。

考点七 两审终审

(1)民事诉讼分为一审和二审程序,**一个民事案件经过两级人民法院审理即告终结,所作裁判为终局裁判**。

(2)对于一审判决不服,当事人可以通过上诉方式启动二审程序。

第八讲 刑事诉讼法

考点一 具有法定情节不予追究刑事责任

有下列情形之一的,不追究刑事责任,已经追究的,应当撤销案件,或者不起诉,或者终止审理,或者宣告无罪:

(1)情节显著轻微、危害不大,不认为是犯罪的;

(2)犯罪已过追诉时效期限的;

(3)经特赦令免除刑罚的;

(4)依照刑法告诉才处理的犯罪,没有告诉或者撤回告诉的;

(5)犯罪嫌疑人、被告人死亡的;

(6)其他法律规定免予追究刑事责任的。

笔记

考点二 刑事诉讼的级别管辖

最高人民法院:全国性的重大刑事案件;

高级人民法院:全省(自治区、直辖市)行的重大刑事案件;

中级人民法院管辖的案件:①危害国家安全、恐怖活动案件;②可能判处无期徒刑、死刑的普通刑事案件。

考点三 刑事案件的立案管辖

1. 由人民检察院负责立案侦查的案件

人民检察院在对诉讼活动实行法律监督中发现的司法工作人员利用职权实施的非法拘禁、刑讯逼供、非法搜查等侵犯公民权利、损害司法公正的犯罪,可以由人民检察院立案侦查;对于公安机关管辖的国家机关工作人员利用职权实施的重大犯罪案件,需要由人民检察院直接受理的时候,经省级以上人民检察院决定,可以由人民检察院立案侦查。

2. 由法院受理的刑事案件(自诉案件)

(1)告诉才处理的犯罪(侮辱诽谤、暴力干涉婚姻自由、虐待、侵占)。

(2)被害人有证据证明的**轻微刑事案件**。

(3)公诉转自诉案件。

考点四 回避

回避包括侦查人员、检察人员、审判人员以及参加侦查、起诉、审判活动的书记员、**翻译人员和鉴定人**。

注意:"对侦查人员的回避作出决定前,侦查人员不能停止对案件的侦查。"

考点五 辩护

犯罪嫌疑人、被告人除自己行使辩护权以外,还可以委托一至二人作为辩护人。下列的人可以被委托为辩护人:(一)律师;(二)人民团体或者犯罪嫌疑人、被告人所在单位推荐的人;(三)犯罪嫌疑人、被告人的监护人、亲友。正在被执行刑罚或者依法被剥夺、限制人身自由的人,不得担任辩护人。被开除公职和被吊销律师、公证员执业证书的人,不得担任辩护人,但系犯罪嫌疑人、被告人的监护人、近亲属的除外。

犯罪嫌疑人**自被侦查机关第一次讯问或者采取强制措施之日起,有权委托辩护人**;在侦查期间,只能**委托律师**作为辩护人。被告人有权随时委托辩护人。

笔记

考点六 强制措施

1. 拘传

拘传是由公安机关、检察院和法院对未被羁押的犯罪嫌疑人、被告人**依法强制讯问**。

注意：传唤、拘传持续的时间不得超过12小时；案情特别重大、复杂，需要采取拘留、逮捕措施的，传唤、拘传持续的时间不得超过24小时。

2. 取保候审

由公安机关、检察院和法院令犯罪嫌疑人、被告人提出保证人或者交纳保证金。**最长不得超过12个月**。

保证人必须符合下列条件：①与本案无牵连；②有能力履行保证义务；③享有政治权利，人身自由未受到限制；④有固定的住处和收入。

被取保候审的犯罪嫌疑人、被告人应当遵守以下规定：①未经执行机关批准不得离开所居住的市、县；②住址、工作单位和联系方式发生变动的，在24小时以内向执行机关报告；③在传讯的时候及时到案；④不得以任何形式干扰证人作证；⑤不得毁灭、伪造证据或者串供。

3. 监视居住

由公安机关、检察院和法院实施。监视居住**最长不得超过6个月。**

监视居住应当在犯罪嫌疑人、被告人的住处执行；无固定住处的，可以在指定的居所执行。对于涉嫌危害国家安全犯罪、恐怖活动犯罪，在住处执行可能有碍侦查的，经上一级公安机关批准，也可以在指定的居所执行。但是，不得在羁押场所、专门的办案场所执行。

被监视居住的犯罪嫌疑人、被告人应当遵守以下规定：①未经执行机关批准不得离开执行监视居住的处所；②未经执行机关批准不得会见他人或者通信；③在传讯的时候及时到案；④不得以任何形式干扰证人作证；⑤不得毁灭、伪造证据或者串供；⑥将护照等出入境证件、身份证件、驾驶证件交执行机关保存。

在取保候审、监视居住期间，**不得中断对案件的侦查、起诉和审理**。对于发现不应当追究刑事责任或者取保候审、监视居住期限届满的，应当**及时解除取保候审、监视居住**。解除取保候审、监视居住，应**当及时通知被取保候审、监视居住人和有关单位**。

4. 拘留

拘留指公安、检察院在侦查过程中，在紧急情况下，依法临时剥夺某些**现行犯或者重大嫌疑分子**的人身自由的一种强制措施。

5. 逮捕

逮捕指公安机关、人民检察院和人民法院将其羁押起来的一种强制措施。

考点七 公开审理原则

不公开审理的案件：涉及国家秘密、个人隐私的案件不公开；审判时不满18周岁的；涉及商业秘密的经申请可以不公开。

笔记

考点八 死刑复核程序

死刑复核程序——死刑核准权由最高人民法院行使。

考点九 审判监督程序

对于已经发生法律效力的判决，认为确有错误，可以通过审判监督程序重新审理。

思维导图

（请登录“追求卓越官网 www.365zhuoyue.com”免费下载）

专项训练

一、单项选择题

1. 在B区的乙公司向在A区的甲公司购买玩具，合同约定交货地在C区，并约定如有纠纷，由履行地法院管辖。后甲公司拒绝交付玩具，乙公司欲起诉甲公司，则应由（　　）管辖。

A. 区法院　　B. B区法院

C. C区法院　　D. 以上说法都不对

2. 关于辩护人，以下说法错误的是（　　）。

A. 公诉案件自案件移送审查起诉之日起，犯罪嫌疑人有权委托辩护人

B. 外国人、无国籍人只能委托中国律师作为辩护人

C. 危害国家安全犯罪、恐怖活动犯罪、特别重大贿赂犯罪案件，在侦查期间辩护律师会见在押的犯罪嫌疑人，应当经侦查机关许可

D. 人民法院自受理自诉案件之日起3日以内，应当告知自诉人及其法定代理人、附带民事诉讼的当事人及其法定代理人有权委托诉讼代理人

3. 蒋某，15岁，初中学生，因故意伤害罪被提起公诉。下列庭审规则适用于本案的是（　　）。

A. 必须公开　　B. 一律不公开　　C. 可以公开　　D. 一般不公开

二、多项选择题

1.（2019年）下列有关证人证言的表述，正确的有（　　）。

A. 证人证言是证人对案件有关情况的感知和分析判断

B. 证人转述他人所了解的案件情况必须说明来源

C. 证人证言可以作为认定案件事实的依据

D. 证人证言是证人的一种主观认识，所以即使是善意的证人也可能提供不真实的证言

笔记

2.(2019年)下列属于取保候审的保证人需要具备的条件的有(　　)。

A.有固定的住处和收入

B.有能力履行保证义务

C.与本案无牵连

D.享有政治权利,人身自由未受到限制

第九讲　经　济　法

考点一　反不正当竞争法

行为		行为主体	行为表现
不正当竞争行为	混淆行为	经营者	①擅自使用与他人有一定影响的商品名称、包装、装潢等相同或者近似的标识 ②擅自使用他人有一定影响的企业名称(包括简称、字号等)、社会组织名称(包括简称等)、姓名(包括笔名、艺名、译名等) ③擅自使用他人有一定影响的域名主体部分、网站名称、网页等 ④其他足以引人误认为是他人商品或者与他人存在特定联系的混淆行为 混淆行为引人误认为是他人商品或者与他人存在特定联系
	商业贿赂行为	经营者及其工作人员	经营者给予账外折扣、回扣和佣金的行为——商业行贿 接受方对该折扣、回扣和佣金没有入明账的行为——商业受贿
	虚假宣传行为	经营者	①对其商品的性能、功能、质量、销售状况、用户评价、曾获荣誉等作虚假或者引人误解的商业宣传,欺骗、误导消费者 ②通过组织虚假交易等方式,帮助其他经营者进行虚假或者引人误解的商业宣传
	侵犯商业秘密	经营者、经营者以外的其他自然人、法人和非法人组织	①以盗窃、贿赂、欺诈、胁迫、电子侵入或者其他不正当手段获取权利人的商业秘密 ②披露、使用或者允许他人使用以前项手段获取的权利人的商业秘密 ③违反保密义务或者违反权利人有关保守商业秘密的要求,披露、使用或者允许他人使用其所掌握的商业秘密 ④教唆、引诱、帮助他人违反保密义务或者违反权利人有关保守商业秘密的要求,获取、披露、使用或者允许他人使用权利人的商业秘密。
	不正当有奖销售	经营者	①所设奖的种类、兑奖条件、奖金金额或者奖品等有奖销售信息不明确,影响兑奖 ②采用谎称有奖或者故意让内定人员中奖的欺骗方式进行有奖销售 ③抽奖式的有奖销售,最高奖的金额不超过5万元

续上表

行为		行为主体	行为表现
不正当竞争行为	商业诋毁行为	有竞争关系的经营者	①有编造、传播虚假信息或者误导性信息的行为 ②行为目的是损害竞争对手的商业信誉、商品声誉 ③行为人主观心理状态是故意
	网络不正当竞争	经营者	经营者利用网络从事生产经营活动，应当遵守本法的各项规定。经营者不得利用技术手段，通过影响用户选择或者其他方式，实施下列妨碍、破坏其他经营者合法提供的网络产品或者服务正常运行的行为 ①未经其他经营者同意，在其合法提供的网络产品或者服务中，插入链接、强制进行目标跳转 ②误导、欺骗、强迫用户修改、关闭、卸载其他经营者合法提供的网络产品或者服务 ③恶意对其他经营者合法提供的网络产品或者服务实施不兼容 ④其他妨碍、破坏其他经营者合法提供的网络产品或者服务正常运行的行为

考点练习

【例题1】（单选）某蛋糕店开业之初，为扩大影响、增加销售，出钱雇人排队抢购。不久，该店门口便时常排起长队，销售盛况的照片也频频出现于网络等媒体，附近同类店家生意随之清淡。对此行为，下列哪一说法是正确的？（　　）

A. 属于正当的营销行为　　B. 构成混淆行为

C. 构成虚假宣传行为　　D. 构成商业贿赂行为

【例题2】（多选）下列哪些选项属于不正当竞争行为？（　　）

A. 甲灯具厂捏造乙灯具厂偷工减料的事实，私下告诉乙厂的几家重要客户

B. 甲公司发布高薪招聘广告，乙公司数名高管集体辞职前往应聘，甲公司予以聘用

C. 甲电器厂产品具有严重瑕疵，媒体误报道为乙电器厂产品，甲厂未主动澄清

D. 甲厂使用与乙厂知名商品近似的名称、包装和装潢，消费者经仔细辨别方可区别二者差异

考点二　个人所得税法

下列各项个人所得，**免征个人所得税**：

(1)省级人民政府、国务院部委和中国人民解放军军以上单位，以及外国组织、国际组织颁发的**科学、教育、技术、文化、卫生、体育、环境保护**等方面的奖金；

(2)国债和国家发行的金融债券利息；

笔记

(3)按照国家统一规定发给的补贴、津贴;

(4)福利费、抚恤金、救济金;

(5)保险赔款;

(6)军人的转业费、复员费、退役金;

(7)按照国家统一规定发给干部、职工的安家费、退职费、基本养老金或者退休工资、离休费、离休生活补助费;

(8)依照有关法律规定应予免税的各国驻华使馆、领事馆的外交代表、领事官员和其他人员的所得;

(9)中国政府参加的国际公约、签订的协议中规定免税的所得;

(10)经国务院财政部门批准免税的所得。

【快捷记忆】

关于上述内容记住免征和可减的范围即可。

免征:

政府/组织发奖金,(省部级以上);

国债/利息国家补,(补贴/津贴);

三费两金一赔款;

外交/离退老干部(离退休干部/职工)。

考点三 消费者权益保护法

一、消费者的权利

(1)安全保障权。消费者在购买、使用商品和接受服务时享有人身、财产安全不受损害的权利。

(2)知悉真情权。消费者享有知悉其购买、使用的商品或者接受的服务的真实情况的权利。

(3)自主选择权。

(4)公平交易权。公平交易是指经营者与消费者之间的交易应在平等的基础上达到公正的结果。

(5)获取赔偿权。

(6)结社权。

(7)获得相关知识权。

(8)受尊重权。

(9)监督批评权。消费者享有对商品和服务以及保护消费者权益工作进行监督的权利。

(10)个人信息权。又称消费者隐私权,指消费者的姓名、性别、职业、学历、住所、联系方式、婚姻状况、亲属关系、财产状况、血型、病史、消费习惯等所有私人信息不被非法收集和非法披露的权利。

二、经营者的义务

笔记

(1)依法经营和诚信经营义务。

(2)接受监督的义务。

(3)安全保障义务。经营者发现其提供的商品或者服务存在缺陷,有危及人身、财产安全危险的,应当立即向有关行政部门报告和告知消费者,并采取停止销售、警示、召回、无害化处理、销毁、停止生产或者服务等措施,**且自行承担商品召回的必要费用**。

(4)提供真实信息的义务。

(5)标明真实名称和标记的义务。

(6)出具凭证或单据的义务。

(7)保证质量的义务。经营者有义务保证商品和服务的质量。经营者提供的**机动车、计算机、电视机、电冰箱、空调器、洗衣机等**耐用商品或者装饰装修等服务,消费者自接受商品或者服务之日起**6个月内**发现瑕疵,发生争议的,由**经营者承担有关瑕疵的举证责任**。

(8)履行退货、更换、修理的义务。无论经营者提供的商品有无质量问题,**只要是采用网络、电视、电话、邮购等方式销售的,消费者都有权自收到商品之日起7日内退货,且无需说明理由。此即所谓"无理由退货"。**

依法经有关行政部门认定为不合格的商品,消费者要求退货的,经营者应当负责退货。

(9)正确使用格式条款的义务。格式条款是经营者单方拟定的,消费者只能表示接受或不接受,而不能与之协商和改变其内容的交易条件。除了书面合同中的格式条款外,经营者以**通知、声明、店堂告示等形式单方规定的交易条件,也具有格式条款的性质**。

为此,法律对经营者使用格式条款规定了两方面的义务。**一是提示和说明的义务。二是禁止滥用格式条款的义务,即经营者不得以格式条款、通知、声明、店堂告示等方式,作出排除或者限制消费者权利、减轻或者免除经营者责任、加重消费者责任等对消费者不公平、不合理的规定,不得利用格式条款并借助技术手段强制交易;违反此义务的,其条款无效。**

(10)不得侵犯消费者人格权的义务。

(11)尊重消费者信息自由的义务。

三、争议的解决

1. 争议解决的途径

消费者和经营者发生消费者权益争议的,可以通过下列途径解决。

(1)与经营者协商和解。

(2)请求消费者协会或者依法成立的其他调解组织调解。

(3)向有关行政部门投诉。消费者向有关行政部门投诉的,该部门应当自收到投诉之日起**7个工作日内**予以处理并告知消费者。

(4)提请仲裁。不过,仲裁必须具备的**前提条件是双方订有书面仲裁协议(或书面仲裁条款)**。

笔记

(5)向人民法院提起诉讼。

2. 解决争议的若干特殊规则

(1)销售者的先行赔付义务。

(2)生产者与销售者的连带责任。

(3)消费者在接受服务时,其合法权益受到损害时,可以向服务者要求赔偿。

(4)变更后的企业仍应承担赔偿责任。

(5)营业执照持有人与租借人的赔偿责任。

(6)展销会举办者、柜台出租者的特殊责任。

(7)网络交易平台提供者的责任。消费者通过网络交易平台购买商品或者接受服务,其合法权益受到损害的,可以向销售者或者服务者要求赔偿。**网络交易平台提供者不能提供销售者或者服务者的真实名称、地址和有效联系方式的,消费者也可以向网络交易平台提供者要求赔偿**;网络交易平台提供者作出更有利于消费者的承诺的,应当履行承诺。网络交易平台提供者赔偿后,有权向销售者或者服务者追偿。**网络交易平台提供者明知或者应知销售者或者服务者利用其平台侵害消费者合法权益,未采取必要措施的,依法与该销售者或者服务者承担连带责任**。

(8)关于虚假广告或者其他虚假宣传的责任。消费者因经营者利用虚假广告或者其他虚假宣传方式提供商品或者服务,其合法权益受到损害的,**广告经营者、发布者**设计、制作、发布关系消费者生命健康商品或者服务的虚假广告,造成消费者损害的,**应当与提供该商品或者服务的经营者承担连带责任**。

考点练习

【例题3】(2019年单选)王先生到某超市买电饭煲,货价显示该电饭煲活动价为213元,可付款后发现,该电饭煲售价是243元,属于价格欺诈,所以根据《消费者权益保护法》,王先生要求该超市3倍赔偿,这属于消费者的(　　)。

A. 安全保障权　　B. 依法求偿权　　C. 自主选择权　　D. 维护尊严权

【例题4】(单选)张某在某电子商务平台定做了一张沙发,购买了一盏台灯、一台热水器和一台燃气灶。下列情形中,不符合法律规定的是(　　)。

A. 张某自收到沙发之日起7日内有权退货,且无须说明理由

B. 张某购买的台灯被快递公司丢失,有权要求卖方重新发货

C. 张某因热水器缺陷而受伤,有权向生产者或销售者请求赔偿

D. 张某购买的燃气灶为冒牌货,有权要求平台提供卖方的信息

考点四　劳动法与劳动合同法

一、劳动法律关系

1. 劳动法调整对象

用人单位和劳动者。

笔记

2. 用人单位

(1)企业、个体经济组织、民办非企业单位、律师事务所、会计师事务所、基金会等。

(2)国家机关、事业单位、社会团体等。

3. 劳动者

(1)年满16周岁具有劳动能力。

(2)**文艺、体育和特种工艺单位招用未满16周岁的未成年人,必须依照国家有关规定,履行审批手续,并保障其接受义务教育的权利。**

(3)**不包括公务员、参照公务管理人员、实行聘用制的事业单位工作人员、现役军人、家庭保姆、在校学生、义工、单纯从事农业生产的农民等。**

4. 劳动关系

劳动关系是劳动法调整对象,特征为:

(1)当事人特定,一方为用人单位,一方为劳动者;

(2)是在实现劳动过程中发生的社会关系;

(3)具有人身、财产关系的属性;

(4)具有平等、从属属性。

二、劳动合同的种类

1. 劳动合同种类

固定期限劳动合同、无固定期限劳动合同和以完成一定工作任务为期限的劳动合同。

2. 无固定期限劳动合同

无固定期限劳动合同,是指用人单位与劳动者约定无确定终止时间的劳动合同。

应当订立:有下列情形之一,劳动者提出或者同意续订、订立劳动合同的,除劳动者提出订立固定期限劳动合同外,**应当订立无固定期限劳动合同**:

(1)**劳动者在该用人单位连续工作满10年的;**

(2)**用人单位初次实行劳动合同制度或者国有企业改制重新订立劳动合同时,劳动者在该用人单位连续工作满10年且距法定退休年龄不足10年的;**

(3)**连续订立2次固定期限劳动合同,且劳动者没有劳动合同法第三十九条和第四十条第一项、第二项规定的情形,续订劳动合同的。**

协商订立:用人单位与劳动者协商一致,也可以订立无固定期限劳动合同。

视为订立:用人单位**自用工之日起满1年**不与劳动者订立书面劳动合同的,视为用人单位与劳动者已订立无固定期限劳动合同。

用人单位违反本规定不与劳动者订立无固定期限劳动合同的,自应当订立无固定期限劳动合同之日起向劳动者每月支付2倍的工资。

三、劳动合同的订立

1. 劳动关系确立时间

用人单位自用工之日起即与劳动者建立劳动关系。建立劳动关系,**应当订立书面劳动合同**。用人单位与劳动者在用工前订立劳动合同的,劳动关系**自用工之日起**建立。

笔记

2. 现实情况

现实中，有可能出现劳动者不愿订立书面劳动合同的情形，**自用工之日起一个月内，**经用人单位书面通知后，劳动者不与用人单位订立书面劳动合同的，用人单位应当书面通知劳动者终止劳动关系，**无需向劳动者支付经济补偿，但是应当依法向劳动者支付其实际工作时间的劳动报酬。**

用人单位自用工之日起超过 1 个月不满 1 年未与劳动者订立书面劳动合同的，应当向劳动者**每月支付 2 倍的工资(基本工资)，并与劳动者补订书面劳动合同。**

自用工之日起超过 1 个月不满 1 年，劳动者不与用人单位订立书面劳动合同的，用人单位应当书面通知劳动者终止劳动关系，但应依照《中华人民共和国劳动合同法》(以下简称《劳动合同法》)的规定支付经济补偿。

四、劳动合同的效力

1. 无效或部分无效的情形

(1)以欺诈、胁迫的手段或者乘人之危，使对方在违背真实意思的情况下订立或者变更劳动合同的。

(2)用人单位免除自己的法定责任、排除劳动者权利的。

(3)违反法律、行政法规强制性规定的。

注意：对劳动合同效力的争议可裁可审，并非仲裁前置，与劳动争议区分。

2. 效力的独立性

劳动合同部分无效，不影响其他部分效力的，其他部分仍然有效。

3. 劳动合同无效的后果

(1)**劳动报酬**：劳动合同被确认无效，劳动者已付出劳动的，用人单位应当向劳动者支付劳动报酬。劳动报酬的数额，参照本单位相同或者相近岗位劳动者的劳动报酬确定。

(2)**经济补偿金**：因用人单位的原因致使劳动合同无效或者部分无效的，**劳动者可以随时要求解除劳动合同，用人单位应该向劳动者支付经济补偿金。**

五、劳动合同的解除和终止

1. 协商解除

用人单位与劳动者协商一致，可以解除劳动合同。

2. 劳动者单方解除

(1)**预告解除**：①劳动者**提前 30 日以书面形式**通知用人单位，可以解除劳动合同；②劳动者在**试用期内提前 3 日**通知用人单位，可以解除劳动合同。

(2)无须预告解除。**用人单位有下列情形之一的，劳动者可以解除劳动合同**：①未按照劳动合同约定提供劳动保护或者劳动条件的；②未及时足额支付劳动报酬的；③未依法为劳动者缴纳社会保险费的；④用人单位的规章制度违反法律、法规的规定，损害劳动者合法权益的；⑤因用人单位过错致劳动合同无效的；⑥法律、行政法规规定劳动者可以解除劳动合同的其他情形；⑦用人单位以暴力、威胁或者非法限制人身自由的手段强迫劳动者劳动的，或者用人单位违章指挥、强令冒险作业危及劳动者人身安全的，劳动者可以立即解除劳动合同，不需事先告知用人单位。

笔记

3. 用人单位解除劳动合同

(1)**即时解除。劳动者有下列情形之一的，用人单位可以解除劳动合同：**①在试用期间被证明不符合录用条件的；②严重违反用人单位规章制度的；③严重失职，营私舞弊，给用人单位造成重大损害的；④劳动者同时与其他用人单位建立劳动关系，对完成本单位的工作任务造成严重影响，或者经用人单位提出，拒不改正的；⑤因劳动者过错致使劳动合同无效的；⑥被依法追究刑事责任的。

(2)**预告解除**。有下列情形之一的，**用人单位提前30日以书面形式通知劳动者本人或额外支付劳动者1个月工资后，可以解除劳动合同**：①劳动者患病或非因工负伤，在固定的医疗期满后不能从事原工作，也不能从事由用人单位另行安排的工作的；②劳动者不能胜任工作，经过培训或者调整工作岗位，仍不能胜任工作的；③劳动合同订立时所依据的客观情况发生重大变化，致使劳动合同无法履行，经用人单位与劳动者协商，未能就变更劳动合同内容达成协议的。

(3)**经济性裁员**。有下列情形之一，需要裁减人员**20人以上或裁减不足20人但占企业职工总数10%以上的**，用人单位**提前30日向工会或全体职工说明情况**，听取工会或者职工意见后，裁减人员方案经向劳动行政部门报告，可以裁减人员。用人单位依法裁减人员，**在6个月内重新招用人员的**，应当通知被裁减的人员，并在同等条件下优先招用被裁减的人员。

(4)**不得解除合同的情形**。劳动者有下列情形之一的，用人单位不得以预告解除或经济性裁员的方式与劳动者解除劳动合同：①从事接触职业病危害作业的劳动者未进行离岗前职业健康检查，或者疑似职业病病人在诊断或者医学观察期间的；②在本单位患职业病或者因工负伤并被确认丧失或者部分丧失劳动能力的；③患病或者非因工负伤，在规定的医疗期内的；④女职工在孕期、产期、哺乳期的；⑤在本单位连续工作满15年，且距法定退休年龄不足5年的；⑥法律、行政法规规定的其他情形。

六、非全日制用工合同

1. 合同形式

可以口头也可以书面。

2. 唯一性没有要求

劳动者可以**与一个或者一个以上**用人单位订立劳动合同。

3. 试用期

双方当事人**不得约定**试用期。

4. 解除及补偿

任何一方都可以随时通知对方终止用工。用人单位**不向劳动者支付经济补偿**。

5. 报酬支付

一般以小时计酬，标准不低于当地最低小时工资标准，支付周期最长不超过15日。

七、劳务派遣

1. 劳务派遣的三方关系

(1)劳务派遣单位和劳动者订立劳动合同，**2年以上固定期限**；工资由派遣单位发。

笔记

(2)用工单位和劳务派遣单位订立劳务派遣协议，二者是民事关系。劳务派遣单位应该把协议内容告知被派遣的劳动者。

(3)劳动者和用工单位之间不存在劳动关系。

2. 劳务派遣的限制

(1)合同期限不得少于2年，不得将连续用工期限分割订立数个短期劳务派遣协议。

(2)用工单位不得二次派遣。

(3)劳务派遣单位不得克扣用工单位按照劳务派遣协议支付给被派遣劳动者的劳动报酬。劳务派遣单位和用工单位不得向被派遣劳动者收取费用。

(4)劳动合同用工是我国的企业基本用工形式。劳务派遣用工是补充形式，只能在临时性、辅助性或者替代性的工作岗位上实施。

3. 损害补偿

用工单位给被派遣劳动者造成损害的，劳务派遣单位与用工单位承担连带赔偿责任。

八、劳动合同中的部分条款

1. 试用期

(1)劳动合同期限3个月以上不满1年的，不得超过1个月；劳动合同期限1年以上不满3年的，不得超过2个月；3年以上固定期限和无固定期限劳动合同，不得超过6个月。

(2)同一用人单位与同一劳动者只能约定一次试用期。

(3)以完成一定工作任务为期限的劳动合同或者劳动合同期限不满3个月的，不得约定试用期。

(4)试用期包含在劳动合同期限内；劳动合同仅约定试用期的，试用期不成立，该期限为劳动合同期限。

(5)试用期工资不得低于本单位相同岗位最低档工资或劳动合同约定工资的80%，且不得低于用人单位所在地的最低工资标准。

2. 违约金条款

适用对象：

(1)**涉及专项培训的服务期违约金；违约金数额不得超过用人单位提供的培训费用。**

(2)**涉及保密的：**解除或者终止劳动合同后，在竞业限制期限内按月给予劳动者经济补偿。**劳动者违反竞业限制约定的，应当按照约定向用人单位支付违约金。竞业限制期限，不得超过2年。**

3. 禁止条款

《劳动合同法》规定了禁止双方当事人约定的条款，即用人单位招用劳动者，不得扣押劳动者的居民身份证和其他证件，不得要求劳动者提供担保或者以其他名义向劳动者收取财物。

九、经济补偿

笔记

1. 支付经济补偿的条件

有下列情形之一的，**用人单位**应当向劳动者支付经济补偿：

(1)劳动者因用人单位的违法或过错解除劳动合同的；

(2)用人单位提出解除劳动合同并与劳动者协商一致解除劳动合同的；

(3)用人单位提前通知解除劳动合同的；

(4)用人单位经济性裁员的；

(5)劳动合同期满的(除用人单位维持或提高劳动合同约定条件续订劳动合同，劳动者不同意续订的情形外)；

(6)用人单位消灭终止劳动合同的；

(7)法律、行政法规规定的其他情形。

2. 支付标准

经济补偿按劳动者在本单位工作的年限，**每满1年支付1个月工资的标准向劳动者支付。6个月以上不满1年的，按1年计算；不满6个月的，向劳动者支付半个月工资的经济补偿。**

劳动者月工资高于用人单位所在直辖市、设区的市级人民政府公布的本地区上年度职工月平均工资3倍的，向其支付经济补偿的标准按职工月平均工资3倍的数额支付，向其支付经济补偿的年限最高不超过12年。

在办理工作交接时一次性支付。

十、劳动基准(劳动条件的最低标准)

1. 一般规定

(1)国家实行劳动者每日工作时间不超过8小时、平均每周工作时间不超过44小时的工时制度。用人单位应当保证劳动者每周至少休息1日。

(2)**年休假**：国家实行带薪年休假制度。职工累计工作已满1年不满10年的，年休假5天；已满10年不满20年的，年休假10天；已满20年的，年休假15天。对职工应休未休的年休假天数，单位应当按照该职工日工资收入的300%支付年休假工资报酬。

2. 加班

(1)**加班的限制**：用人单位由于生产经营需要，经与工会和劳动者协商后可以延长工作时间，一般每日不得超过1小时；因特殊原因需要延长工作时间的，在保障劳动者身体健康的条件下延长工作时间每日不得超过3小时，但是每月不得超过36小时。

(2)**特殊情形下的加班**：有下列情形之一的，延长工作时间不受的限制：发生自然灾害、事故或者因其他原因，威胁劳动者生命健康和财产安全，需要紧急处理的；生产设备、交通运输线路、公共设施发生故障，影响生产和公众利益，必须及时抢修的；法律、行政法规规定的其他情形。

(3)**加班工资**：有下列情形之一的，用人单位应当按照下列标准支付高于劳动者正常工作时间工资的工资报酬：**安排劳动者延长工作时间的，支付不低于工资的150%的工资**

笔记

报酬;休息日安排劳动者工作又不能安排补休的,支付不低于工资的200%的工资报酬;法定休假日安排劳动者工作的,支付不低于工资的300%的工资报酬。

考点练习

【例题5】(单选)张某自2008年4月1日起与北极星塑料制品厂(以下简称北极星厂)建立了劳动关系,2008年9月1日,双方发生争议并解除劳动关系,张某依法申请劳动仲裁,经审理查明双方一直未订立书面劳动合同,张某月工资为4 000元(4月至7月份的工资均已正常发放),3名仲裁员分别就该案阐述了自己的观点,其中正确的是(　　)。

A. 张某只能要求北极星厂支付4 000元

B. 张某可以要求北极星厂支付40 000元

C. 张某可以要求北极星厂支付20 000元

D. 张某可以要求北极星厂支付24 000元

【例题6】(2020年单选)《劳动法》规定,劳动者平均每周工作时间不超过(　　)小时。

A. 40　　B. 44

C. 50　　D. 54

【例题7】(2020年多选)下列关于我国劳动者权益的说法正确的是(　　)。

A. 企业用人必须与劳动者签订劳动合同

B. 用人单位不得依据服务期规定追究劳动者违约金

C. 劳动者工资必须按月支付

D. 劳务派遣单位不得与劳动者约定试用期

【例题8】(单选)王某是甲公司的员工,1999年开始与甲公司连续签订了2份5年期的劳动合同,2009年王某与甲公司再续订劳动合同时,王某(　　)。

A. 有权要求订立无固定期限的劳动合同

B. 只能要求订立无固定期限的劳动合同

C. 无权要求订立无固定期限的劳动合同

D. 与甲公司协商一致可以订立无固定期限劳动合同

【例题9】(单选)刚刚大学毕业的小周与甲公司订立了期限为2年的劳动合同,劳动合同中就试用期约定的若干事项,根据《劳动合同法》的规定,其中符合规定的是(　　)。

A. 试用期为3个月

B. 劳动合同期限不包括试用期

C. 试用期工资为转正后工资的80%

D. 试用期间甲公司可以随意解除与小周的劳动合同

十一、劳动争议

(1)**劳动争议解决途径及其关系**:发生劳动争议,当事人不愿协商、协商不成或者达成

笔记

和解协议后不履行的，可以向调解组织申请调解；不愿调解、调解不成或者达成调解协议后不履行的，可以向劳动争议仲裁委员会申请仲裁；对仲裁裁决不服的，除劳动争议调解仲裁法另有规定的外，可以起诉。

(2)**劳动争议申请仲裁的时效期间为1年**。

(3)仲裁中达成的调解书具有法律效力，一方不履行的，另一方可以申请强制执行。

(4)仲裁中一般实行谁主张谁举证，但是与争议事项有关的证据属于用人单位掌握管理的，用人单位应当提供，不提供的应当承担不利后果。

(5)**“一裁终局”的案件**：追索劳动报酬、工伤医疗费、经济补偿或赔偿金，不超过当地月最低工资标准12个月金额的争议；因执行国家的劳动标准在工作时间、休息休假、社会保险等方面发生的争议。此类案件劳动者不服可以起诉，用人单位不能起诉。

(6)**仲裁前置**，未经仲裁直接起诉的，法院不予受理。

十二、社会保险

1. 概述

(1)国家建立基本养老保险、基本医疗保险、工伤保险、失业保险、生育保险等。

(2)社会保险基金来源于单位和个人缴费，不足时政府补贴。

(3)社会保险待遇具有人身专属性，原则上**不得继承**。

2. 基本养老保险

(1)参保

职工参加，**单位和职工共同缴费**；灵活就业人员参加，个人缴费。

社会统筹与个人账户相结合。单位缴纳的，计入基本养老保险统筹基金；职工缴纳的，计入个人账户。灵活就业人员缴纳的，分别计入基本养老保险统筹基金和个人账户。**个人账户不得提前支取，记账利率不得低于银行定期存款利率，免征利息税，个人死亡的个人账户余额可以继承**。

(2)基本养老金待遇

领取条件：达到**法定退休年龄时累计缴费满15年的**，按月领取基本养老金。达到法定退休年龄时累计缴费不足15年的，可以缴费至满15年，按月领取基本养老金；也可以转入新型农村社会养老保险或者城镇居民社会养老保险，享受相应的养老保险待遇。参加基本养老保险的个人，因病或者非因工死亡的，其遗属可以领取丧葬补助金和抚恤金；在未达到法定退休年龄时因病或者非因工致残完全丧失劳动能力的，可以领取病残津贴。

异地结转：个人跨统筹地区就业的，其基本养老保险**关系随本人转移，缴费年限累计计算**。个人达到法定退休年龄时，**基本养老金分段计算、统一支付**。

3. 基本医疗保险

(1)参保

职工参保的，单位和职工共同缴纳；灵活就业人员参保的，个人缴纳。

(2)基本医疗保险待遇

医疗费用，按照国家规定从基本医疗保险基金中支付。由社会保险经办机构与医疗机构、药品经营单位直接结算。

笔记

4. 工伤保险

(1)参保

职工参保,单位缴纳保费。

(2)工伤保险待遇

条件:职工因工作原因受到事故伤害或者患职业病,且经工伤认定的,享受工伤保险待遇;其中,经劳动能力鉴定丧失劳动能力的,享受伤残待遇。

职工因下列情形之一导致本人在工作中伤亡的,不认定为工伤:故意犯罪;醉酒或者吸毒;自残或者自杀;法律、行政法规规定的其他情形。

停止享受工伤保险待遇:丧失享受待遇条件的;拒不接受劳动能力鉴定的;拒绝治疗的。

5. 失业保险

(1)参保

职工参保,单位和职工共同缴费。

(2)失业保险待遇

领取失业保险金条件(缺一不可):失业前用人单位和本人已经缴纳失业保险费满1年的;非因本人意愿中断就业的;已经进行失业登记,并有求职要求的。

领取失业保险金的最长期限:累计缴费满1年不足5年的,最长为12个月;累计缴费满5年不足10年的,最长为18个月;累计缴费10年以上的,最长为24个月。

停止失业保险待遇的事由(任一):重新就业的;应征服兵役的;移居境外的;享受基本养老保险待遇的;无正当理由,拒不接受当地人民政府指定部门或者机构介绍的适当工作或者提供的培训的。

6. 生育保险

参保:职工参保,单位缴费。

第十讲 公 司 法

考点一 我国公司类型

有限责任公司+股份有限公司。

1. 有限责任公司

有限责任公司的股东以其认缴的出资额为限对公司承担责任,股东人数为50人以下。

2. 股份有限公司

股份有限公司的股东以其认购的股份为限对公司承担责任,发起人为2人以上200人以下。

3. 公司具有独立法人资格

独立人格;独立财产;独立责任。

笔记

考点二 公司章程

(1)设立公司必须依法制定**公司章程**。公司章程对**公司、股东、董事、监事、高级管理人员**具有约束力。

(2)**公司法定代表人依照公司章程的规定,由董事长、执行董事或者经理担任,并依法登记**。公司法定代表人变更,应当办理变更登记。

注意:公司章程对公司员工和公司债权人、债务人并不具有约束力。

考点三 总公司和分公司、母公司和子公司

1. 公司可以设立分公司

设立分公司,应当向公司登记机关申请登记,领取营业执照。**分公司** **不具有法人资格,其民事责任由公司承担**。

2. 公司可以设立子公司

子公司 **具有法人资格,依法独立承担民事责任**。

记忆要点:分公司是总公司的身体部位,子公司是母公司"生"的"小孩"!

考点四 公司资本

1. 公司资本

(1)2013 年修改公司法时已取消法定最低注册资本制度。是否登记为股份有限公司只是公司形式的不同,不代表公司业务规模或资金实力。

(2)股东可以用**货币**出资,也可以用**实物、知识产权、土地使用权**等可以用货币估价并可以依法转让的**非货币财产**作价出资。

股东**不得以劳务、信用、自然人姓名、商誉、特许经营权或者设定担保的财产**作价出资。

2. 出资形式

股东可以用**货币**出资,也可以用**实物、知识产权、土地使用权**等可以用货币估价并可以依法转让的**非货币财产**作价出资。

股东**不得以劳务、信用、自然人姓名、商誉、特许经营权或者设定担保的财产**作价出资。

考点五 有限责任公司的组织机构

1. 股东会

有限责任公司股东会由全体股东组成。股东会是公司的**权力机构**,依照本法行使

笔记

职权。

股东会行使下列职权，重点记住：

(1)**对公司增加或者减少注册资本作出决议；**

(2)**对公司合并、分立、解散、清算或者变更公司形式作出决议；**

(3)**修改公司章程；**

注意：这三项及变更公司形式需要2/3以上表决权的股东表决通过。

股东会会议由股东**按照出资比例行使表决权**；但是，公司章程另有规定的除外。

2. 董事会

有限责任公司设董事会，其成员为**3人至13人**；董事会设**董事长1人**，可以设副董事长。董事长、副董事长的产生办法由公司章程规定。董事任期由公司章程规定，**但每届任期不得超过3年**。董事任期届满，**连选可以连任**。

股东人数较少或者规模较小的有限责任公司，可以设1名**执行董事**，不设董事会。执行董事可以兼任公司经理。

3. 经理

有限责任公司可以设经理，由**董事会决定聘任或者解聘**。经理对董事会负责。

4. 监事会

有限责任公司设监事会，其成员不得少于3人。**股东人数较少或者规模较小的有限责任公司，可以设1至2名监事，不设监事会。**

董事、高级管理人员不得兼任监事。

监事的任期**每届为3年**。监事任期届满，**连选可以连任**。

考点六 一人有限责任公司的特别规定

一人有限责任公司，是指**只有一个自然人股东或者一个法人股东**的有限责任公司。

一个自然人只能投资设立一个一人有限责任公司。该一人有限责任公司不能投资设立新的一人有限责任公司。

一人有限责任公司不设股东会。股东作出决定时，应当采用书面形式，并由股东签名后置备于公司。

思维导图

（请登录"追求卓越官网 www.365zhuoyue.com"免费下载）

专项训练

一、单项选择题

1. 王某预购买"茅台酒"，结果误购买了商标不同而包装几乎一样的"茅台酒"，随向"茅台酒”厂投诉，“茅台酒”厂发现，“芽台酒”的价格不到“茅台酒”的1/3。如果“茅台酒”厂起诉“芽台酒”厂，其纠纷的性质为？（　　）

笔记

A. 低价倾销的不正当竞争纠纷

B. 诋毁商誉的不正当竞争纠纷

C. 企业名称侵权纠纷

D. 混淆行为的不正当竞争纠纷

2. 根据《中华人民共和国公司法》的规定，股份有限公司的发起人在规定期间内不得转让其持有的本公司股份，该期间为（　　）。

A. 自公司成立之日起5年内

B. 自公司成立之日起3年内

C. 自公司成立之日起2年内

D. 自公司成立之日起1年内

3. 下列有关有限合伙企业事务执行的表述，正确的是（　　）。

A. 有限合伙企业由普通合伙人和有限合伙人执行合伙事务

B. 有限合伙企业由有限合伙人执行合伙事务

C. 有限合伙企业由普通合伙人执行合伙事务

D. 有限合伙企业由普通合伙人或有限合伙人执行合伙事务

二、案例分析题

张晓2004年大学毕业后就职于某外贸公司，工作2周后与公司签订了3年的劳动合同。2012年1月初张晓因腰疼难忍去医院就诊，经检查确诊为腰椎间盘突出，需住院治疗。张晓向单位请假，单位负责人表示最多只能给他2个月的治疗期，2个月后张晓出院，领导根据她的情况安排她到公司资料室上班。不料1个月后张晓旧病复发，又住院治疗了20天，但当她出院后，公司却书面告知她，决定与她解除劳动合同。

根据以上案例，回答1～4题。

1. 用人单位与张晓的劳动关系建立的起始日期是（　　）。

A. 用工当日　　B. 用工次日

C. 订立合同当日　　D. 订立合同次日

2. 根据《劳动合同法》的相关规定，张晓的试用期最长为（　　）。

A. 1个月　　B. 2个月

C. 6个月　　D. 1年

3. 对于公司单方面与张晓解除劳动合同的做法，下列评价正确的是（　　）。

A. 符合法律规定，因为张晓生病耽误了工作影响了公司运作

B. 符合法律规定，因为张晓病情反复且身体状况差，无法再胜任公司安排的工作

C. 不符合法律规定，因为张晓正在规定医疗期内，公司无权单方面解除合同

D. 不符合法律规定，公司应当提前至少1个月书面通知张晓，方可解除合同

4. 如果张晓对单位单方面解除劳动合同不服，可以采取的措施有（　　）。

A. 向公安机关报案　　B. 直接向法院提起诉讼

C. 向劳动监察部门申诉　　D. 向劳动仲裁委员会申请仲裁

笔记

综合模考题

一、单项选择题

1.《宪法》规定，公民对国家工作人员的违法失职行为有权向国家机关提出申诉、控诉或者检举。这属于公民基本权利中的（　　）。

A. 政治权利　　B. 监督权利

C. 社会经济权利　　D. 人身自由权利

2. 某甲将手表借给某乙使用，某乙以市价卖给某丙，丙不知道该手表非乙所有，某甲发现后要求某丙返还原物，某丙（　　）。

A. 有返还义务　　B. 没有返还义务

C. 将原价款从某乙处要回，交给甲即可　　D. 将手表交还某乙

3. 现行选举法规定，全国人大代表，省、自治区、直辖市人民代表大会代表的辞职可以向（　　）。

A. 本级人大会议主席团书面提出　　B. 本级人大常委会书面提出

C. 选举他的人民代表大会书面提出　　D. 选举他的人大的常委会书面提出

4. 行政诉讼中，原则上不停止被诉行政行为的继续执行，但在下列（　　）情况下，可以暂停行政行为的执行。

A. 原告向法院申请停止执行　　B. 被告认为需要停止执行

C. 法院认为需要停止执行　　D. 新闻舆论认为需要停止执行的

5. 根据《民事诉讼法》规定，当事人申请再审（　　）。

A. 只能向原审人民法院的上一级人民法院提出

B. 应当向原审人民法院或者原审人民法院的上级人民法院提出

C. 应当向原审人民法院或者原审人民法院的上一级人民法院提出

D. 只能向上级法院提出

6. 根据《刑事诉讼法》的规定，不能充当证人的是（　　）。

A. 生理上有缺陷的人　　B. 精神上有缺陷的人

C. 年幼的人　　D. 精神上有缺陷不能辨别是非的人

7. 下列选项符合《劳动合同法》规定的是（　　）。

A. 甲为国有企业，规定新员工试用期为 7 个月

B. 乙为外商独资企业，要求小王缴纳 1 万元的保证金

C. 丙公司，要求小王必须接受为期 1 个月的培训，培训费用自行承担

D. 丁公司，要求小王必须在用工之日起 1 个月内与公司签订书面劳动合同

8. 两个以上人民法院都有管辖权的民事案件，原告向两个以上有管辖权的人民法院起诉，应由（　　）管辖。

A. 原告所在地法院　　B. 被告所在地法院

C. 几个有管辖权的法院的上级　　D. 最先立案的法院

9. 甲与乙共谋盗窃汽车，甲将盗车所需的钥匙交给乙。后来问乙表明放弃犯罪之意，让乙

还回钥匙。乙对甲说:“你等几分钟,我用你的钥匙配制一把钥匙后再还给你。”甲要回了自己原来提供的钥匙。后乙利用自己配制的钥匙盗窃了汽车(价值5万元)。关于本案,下列哪一选项是正确的?(　　)

A. 甲的行为属于盗窃中止　　B. 甲的行为属于盗窃预备

C. 甲的行为属于盗窃未遂　　D. 甲与乙构成盗窃(既遂)的共犯

10. 根据《刑法》规定,下列情况中的行为人不需要承担刑事责任的是(　　)。

A. 甲在已满14周岁不满16周岁时,将毒药投入王某的茶杯,致使王某死亡

B. 乙在不满14周岁时故意放火烧毁村里多栋相邻的房屋,导致多人伤亡

C. 丙于1995年4月1日出生,在2011年4月1日实施抢劫,抢走500元财物

D. 丁于1992年7月1日出生,在2012年7月1日实施盗窃,盗取学校价值1万元的实验设备

二、多项选择题

1. 依据我国宪法和有关法律的规定,下列哪些表述是正确的?(　　)

A. 全国人民代表大会可以改变或者撤销全国人大常委会作出的不适当决议

B. 全国人民代表大会常委会有权改变或者撤销国务院制定的同宪法、法律相抵触的行政法规

C. 全国人民代表大会常委会有权撤销直辖市国家权力机关制定的同宪法、法律、行政法规相抵触的地方性法规,但不能改变

D. 全国人民代表大会常委会有权对最高人民法院的错误判决进行宪法监督,但不能改变或撤销判决

2. 根据《宪法》的规定,下列哪些权利属于公民的人格尊严?(　　)

A. 公民的姓名权　　B. 公民的肖像权

C. 公民的名誉权和隐私权　　D. 公民的荣誉权

3. 甲购买一辆汽车,在开回的路上,因刹车失灵而翻车受伤。在此情形下,他可以请求谁承担何种责任?(　　)

A. 请求商家承担违约责任

B. 请求厂家同时承担违约和侵权责任

C. 请求厂家承担侵权责任

D. 请求厂家承担侵权责任,同时请求商家承担违约责任

4. 甲欲购买乙的二手车,并支付给乙订金1万元。后乙反悔,且不归还甲的订金。甲多次索要无果,便邀其好友丙商量,由丙开车放风接应,于某日下午放学之时,将乙的7岁儿子强行带走,并向乙打电话索要订金1万元。下列说法错误的有(　　)。

A. 甲是主犯,丙是胁从犯　　B. 甲、丙的行为构成绑架罪

C. 甲、丙的行为构成共同犯罪　　D. 对于丙,应当从轻、减轻或免除处罚

5. 故意杀人罪,是指故意非法剥夺他人生命的行为,下列关于故意杀人罪的论述正确的有(　　)。

A. 年满14周岁具有刑事责任能力的人均可构成本罪

B. 毁坏尸体的行为不构成故意杀人罪

笔记

笔记

C. 杀死胎儿的行为构成故意杀人罪

D. 胎儿脱离母体能够独立呼吸就是生命的开始，因此杀死刚出生的婴儿构成故意杀人罪

三、案例分析题

2013年10月，赵丽和王某在朋友的介绍下相识，热恋半年后，两人在当地民政局办理了结婚手续。婚后一年多，赵丽产下一名男孩。2016年4月，王某的父亲因病去世。2017年9月，王某不幸遇车祸也去世了。在接连的打击下，王某的母亲一病不起，久卧于床，其侄子经常主动来照顾她的生活起居。赵丽因忙于工作，未对王某的母亲尽到赡养义务，王某的母亲生前留下遗嘱，其财产由其侄子继承。

根据以上案例，回答1～5题。

1. 下列各项中，属于夫妻共同财产的是（　　）。

A. 一方专用的生活用品　　B. 婚后的工资收入

C. 双方的婚前财产　　D. 一方因身体受到伤害获得的医疗费

2. 关于赵丽与其丈夫的婚姻关系，下列说法不正确的是（　　）。

A. 王某去世后，假如赵丽想再婚，必须先办理离婚手续

B. 在赵丽怀孕期间，王某不得提出离婚

C. 赵丽与王某的婚姻关系随王某的去世而消除

D. 孩子出生一年内，王某不得提出离婚

3. 假设材料中王某并未因车祸去世，孩子出生后，其与赵丽因感情不和正常办理了离婚手续，后赵丽经人介绍与李某结婚，那么应当保证孩子接受并完成义务教育的是（　　）。

A. 赵丽　　B. 王某

C. 赵丽和王某　　D. 赵丽和李某

4. 根据法律规定，假如王某的母亲去世后，其财产应由（　　）来继承。

A. 赵丽　　B. 孩子

C. 赵丽和孩子　　D. 王某母亲的侄子

5. 关于继承和继承权，下列说法正确的是（　　）。

A. 继承从被继承人死亡后三个月开始

B. 遗弃被继承人的丧失继承权

C. 配偶、子女、父母、兄弟姐妹均属于第一顺序继承人

D. 继承权男性优于女性

四、判断题

1. 在我国，公安机关可以根据需要决定逮捕某犯罪嫌疑人。（　　）

2. 公民对于任何国家机关和国家工作人员，有提出批评和建议的权利。（　　）

3. 自然人的民事权利能力一律平等。（　　）

4. 不当得利人返还不当得利，包括原物与孳息。（　　）

5. 街道办事处是行政主体。（　　）

第六篇

公文常识

笔记

命题趋势

公文是2015年公共基础知识考试新增的一个版块，回顾这六年来的考情，主要体现在以下三个方面：**一是**分值逐步增大。2015年总分值150分，公文常识题分值为8分；2016年总分值100分，公文常识题分值为7分；2017年总分值100分，公文常识题分值为13分；2018年总分值100分，公文常识题分值为14.8分；2019年总分值100分，公文常识题分值为16.4分；2020年总分值100分，公文常识题分值为3.9分；2021年总分值100分，公文常识分值为4.2分。**二是**题型稳定。主要考查题型有单项选择题、多项选择题和实务题。**三是**侧重知识理解与运用。2016年实务题一则材料5道小题，2017年实务题二则材料9道小题，2018年实务题二则材料10道小题，2019年实务题二则材料10道小题，2020年没有涉及此部分内容。因此，从整体上来看，这部分内容除了识记之外，更重要的是要学会对此部分知识的运用。

核心考点

公文基础基本知识点112个，核心高频考点40个。主要有：①基本常识部分：公文作用、公文特点、公文分类、公文专用语、公文表达方式。②公文规则部分：行文关系、行文方式、联合行文规则、上行文规则、下行文规则、越级行文规则。③公文要素部分：发文字号、标题、正文、附件说明、抄送机关。④公文文种部分：决定、命令、公告、意见、通知、请示、批复、函。⑤公文处理部分：清退、销毁、“五个办”、审核、签发。⑥《党政机关公文处理工作条例》：第一条、第三十六条、第三十七条。

备考方法

根据这几年考题规律和公文写作部分的知识特点，备考此部分主要有以下几个方法。

(1)比较法。对于相似的知识点或者容易混淆的知识点，比如要素部分、文种部分要通过列表比较，区别异同，比较记忆、理解和运用。

(2)联系法。前后知识点具有相关性，把四个部分的知识点联系起来记忆、理解，也可以通过改错题来增强对于此部分整体知识点的把握。

笔记

(3)直记法。对于一些简单的单一知识点要熟悉记忆、记牢、记准确，此部分一切知识点的依据为《党政机关公文处理工作条例》，复习过程中需要与课堂笔记对照学习。

考点精讲

第一讲　公文基础知识

考点一　公文的概念

公务文书，又叫公务文件，简称公文，是国家机构与其他社会组织在公务活动中，按照特定的规范体式，经过一定的处理程序形成和使用的具有法定效用的书面文字材料，是传达贯彻党和国家方针、政策，公布法规和规章，指导、布置和商洽工作，请示和答复问题、报告、通报和交流情况等的重要工具。

考点二　公文的特点和作用

一、公文的特点

1. 作者的法定性

公文作者的法定性是指公文不是任何个人都可以任意制发的，它是由法定的作者制成和发布的。

2. 法定的权威性

公文法定的权威性是指公文在法定时间和空间范围内能够对受文者的行为产生一定程度的强制性影响。

3. 特定的执行效用

公文特定的执行效用是指公文的现实效用，是公文制发机关的法定地位所赋予的。它代表着制发机关所赋予的法定效力和作用。

4. 体式的规范性

公文体式的规范性是指公文有规范的体式，这是公文不同于图书、情报资料、通讯报道以及一般文章作品的一个显著特点。

5. 处理程序的规定性

公文处理程序的规定性是指公文的制发和办理必须经过规定的程序。

二、公文的作用

(1)领导指导作用。

(2)规范制约作用。

(3)联系沟通作用。

(4)宣传和教育作用。

(5)依据和凭证作用。

笔记

考点三 公文的分类

(1)根据形成和作用的公务活动领域(即通常所说的按公文形成和使用范围)划分:通用公文和专用公文两类。

(2)根据公文内容所涉及的国家秘密程度划分:对外公开、限国内公开、内部使用、秘密、机密、绝密六类。

(3)根据行文方向划分:上行文、下行文、平行文三类。

(4)根据处理时限要求:平件、急件、特急件三类。

(5)根据公文的内在属性划分:规范性、领导指导性、公布性、陈述呈请性、商洽性、证明性六类。

(6)根据适用范围划分:涉及《党政机关公文处理工作条例》中规定的15种。

(7)按照公文来源划分:收文和发文两类。

考点四 公文的稿本

公文的稿本是公文的文稿和文本的总称,是同一公文在撰写、审核、印制过程中形成的在内容、形式、作用上有所不同的文稿、文本。在公文形成过程中,有多种文稿、文本产生,它们在内容、外观形式,特别是在效用方面有很大不同。

一、公文的文稿

公文的文稿是指公文在起草过程中形成的一次又一次的稿子,包括草稿和定稿两种。

1. 草稿

草稿也称未定稿,是供讨论、征求意见、修改审核、审批用的原始的非正式文稿。

草稿按成熟过程可分为一稿、二稿、三稿……修改稿、讨论稿、征求意见稿、送审稿、草案等,外观特点是没有生效标志(签发、用印等)。

草稿内容未正式确定,不具备正式公文的效用。

2. 定稿

定稿是内容已确定,已履行法定生效程序的最后完成稿,它是文件的标准稿本,是印制正本的依据。

定稿具备正式公文的效用,一经确立,如不经法定责任者(如签发人、讨论通过该公文的会议等)的认可,任何人不得再对其予以修改,否则无效。

定稿的外形特征是有法定的生效标志(签发等);有的还标明“定稿”“最后完成稿”等稿本标记。

二、公文的文本

同一份文件,根据它们的不同用途,可分为正本、副本、存本、修订本;一些法规性文件又有试行本、暂行本等形式;同一内容的文件使用不同的文字又成为不同的文字文本。

笔记

1. 正本

正本是根据定稿制作的供主要受文者（主送机关）使用的具有法定效用的正式文本，其内容必须是对定稿的完整再现。

正本的外形特征是格式正规并有印章或签署等表明真实性、权威性、有效性的标志，在一些特殊公文上还标有"正本"字样的标记。

2. 副本及存本

副本是指再现公文正本内容及全部或部分外形特征的公文复制本或正本的复份。

存本是指发文机关印制一份文件的正本后留在本机关的除草稿、定稿以外的印制本。

3. 试行本

（1）试行本是规范性公文正本的一种特殊形式，即试验推行本，在规定的试验推行期间具有正式公文的法定效用。试行本主要适用于发文机关认为公文内容经一段时间的实践检验后可能将予修订的情况下使用的文本。

（2）试行本的外形特征主要是在公文标题中加注稿本标记，一般是在文种后用括号注明"试行"字样。

4. 暂行本

（1）暂行本也是规范性公文正本的一种特殊形式，即暂时推行本，在规定的暂行期间具有正式公文的法定效用。暂行本常用于发文机关认为因时间紧迫，公文中的有关内容可能存在不够具体周密、完善等欠缺，暂行一段时间之后可能将予修订的情况下使用的文本。

（2）暂行本的外形特征是在公文标题的文种之前加注"暂行"字样，如《行政法规制定程序暂行条例》。

5. 修订本

（1）修订本是规范性公文正本的另外一种特殊形式，是已发布生效的公文，经实践检验重新予以修正补充后再发布的文本。自修订本生效之日起，原文本即行废止。

（2）修订本的外形特征除与其他正本相同之外，需要作出稿本标记，可在标题结尾处标作"（修订本）"，也可在标题下作题注，在圆括号内注明"某年某月修订"。

考点练习

【例题 1】（2020 年真题）机关内部向上级反映情况的事务性公文是（　　）。

A. 简报　　B. 总结

C. 述职报告　　D. 调查报告

【例题 2】（2019 年真题）公文语言是体现公文特色的规范化语言，下列不属于公文语言特点的是（　　）。

A. 生动　　B. 准确

C. 严谨　　D. 庄重

【例题 3】（2018 年真题）A 省需要 B 县国家历史文化名城的规划、保护工作向相关上级机关汇报应使用的文种是（　　）。

A. 请示　　B. 报告

C. 函　　D. 通知

笔记

【例题 4】公文的主要表达方式是（　　）。

A. 叙述　　B. 说明

C. 议论　　D. 比喻

【例题 5】公文的作者是指（　　）。

A. 撰稿人　　B. 审核人

C. 签发人　　D. 发文机关

【例题 6】每种公文的写作都有严格的格式要求。这体现了公文的（　　）。

A. 法定性　　B. 政策性

C. 规范性　　D. 时效性

【例题 7】公文写作的规范性主要体现在（　　）。

A. 实事求是　　B. 讲究格式

C. 注意政策　　D. 熟悉业务

【例题 8】用于汇报工作、陈述情况、提出建议、请求指示或请求批准的文件是（　　）。

A. 规范性文件　　B. 领导指导性文件

C. 陈述呈请性文件　　D. 证明性文件

【例题 9】《关于当代大学生消费情况的调查报告》按照公文的分类原则划分，该公文属于（　　）类别。

A. 专用公文　　B. 通用公文

C. 法定公文　　D. 党务公文

【例题 10】根据内容实质不同，公文可分为（　　）等。

A. 上行文、下行文、平行文

B. 通用公文、专用公文

C. 规范性公文、指导性公文、呈请性公文、知照性公文

D. 收文、发文

第二讲　公文行文规则

行文规则，即控制公文行文对象、行文方向和行文方式等方面的制度规定，是制发、办理公文中必须遵循的基本准则。行文规则规范着各种社会组织之间的行文行为，旨在确保公文有序、有效的运行，顺利实现公文的效用。学习和把握行文规则，必须先了解行文关系、行文方向和行文方式。之后，再学习行文规则知识。

一、行文关系

行文关系是机关单位之间的组织关系在公文运行中的体现。

二、我国社会组织机关及其部门、单位之间的组织关系

（1）上下级关系：领导和被领导关系。

笔记

(2)隶属关系:不论大小和级别,都在同一系列内。

(3)平级关系:在一个系列中的同等级别的机关或者部门、单位之间的关系。

(4)非隶属关系:同一垂直系列不发生直接职能往来的机关及其部门、单位之间的关系。不论是相同级别还是不同级别,都要通过知照性行文,如函进行协调,或联合行文共同办理。

三、行文方向

行文方向是以发文机关为立足点向不同机关运行的去向。其主要分为以下三个方面。

上行文:指公文向上级机关单位运行。行政公文的上行文有议案、报告和请示,但有的下行文,如通知、通报等也可以在一定情况下上行。

下行文:指公文向下级机关单位运行。下行的行政公文比较多。

平行文:指公文向同级或不相隶属的机关单位运行。函、通知等都可以平行。

四、行文方式

1. 上行文行文方式

上行文是指下级机关向上级机关的行文,也包括下级业务部门向上级业务主管部门的行文。

2. 下行文行文方式

下行文是指上级机关对所属下级机关的行文,也包括上级业务部门向下级业务部门的行文。根据实际工作需要,下行文可分别采用逐级行文、多级行文和直达行文三种方式。

3. 平行文行文方式

平行文是平级机关或不相隶属机关之间的行文。

4. 普发行文

向所属各机关及其部门、单位一次性行文,主送机关使用泛称。

5. 通行行文

向隶属机关和非隶属机关以及社会群体一次性泛向行文。

五、行文规则

1. 上行文规则

向上级机关行文,应当遵循以下规则。

(1)原则上主送一个上级机关,根据需要同时抄送相关上级机关和同级机关,不抄送下级机关。

(2)党委、政府的部门向上级主管部门请示、报告重大事项,应当经本级党委、政府同意或者授权;属于部门职权范围内的事项应当直接报送上级主管部门。

(3)下级机关的请示事项,如需以本机关名义向上级机关请示,应当提出倾向性意见后上报,不得原文转报上级机关。

(4)请示应当一文一事。不得在报告等非请示性公文中夹带请示事项。

笔记

(5)除上级机关负责人直接交办事项外，不得以本机关名义向上级机关负责人报送公文，不得以本机关负责人名义向上级机关报送公文。

(6)受双重领导的机关向一个上级机关行文，必要时抄送另一个上级机关。

2. 下行文规则

向下级机关行文，应当遵循以下规则。

(1)主送受理机关，根据需要抄送相关机关。重要行文应当同时抄送发文机关的直接上级机关。

(2)党委、政府的办公厅(室)根据本级党委、政府授权，可以向下级党委、政府行文，其他部门和单位不得向下级党委、政府发布指令性公文或者在公文中向下级党委、政府提出指令性要求。需经政府审批的具体事项，经政府同意后可以由政府职能部门行文，文中须注明已经政府同意。

(3)党委、政府的部门在各自职权范围内可以向下级党委、政府的相关部门行文。

(4)涉及多个部门职权范围内的事务，部门之间未协商一致的，不得向下行文；擅自行文的，上级机关应当责令其纠正或者撤销。

(5)上级机关向受双重领导的下级机关行文，必要时抄送该下级机关的另一个上级机关。

3. 联合行文规则

联合行文应当遵循以下规则。

(1)行文的各机关部门必须是同级的。

(2)联合行文对于共同贯彻执行有关方针、政策或兴办某些事业，是非常有利的。

(3)几个平行机关或部门联合行文，应将相对应的各机关都列为主送机关。

(4)联合行文应当确有必要，且单位不宜过多。

4. 越级行文规则

(1)多次请示直接上级而得不到解决，下级机关又认为非解决不可的事项。

(2)回复更高一级上级机关的询问或汇报更高一级上级机关直接交办的事项。

(3)情况非常紧急，按正常逐级行文方式就会贻误时机造成重大事故或更大损失。

(4)控告、揭发直接上级。

除第四种情况外，在越级行文的同时要把文件抄报被越过的上级机关。

考点练习

【例题 1】下列公文处理的做法，正确的是(　　)。

A. 某市卫生健康委员会将下属医院的请示以该卫生健康委员会的名义将原文提交省卫生健康委员会

B. 某高校党委办公室经校党委同意授权后，向省教育厅提交该校党委延期换届的请示

C. 某单位在工作中遇到一些棘手问题，为集思广益，将提交上级部门审批的请示同时发往下级单位

D. 某单位发生一起恶性群体事件，需立即向上级机关提交事故报告。办公室人员将此报告同时抄送给所属下级单位，以示警诫

笔记

【例题 2】下列公文属于上行文的是(　　)。

A.《国务院关于 2014 年度国家科学技术奖励的决定》

B.《关于开展免费师范生培养工作的实施意见》

C.《国务院办公厅关于继续做好房地产市场调控工作的通知》

D.《甲省关于呈请批准乙市城市总体规划的请示》

【例题 3】向直接的上级或者直接的下级行文应采用(　　)。

A. 多级行文　　B. 逐级行文

C. 通行行文　　D. 越级行文

【例题 4】陕西省人民政府向国务院各部委制发的公文属于(　　)。

A. 上行文件　　B. 下行文件

C. 平行文件　　D. 呈请性文件

【例题 5】两个不是同一组织系统的机关,用于联系工作而使用的文件属于(　　)。

A. 上行文　　B. 平行文

C. 下行文　　D. 越级行文

【例题 6】为了维护正常的领导、指导、直接统属的关系,一般采用(　　)的方式。

A. 多次行文　　B. 逐级行文

C. 直接行文　　D. 越级行文

【例题 7】下列哪些情况不可以采用越级行文的方式?(　　)

A. 国家林业和草原局致文某县林业和草原局,要求调查该县某处森林发生重大火灾的原因,该县林业和草原局调查清楚后向国家林业和草原局行文报告

B. 情况特殊紧急

C. 需要检举,控告直接上级机关

D. 某市人民政府适应现代化建设的需要,拟在某原林场内建一座具有一定规模的植物园,为此决定向上级机关致文请求批准

【例题 8】某市工商局发生了一起重大事故,急需上级部门和更高层次的上级机关同时了解公文的内容。此时可以采用的行文方式是(　　)。

A. 多级行文　　B. 越级行文

C. 直接行文　　D. 逐级行文

【例题 9】行文关系就是机关之间的公文授受关系,它是根据机关组织体系和授权范围来确定的,其中不包括(　　)。

A. 监督关系　　B. 平行关系

C. 隶属关系　　D. 业务指导

【例题 10】联合行文的作者,应为(　　)。

A. 具有隶属关系的机关

B. 同级别的机关

C. 同一组织系统中的上下级机关

D. 具有业务指导关系的机关

第三讲　公文基本要素

笔记

一、版头

1. 份号

份号是指公文印制份数的顺序号。涉密公文应当标注份号。

如需标注份号，一般用6位3号阿拉伯数字，顶格编排在版心左上角第一行。

2. 密级和保密期限

密级和保密期限是指公文的秘密等级和保密的期限。涉密公文应当根据涉密程度分别标注“绝密”“机密”“秘密”和保密期限。

如需标注密级和保密期限，一般用3号黑体字，顶格编排在版心左上角第二行。

保密期限中的数字用阿拉伯数字标注。

3. 紧急程度

紧急程度是指公文送达和办理的时限要求。根据紧急程度，紧急公文应当分别标注“特急”“加急”，电报应当分别标注“特提”“特急”“加急”“平急”。

如需标注紧急程度，一般用3号黑体字，顶格编排在版心左上角；如需同时标注份号、密级和保密期限、紧急程度，按照份号、密级和保密期限、紧急程度的顺序自上而下分行排列。

4. 发文机关标志

发文机关标志是由发文机关全称或者规范化简称加“文件”二字组成，也可以使用发文机关全称或者规范化简称。联合行文时，发文机关标志可以并用联合发文机关名称，也可以单独用主办机关名称。并用时主办机关排列在前。

发文机关标志居中排布，上边缘至版心上边缘为35 mm，推荐使用小标宋体字，颜色为红色，以醒目、美观、庄重为原则。

联合行文时，如需同时标注联署发文机关名称，一般应当将主办机关名称排列在前；如有“文件”二字，应当置于发文机关名称右侧，以联署发文机关名称为准上下居中排布。

5. 发文字号

发文字号是由发文机关代字、年份、发文顺序号组成。联合行文时，使用主办机关的发文字号。年份用阿拉伯字完整书写，不要把“2018”简化为“18”，并用六角括号“〔〕”括住。

编排在发文机关标志下空二行位置，居中排布。年份、发文顺序号用阿拉伯数字标注；年份应标全称，用六角括号括入；发文顺序号不加“第”字，不编虚位（即1不编为01），在阿拉伯数字后加“号”字。

上行文的发文字号居左空一字编排，与最后一个签发人姓名处在同一行。

6. 签发人

上行文需要标注签发人。

由“签发人”三字加全角冒号和签发人姓名组成，居右空一字，编排在发文机关标志下空二行位置。“签发人”三字用3号仿宋体字，签发人姓名用3号楷体字。

笔记

如有多个签发人，签发人姓名按照发文机关的排列顺序从左到右、自上而下依次均匀编排，一般每行排两个姓名，回行时与上一行第一个签发人姓名对齐。

二、主体

1. 标题

标题是由发文机关名称、事由和文种组成。公文标题除了法规、规章名称加书名号外，一般不用标点符号。

一般用2号小标宋体字，编排于红色分隔线下空二行位置，分一行或多行居中排布；回行时，要做到词意完整，排列对称，长短适宜，间距恰当，标题排列应当使用梯形或菱形。

2. 主送机关

主送机关是指公文的主要受理机关，应当使用机关全称、规范化简称或者同类型机关统称。

编排于标题下空一行位置，居左顶格，回行时仍顶格，最后一个机关名称后标全角冒号。如主送机关名称过多导致公文首页不能显示正文时，应当将主送机关名称移至版记。

3. 正文

正文是指公文的主体，用来表述公文的内容。

公文首页必须显示正文。一般用3号仿宋体字，编排于主送机关名称下一行，每个自然段左空二字，回行顶格。文中结构层次序数依次可以用“一、”“(一)”“1.”“(1)”。

一般第一层用黑体字、第二层用楷体字、第三层和第四层用仿宋体字标注。

4. 附件说明

附件说明是指公文附件的顺序号和名称。

如有附件，在正文下空一行左空二字编排“附件”二字，后标全角冒号和附件名称。

如有多个附件，使用阿拉伯数字标注附件顺序号(如“附件：1. ××××××”)；附件名称后不加标点符号。附件名称较长需回行时，应当与上一行附件名称的首字对齐。

5. 发文机关署名、成文日期和印章

(1)单一机关行文时，一般在成文日期之上、以成文日期为准居中编排发文机关署名，印章端正、居中下压发文机关署名和成文日期，使发文机关署名和成文日期居印章中心偏下位置，印章顶端应当上距正文(或附件说明)一行之内。

联合行文时，一般将各发文机关署名按照发文机关顺序整齐排列在相应位置，并将印章一一对应、端正、居中下压发文机关署名，最后一个印章端正、居中下压发文机关署名和成文日期，印章之间排列整齐、互不相交或相切，每排印章两端不得超出版心，首排印章顶端应当上距正文(或附件说明)一行之内。

(2)成文日期中的数字。用阿拉伯数字将年、月、日标全，年份应标全称，月、日不编虚位(即1不编01)。

(3)特殊情况说明。当公文排版后所剩空白处不能容下印章或签发人签名章、成文日期时，可以采取调整行距、字距的措施加以解决。

笔记

6. 附注

附注是指公文印发传达范围等需要说明的事项。

如有附注，居左空二字加圆括号编排在成文日期下一行。

7. 附件

附件是指公文正文的说明、补充或者参考资料。附件是随同公文一起发出的文字材料，在转发类公文中，附件(被转发的公文)是该公文的核心内容。

附件应当另面编排，并在版记之前，与公文正文一起装订。“附件”二字及附件顺序号用 3 号黑体字顶格编排在版心左上角第一行。附件标题居中编排在版心第三行。

附件顺序号和附件标题应当与附件说明的表述一致。附件格式要求同正文。

如果附件与正文不能一起装订，应当在附件左上角第一行顶格编排公文的发文字号并在其后标注“附件”二字及附件顺序号。

三、版记

1. 抄送机关

抄送机关是指除主送机关外需要执行或者知晓公文内容的其他机关，应当使用机关全称、规范化简称或者同类型机关统称。

如有抄送机关，一般用 4 号仿宋体字，在印发机关和印发日期之上一行、左右各空一字编排。“抄送”二字后加全角冒号和抄送机关名称，回行时与冒号后的首字对齐，最后一个抄送机关名称后标句号。

2. 印发机关和印发日期

印发机关和印发日期是指公文的送印机关和送印日期。

印发机关和印发日期一般用 4 号仿宋体字，编排在末条分隔线之上，印发机关左空一字，印发日期右空一字，用阿拉伯数字将年、月、日标全，年份应标全称，月、日不编虚位(即 1 不编为 01)，后加“印发”二字。

版记中如有其他要素，应当将其与印发机关和印发日期用一条细分隔线隔开。

此外，还有页码一项，即公文页数顺序号。

一般用 4 号半角宋体阿拉伯数字，编排在公文版心下边缘之下，数字左右各放一条一字线；一字线上距版心下边缘 7 mm。单页码居右空一字，双页码居左空一字。公文的版记页前有空白页的，空白页和版记页均不编排页码。公文的附件与正文一起装订时，页码应当连续编排。

考点练习

【例题 1】(2019 年真题)关于公文的抄送机关，下列说法不正确的是(　　)。

A. 抄送机关是指除主送机关外，需要执行或者知晓公文内容的其他机关

B. 应当使用机关全称、规范化简称或者同类型机关统称

C. 向上级机关行文，应根据需要同时抄送相关上级机关、同级机关和下级机关

D. 受双重领导的机关向一个上级机关行文，必要时抄送另一个上级机关

笔记

【例题2】(2019年真题)发文字号编排在发文机关标志下,发文字号的正确写法是(　　)。

A. 甘政函(2018)144号

B. 甘政函(2018)0144号

C. 甘政函〔2018〕第144号

D. 甘政函〔2018〕144号

【例题3】(2019年真题)关于主送机关和公文的主送机关,下列说法错误的是(　　)。

A. 各主送机关之间应用"、"隔开

B. 主送机关位置格式应居左顶格编排

C. 公文的主送机关可以不写全称

D. 公文的主送机关可以使用同类型机关统称

【例题4】(2019年真题)公文落款处成文日期的规范写法是(　　)。

A. 2018. 10. 10

B. 2018/10/10

C. 2018年10月10日

D. 二零一八年十月十日

【例题5】(2017年真题)公文使用的汉字、数字、外文字符、计量单位和标点符号等,应按照有关国家标准的规定执行。下列表述正确的是(　　)。

A. 米的单位表示为:M

B. 速度单位表示为:Km/小时

C. "3·15"消费者权益日

D. 纪念5·4运动九十周年

【例题6】(2019年真题)含有重要的国家秘密,泄密会使国家的安全与利益受到严重损害的文件属于(　　)。

A. 秘密文件　　B. 绝密文件

C. 机密文件　　D. 保密文件

【例题7】公文的份号指的是公文印制份数的顺序号,《党政机关公文处理工作条例》明确指出,应当标注份号的公文是(　　)。

A. 涉密公文　　B. 重要公文

C. 紧急公文　　D. 存档公文

【例题8】根据《党政机关公文处理工作条例》《党政机关公文格式》规定,"签发人"标准的规范要求是(　　)。

A. 正式印发的公文都应当标注签发人姓名

B. 由"签发人"三字加冒号和签发人姓名、签发日期组成

C. 由"签发人"居中空一字,编排在发文机关标志下方

D. 如有多个签发人,签发人姓名按照发文机关的排列顺序从左到右,自上而下依次编排

【例题 9】附件说明的规范写法是(　　)。

A. 写明附件的发文机关即可

B. 写明附件的主要内容

C. 写明附件的份数

D. 写明附件的顺序号和名称

【例题 10】公文的成文日期署(　　)。

A. 会议通过或者发文机关负责人签发的日期

B. 公文定稿的日期

C. 印制公文的日期

D. 秘书长或办公室主任审核的日期

第四讲　公文处理与写作

考点一　公文拟制

公文拟制包括公文的起草、审核、签发等程序。

1. 公文起草

(1)符合国家法律法规和党的路线方针政策,完整准确体现发文机关意图,并同现行有关公文相衔接。

(2)一切从实际出发,分析问题实事求是,所提政策措施和办法切实可行。

(3)内容简洁,主题突出,观点鲜明,结构严谨,表述准确,文字精练。

(4)文种正确,格式规范。

(5)深入调查研究,充分进行论证,广泛听取意见。

(6)公文涉及其他地区或者部门职权范围内的事项,起草单位必须征求相关地区或者部门意见,力求达成一致。

(7)机关负责人应当主持、指导重要公文起草工作。

2. 公文审核

公文文稿签发前,应当由发文机关办公厅(室)进行审核。

审核的重点集中在以下几个方面。

(1)行文理由是否充分,行文依据是否准确。

(2)内容是否符合国家法律法规和党的路线方针政策;是否完整准确体现发文机关意图;是否同现行有关公文相衔接;所提政策措施和办法是否切实可行。

(3)涉及有关地区或者部门职权范围内的事项是否经过充分协商并达成一致意见。

(4)文种是否正确,格式是否规范;人名、地名、时间、数字、段落顺序、引文等是否准确;文字、数字、计量单位和标点符号等用法是否规范。

(5)其他内容是否符合公文起草的有关要求。

笔记

需要发文机关审议的重要公文文稿，审议前由发文机关办公厅(室)进行初核。

经审核不宜发文的公文文稿，应当退回起草单位并说明理由；符合发文条件但内容需作进一步研究和修改的，由起草单位修改后重新报送。

3. 公文签发

公文应当经本机关负责人审批签发。重要公文和上行文由机关主要负责人签发。党委、政府的办公厅(室)根据党委、政府授权制发的公文，由受权机关主要负责人签发或者按照有关规定签发。签发人签发公文，应当签署意见、姓名和完整日期；圈阅或者签名的，视为同意。联合发文由所有联署机关的负责人会签。

考点二 公文办理

公文办理包括收文办理、发文办理和整理归档。

1. 收文办理主要程序

(1)签收。对收到的公文应当逐件清点，核对无误后签字或者盖章，并注明签收时间。

(2)登记。对公文的主要信息和办理情况应当详细记载。

(3)初审。对收到的公文应当进行初审。初审的重点：是否应当由本机关办理，是否符合行文规则，文种、格式是否符合要求，涉及其他地区或者部门职权范围内的事项是否已经协商、会签，是否符合公文起草的其他要求。经初审不符合规定的公文，应当及时退回来文单位并说明理由。

(4)承办。阅知性公文应当根据公文内容、要求和工作需要确定范围后分送。批办性公文应当提出拟办意见报本机关负责人批示或者转有关部门办理，需要两个以上部门办理的，应当明确主办部门。紧急公文应当明确办理时限。承办部门对交办的公文应当及时办理，有明确办理时限要求的应当在规定时限内办理完毕。

(5)传阅。根据领导批示和工作需要将公文及时送传阅对象阅知或者批示。办理公文传阅应当随时掌握公文去向，不得漏传、误传、延误。

(6)催办。及时了解掌握公文的办理进展情况，督促承办部门按期办结。紧急公文或者重要公文应当由专人负责催办。

(7)答复。公文的办理结果应当及时答复来文单位，并根据需要告知相关单位。

2. 发文办理主要程序

(1)复核。已经发文机关负责人签批的公文，印发前应当对公文的审批手续、内容、文种、格式等进行复核，需作实质性修改的，应当报原签批人复审。

(2)登记。对复核后的公文，应当确定发文字号、分送范围和印制份数并详细记载。

(3)印制。公文印制必须确保质量和时效。涉密公文应当在符合保密要求的场所印制。

(4)核发。公文印制完毕，应当对公文的文字、格式和印刷质量进行检查后分发。

3. 整理归档

需要归档的公文及有关材料，应当根据有关档案法律法规以及机关档案管理规定，及时收集齐全、整理归档。两个以上机关联合办理的公文，原件由主办机关归档，相关机关保存复制件。机关负责人兼任其他机关职务的，在履行所兼职务过程中形成的公文，由其兼职机关归档。

考点三 公文管理

笔记

1. 处置办毕公文的主要活动

在收文处理和发文处理过程中都存在处置办理完毕的公文的活动。这些活动决定并实现了各类办毕公文(办毕的收文,本机关对外发文的文稿和存本等)的归宿:去、留、存、亡,对充分发挥包括现行效用和历史效用在内的公文的全部功能效用具有十分重要的影响。这些处置活动主要包括:清退、销毁、暂存、立卷、归档。

(1)清退。经过清理将有关办毕的收文按期退归原发文机关或由其指定的有关单位。

(2)销毁。以各种方式和手段对失去留存价值或留存可能性。

(3)暂存。暂时留存保管一部分具有很高查考价值的重份公文(一份已立卷、归档)和受多种因素制约一时难以准确判定是否应予销毁的公文。

(4)立卷。将办理完毕且有查考利用价值的公文编立成为案卷(公文的集合体,档案管理的基本单位)。

(5)归档。将编立好的案卷及案卷目录按规定的时间和质量要求移交档案部门作为档案保存和管理。

2. 公文清退的范围与手续

需要清退的公文主要包括如下几类。

> 公文清退范围:①涉密文件;②具有重大错误文件;③仅供征求意见和建议公文;④未经阅的领导人讲话;⑤被明令撤销销毁的;⑥其他需要清理的。

需清退的公文平时要单独保管,任何人不得私自摘录其内容,更不得复制留存。在以各种通信方式传递应清退的公文时,只要公文本身没有解密或降密,应一律按原文标注的密级处理,要严格遵行有关的保密规定和要求。

3. 公文销毁的范围与方式

应予销毁的公文主要包括如下几类。

> 公文销毁范围:①不具备留存价值的公文;②没有必要立卷归档的重复性公文;③上级制定要销毁的公文;④涉及公文形成过程中的草稿。

销毁公文的主要方式:焚毁、重新制成纸浆、粉碎、清洗消磁(磁盘、磁鼓、磁带等)。

4. 暂存公文的保管

暂存公文应由文书部门或人员妥善保管。要合理排列与编号并简单编目,必要时可按公文号、主题、作者或查考利用的其他需要和要求汇编装订成册。

密件与非密件应分别保管。

不经批准,个人不得私留私存公文。

应定期清理公文及时剔除确已不需查考和明显无任何留存价值的公文;及时将确认具有长期或永久保存价值的公文重新归卷。

5. 立卷归档

凡是反映本机关工作活动的、具有查考利用价值的业已办理完毕的公文材料均在立

笔记

卷归档范围之列。

考点四 公文撤销与废止

公文的撤销和废止，由发文机关、上级机关或者权力机关根据职权范围和有关法律法规规定。公文被撤销的，视为自始无效；公文被废止的，视为自废止之日起时效。

考点练习

【例题1】(2017年单选)对复核后的公文，应当确定(　　)，分送范围和印制份数并详细记载。

A. 文种　　B. 发文字号

C. 行文关系　　D. 抄送机关

【例题2】(2018年单选)对收到的公文应该进行初审，初审的重点不包括(　　)。

A. 是否应当由本机关办理

B. 是否符合行为规则，文种、格式是否符合要求

C. 行文理由是否充分，行文依据是否准确

D. 涉及其他地区或者部门职权范围内的事项是否已经协商、会签

【例题3】(2018年单选)已经发文机关负责人签批的公文，印发前应当对公文的(　　)、内容、文种、格式等进行复核；需要做实质性修改的，应当报原签批人复审。

A. 签发人　　B. 经办人

C. 审批手续　　D. 标题

【例题4】(2019年单选)下列关于公文签发的表述，正确的是(　　)。

A. 重要公文和上行文由机关主要负责人签发

B. 党委、政府的办公厅(室)根据党委、政府授权制发的公文，由受权机关主要负责人签发或者按照有关规定签发

C. 签发人签发公文，应当签署意见、姓名和完整日期

D. 联合发文由主办机关的负责人签发

【例题5】(2017年单选)逐件清点收到的公文，核对无误后签字或盖章，并注明收到的时间，这一程序叫(　　)。

A. 签收　　B. 登记

C. 初审　　D. 拟办

【例题6】公文文稿签发前，应当由(　　)进行审核。

A. 秘书　　B. 发文机关办公厅(室)

C. 机关负责人　　D. 业务主管领导

【例题7】发文办理是以(　　)的名义制发公文。

A. 机关领导　　B. 批文的秘书

C. 发文机关　　D. 承印公文的部门

笔记

【例题 8】下列公文处理的程序中属于发文办理的是(　　)。

A. 拟办　　B. 复核

C. 传阅　　D. 签收

【例题 9】凡是能反映本机关工作活动的,具有(　　)的办毕文件,均在立卷范围之列。

A. 可重新判定价值

B. 不能准确判定价值

C. 查考利用价值

D. 传递信息价值

【例题 10】立卷的文件是已经办理完毕的,立卷的作用主要是(　　)。

A. 反映本机关的活动

B. 便于检索和管理

C. 便于印证机关工作的历史

D. 便于研究有关问题

第五讲　常见文种

决议。适用于会议讨论通过的重大决策事项。

决定。适用于对重要事项作出决策和部署、奖惩有关单位和人员、变更或者撤销下级机关不适当的决定事项。

命令(令)。适用于公布行政法规和规章、宣布施行重大强制性措施、批准授予和晋升衔级、嘉奖有关单位和人员。

公报。适用于公布重要决定或者重大事项。

公告。适用于向国内外宣布重要事项或者法定事项。

通告。适用于在一定范围内公布应当遵守或者周知的事项。

意见。适用于对重要问题提出见解和处理办法。

通知。适用于发布、传达要求下级机关执行和有关单位周知或者执行的事项,批转、转发公文。

通报。适用于表彰先进、批评错误、传达重要精神和告知重要情况。

报告。适用于向上级机关汇报工作、反映情况,回复上级机关的询问。

请示。适用于向上级机关请求指示、批准。

批复。适用于答复下级机关请示事项。

议案。适用于各级人民政府按照法律程序向同级人民代表大会或者人民代表大会常务委员会提请审议事项。

函。适用于不相隶属机关之间商洽工作、询问和答复问题、请求批准和答复审批事项。

纪要。适用于记载会议主要情况和议定事项。

笔记

考点练习

【例题1】(2021年真题)用于发布、传达、要求下级执行(　　)。

A. 意见　　B. 通知

C. 批复　　D. 命令

【例题2】(2020年真题)关于公文文种的写作,下列说法正确的是(　　)。

A. 议案的发文者是国家机关

B. 报告内容单一,要求"一文一事"

C. 纪要一般没有主送机关且不加盖公章

D. 请示应在正文下方标注签发人并盖签名章

【例题3】(2018年真题)公文落款处所标明的日期是指(　　)。

A. 秘书人员修改定稿的日期

B. 秘书部门负责人核稿完毕的日期

C. 公文封发的日期

D. 领导人签发的日期

【例题4】(2018年真题)下列关于批复的说法,正确的是(　　)。

A. 批复用于下级机关向上级机关请示

B. 批复还涉及请示事项之外的事项

C. 批复可以给出折中的意见

D. 批复的结构包括标题、主送机关、正文、发文机关和成文日期

【例题5】××局拟就新组建某部门问题向市政府提出建议,应选用(　　)。

A. 请示函　　B. 请示

C. 意见　　D. 情况报告

【例题6】在所有公文中,意见是一种在文种名称前面经常缀以修饰词的文种。常用的前缀修饰词有(　　)。

A. 指导　若干　实施

B. 指导　印发　实施

C. 印发　转发　指导

D. 实施　转发　指导

【例题7】批复的态度和观点不可以模棱两可,让请示单位不知如何处理,这体现了批复具有(　　)。

A. 被动性　　B. 针对性

C. 明确性　　D. 权威性

【例题8】(　　)不适宜使用"令"这种文体。

A. 公布行政法规和规章

B. 宣布施行重大强制性措施

C. 嘉奖有关单位和个人

D. 变更或撤销下级机关不适当的决定

笔记

【例题9】××省地震局对××市人民政府的询问进行答复，应使用的文种是(　　)。

A. 请示　　B. 报告

C. 批复　　D. 函

【例题10】关于公告公布范围的广泛性的表述，不正确的是(　　)。

A. 公告是公布性的文件

B. 可以通过广播、电视、报纸等宣传工具向国内外发布

C. 不宜或不必向国内外宣传的事项，不宜使用公告

D. 各级机关，只要事情重大，都可以使用公告

第六讲　《党政机关公文处理工作条例》

第一章　总　　则

第一条　为了适应中国共产党机关和国家行政机关(以下简称党政机关)工作需要，推进党政机关公文处理工作科学化、制度化、规范化，制定本条例。

第二条　本条例适用于各级党政机关公文处理工作。

第三条　党政机关公文是党政机关实施领导、履行职能、处理公务的具有特定效力和规范体式的文书，是传达贯彻党和国家的方针政策，公布法规和规章，指导、布置和商洽工作，请示和答复问题，报告、通报和交流情况等的重要工具。

第四条　公文处理工作是指公文拟制、办理、管理等一系列相互关联、衔接有序的工作。

第五条　公文处理工作应当坚持实事求是、准确规范、精简高效、安全保密的原则。

第六条　各级党政机关应当高度重视公文处理工作，加强组织领导，强化队伍建设，设立文秘部门或者由专人负责公文处理工作。

第七条　各级党政机关办公厅(室)主管本机关的公文处理工作，并对下级机关的公文处理工作进行业务指导和督促检查。

第二章　公文种类

第八条　公文种类主要有：

(一)决议。适用于会议讨论通过的重大决策事项。

(二)决定。适用于对重要事项作出决策和部署、奖惩有关单位和人员、变更或者撤销下级机关不适当的决定事项。

(三)命令(令)。适用于公布行政法规和规章、宣布施行重大强制性措施、批准授予和晋升衔级、嘉奖有关单位和人员。

(四)公报。适用于公布重要决定或者重大事项。

(五)公告。适用于向国内外宣布重要事项或者法定事项。

(六)通告。适用于在一定范围内公布应当遵守或者周知的事项。

(七)意见。适用于对重要问题提出见解和处理办法。

(八)通知。适用于发布、传达要求下级机关执行和有关单位周知或者执行的事项，批

笔记

转、转发公文。

（九）通报。适用于表彰先进、批评错误、传达重要精神和告知重要情况。

（十）报告。适用于向上级机关汇报工作、反映情况，回复上级机关的询问。

（十一）请示。适用于向上级机关请求指示、批准。

（十二）批复。适用于答复下级机关请示事项。

（十三）议案。适用于各级人民政府按照法律程序向同级人民代表大会或者人民代表大会常务委员会提请审议事项。

（十四）函。适用于不相隶属机关之间商洽工作、询问和答复问题、请求批准和答复审批事项。

（十五）纪要。适用于记载会议主要情况和议定事项。

第三章　公文格式

第九条　公文一般由份号、密级和保密期限、紧急程度、发文机关标志、发文字号、签发人、标题、主送机关、正文、附件说明、发文机关署名、成文日期、印章、附注、附件、抄送机关、印发机关和印发日期、页码等组成。

（一）份号。公文印制份数的顺序号。涉密公文应当标注份号。

（二）密级和保密期限。公文的秘密等级和保密的期限。涉密公文应当根据涉密程度分别标注“绝密”“机密”“秘密”和保密期限。

（三）紧急程度。公文送达和办理的时限要求。根据紧急程度，紧急公文应当分别标注“特急”“加急”，电报应当分别标注“特提”“特急”“加急”“平急”。

（四）发文机关标志。由发文机关全称或者规范化简称加“文件”二字组成，也可以使用发文机关全称或者规范化简称。联合行文时，发文机关标志可以并用联合发文机关名称，也可以单独用主办机关名称。

（五）发文字号。由发文机关代字、年份、发文顺序号组成。联合行文时，使用主办机关的发文字号。

（六）签发人。上行文应当标注签发人姓名。

（七）标题。由发文机关名称、事由和文种组成。

（八）主送机关。公文的主要受理机关，应当使用机关全称、规范化简称或者同类型机关统称。

（九）正文。公文的主体，用来表述公文的内容。

（十）附件说明。公文附件的顺序号和名称。

（十一）发文机关署名。署发文机关全称或者规范化简称。

（十二）成文日期。署会议通过或者发文机关负责人签发的日期。联合行文时，署最后签发机关负责人签发的日期。

（十三）印章。公文中有发文机关署名的，应当加盖发文机关印章，并与署名机关相符。有特定发文机关标志的普发性公文和电报可以不加盖印章。

（十四）附注。公文印发传达范围等需要说明的事项。

（十五）附件。公文正文的说明、补充或者参考资料。

（十六）抄送机关。除主送机关外需要执行或者知晓公文内容的其他机关，应当使用机关全称、规范化简称或者同类型机关统称。

（十七）印发机关和印发日期。公文的送印机关和送印日期。

（十八）页码。公文页数顺序号。

第十条 公文的版式按照《党政机关公文格式》国家标准执行。

第十一条 公文使用的汉字、数字、外文字符、计量单位和标点符号等，按照有关国家标准和规定执行。民族自治地方的公文，可以并用汉字和当地通用的少数民族文字。

第十二条 公文用纸幅面采用国际标准 A4 型。特殊形式的公文用纸幅面，根据实际需要确定。

第四章 行文规则

第十三条 行文应当确有必要，讲求实效，注重针对性和可操作性。

第十四条 行文关系根据隶属关系和职权范围确定。一般不得越级行文，特殊情况需要越级行文的，应当同时抄送被越过的机关。

第十五条 向上级机关行文，应当遵循以下规则：

（一）原则上主送一个上级机关，根据需要同时抄送相关上级机关和同级机关，不抄送下级机关。

（二）党委、政府的部门向上级主管部门请示、报告重大事项，应当经本级党委、政府同意或者授权；属于部门职权范围内的事项应当直接报送上级主管部门。

（三）下级机关的请示事项，如需以本机关名义向上级机关请示，应当提出倾向性意见后上报，不得原文转报上级机关。

（四）请示应当一文一事。不得在报告等非请示性公文中夹带请示事项。

（五）除上级机关负责人直接交办事项外，不得以本机关名义向上级机关负责人报送公文，不得以本机关负责人名义向上级机关报送公文。

（六）受双重领导的机关向一个上级机关行文，必要时抄送另一个上级机关。

第十六条 向下级机关行文，应当遵循以下规则：

（一）主送受理机关，根据需要抄送相关机关。重要行文应当同时抄送发文机关的直接上级机关。

（二）党委、政府的办公厅（室）根据本级党委、政府授权，可以向下级党委、政府行文，其他部门和单位不得向下级党委、政府发布指令性公文或者在公文中向下级党委、政府提出指令性要求。需经政府审批的具体事项，经政府同意后可以由政府职能部门行文，文中须注明已经政府同意。

（三）党委、政府的部门在各自职权范围内可以向下级党委、政府的相关部门行文。

（四）涉及多个部门职权范围内的事务，部门之间未协商一致的，不得向下行文；擅自行文的，上级机关应当责令其纠正或者撤销。

（五）上级机关向受双重领导的下级机关行文，必要时抄送该下级机关的另一个上级机关。

第十七条 同级党政机关、党政机关与其他同级机关必要时可以联合行文。属于党委、政府各自职权范围内的工作，不得联合行文。

党委、政府的部门依据职权可以相互行文。

部门内设机构除办公厅（室）外不得对外正式行文。

第五章 公文拟制

第十八条 公文拟制包括公文的起草、审核、签发等程序。

笔记

笔记

第十九条 公文起草应当做到：

（一）符合党的理论路线方针政策和国家法律法规，完整准确体现发文机关意图，并同现行有关公文相衔接。

（二）一切从实际出发，分析问题实事求是，所提政策措施和办法切实可行。

（三）内容简洁，主题突出，观点鲜明，结构严谨，表述准确，文字精练。

（四）文种正确，格式规范。

（五）深入调查研究，充分进行论证，广泛听取意见。

（六）公文涉及其他地区或者部门职权范围内的事项，起草单位必须征求相关地区或者部门意见，力求达成一致。

（七）机关负责人应当主持、指导重要公文起草工作。

第二十条 公文文稿签发前，应当由发文机关办公厅（室）进行审核。审核的重点是：

（一）行文理由是否充分，行文依据是否准确。

（二）内容是否符合党的理论路线方针政策和国家法律法规；是否完整准确体现发文机关意图；是否同现行有关公文相衔接；所提政策措施和办法是否切实可行。

（三）涉及有关地区或者部门职权范围内的事项是否经过充分协商并达成一致意见。

（四）文种是否正确，格式是否规范；人名、地名、时间、数字、段落顺序、引文等是否准确；文字、数字、计量单位和标点符号等用法是否规范。

（五）其他内容是否符合公文起草的有关要求。

需要发文机关审议的重要公文文稿，审议前由发文机关办公厅（室）进行初核。

第二十一条 经审核不宜发文的公文文稿，应当退回起草单位并说明理由；符合发文条件但内容需作进一步研究和修改的，由起草单位修改后重新报送。

第二十二条 公文应当经本机关负责人审批签发。重要公文和上行文由机关主要负责人签发。党委、政府的办公厅（室）根据党委、政府授权制发的公文，由受权机关主要负责人签发或者按照有关规定签发。签发人签发公文，应当签署意见、姓名和完整日期；圈阅或者签名的，视为同意。联合发文由所有联署机关的负责人会签。

第六章 公文办理

第二十三条 公文办理包括收文办理、发文办理和整理归档。

第二十四条 收文办理主要程序是：

（一）签收。对收到的公文应当逐件清点，核对无误后签字或者盖章，并注明签收时间。

（二）登记。对公文的主要信息和办理情况应当详细记载。

（三）初审。对收到的公文应当进行初审。初审的重点是：是否应当由本机关办理，是否符合行文规则，文种、格式是否符合要求，涉及其他地区或者部门职权范围内的事项是否已经协商、会签，是否符合公文起草的其他要求。经初审不符合规定的公文，应当及时退回来文单位并说明理由。

（四）承办。阅知性公文应当根据公文内容、要求和工作需要确定范围后分送。批办性公文应当提出拟办意见报本机关负责人批示或者转有关部门办理；需要两个以上部门办理的，应当明确主办部门。紧急公文应当明确办理时限。承办部门对交办的公文应当及时办理，有明确办理时限要求的应当在规定时限内办理完毕。

（五）传阅。根据领导批示和工作需要将公文及时送传阅对象阅知或者批示。办理公文传阅应当随时掌握公文去向，不得漏传、误传、延误。

笔记

（六）催办。及时了解掌握公文的办理进展情况，督促承办部门按期办结。紧急公文或者重要公文应当由专人负责催办。

（七）答复。公文的办理结果应当及时答复来文单位，并根据需要告知相关单位。

第二十五条 发文办理主要程序是：

（一）复核。已经发文机关负责人签批的公文，印发前应当对公文的审批手续、内容、文种、格式等进行复核；需作实质性修改的，应当报原签批人复审。

（二）登记。对复核后的公文，应当确定发文字号、分送范围和印制份数并详细记载。

（三）印制。公文印制必须确保质量和时效。涉密公文应当在符合保密要求的场所印制。

（四）核发。公文印制完毕，应当对公文的文字、格式和印刷质量进行检查后分发。

第二十六条 涉密公文应当通过机要交通、邮政机要通信、城市机要文件交换站或者收发件机关机要收发人员进行传递，通过密码电报或者符合国家保密规定的计算机信息系统进行传输。

第二十七条 需要归档的公文及有关材料，应当根据有关档案法律法规以及机关档案管理规定，及时收集齐全、整理归档。两个以上机关联合办理的公文，原件由主办机关归档，相关机关保存复制件。机关负责人兼任其他机关职务的，在履行所兼职务过程中形成的公文，由其兼职机关归档。

第七章 公文管理

第二十八条 各级党政机关应当建立健全本机关公文管理制度，确保管理严格规范，充分发挥公文效用。

第二十九条 党政机关公文由文秘部门或者专人统一管理。设立党委（党组）的县级以上单位应当建立机要保密室和机要阅文室，并按照有关保密规定配备工作人员和必要的安全保密设施设备。

第三十条 公文确定密级前，应当按照拟定的密级先行采取保密措施。确定密级后，应当按照所定密级严格管理。绝密级公文应当由专人管理。

公文的密级需要变更或者解除的，由原确定密级的机关或者其上级机关决定。

第三十一条 公文的印发传达范围应当按照发文机关的要求执行；需要变更的，应当经发文机关批准。

涉密公文公开发布前应当履行解密程序。公开发布的时间、形式和渠道，由发文机关确定。

经批准公开发布的公文，同发文机关正式印发的公文具有同等效力。

第三十二条 复制、汇编机密级、秘密级公文，应当符合有关规定并经本机关负责人批准。绝密级公文一般不得复制、汇编，确有工作需要的，应当经发文机关或者其上级机关批准。复制、汇编的公文视同原件管理。

复制件应当加盖复制机关戳记。翻印件应当注明翻印的机关名称、日期。汇编本的密级按照编入公文的最高密级标注。

第三十三条 公文的撤销和废止，由发文机关、上级机关或者权力机关根据职权范围和有关法律法规决定。公文被撤销的，视为自始无效；公文被废止的，视为自废止之日起失效。

笔记

第三十四条 涉密公文应当按照发文机关的要求和有关规定进行清退或者销毁。

第三十五条 不具备归档和保存价值的公文，经批准后可以销毁。销毁涉密公文必须严格按照有关规定履行审批登记手续，确保不丢失、不漏销。个人不得私自销毁、留存涉密公文。

第三十六条 机关合并时，全部公文应当随之合并管理；机关撤销时，需要归档的公文经整理后按照有关规定移交档案管理部门。

工作人员离岗离职时，所在机关应当督促其将暂存、借用的公文按照有关规定移交、清退。

第三十七条 新设立的机关应当向本级党委、政府的办公厅(室)提出发文立户申请。经审查符合条件的，列为发文单位，机关合并或者撤销时，相应进行调整。

第八章 附 则

第三十八条 党政机关公文含电子公文。电子公文处理工作的具体办法另行制定。

第三十九条 法规、规章方面的公文，依照有关规定处理。外事方面的公文，依照外事主管部门的有关规定处理。

第四十条 其他机关和单位的公文处理工作，可以参照本条例执行。

第四十一条 本条例由中共中央办公厅、国务院办公厅负责解释。

第四十二条 本条例自 2012 年 7 月 1 日起施行。1996 年 5 月 3 日中共中央办公厅发布的《中国共产党机关公文处理条例》和 2000 年 8 月 24 日国务院发布的《国家行政机关公文处理办法》停止执行。

第七篇

管理常识

笔记

命题趋势

2015年，公共基础知识考试内容中新增了管理常识。从近几年的考试情况来看，管理常识部分既注重对基础知识的考查，也体现对综合理解能力的要求；考试题型主要包括单选题、多选题和判断题。2020年、2021年管理常识部分未纳入考试，但并不意味着以后的考试中不会出现，建议参加2022年基层考试的考生仍然要重视管理常识的学习。

核心考点

管理常识核心考点主要聚焦在管理学原理、公共行政、国家公务员制度等科目的基本知识，重点考核对应知应会的概念、原理的理解，以及运用这些概念、原理分析问题、解决问题的能力。

备考方法

对管理常识的学习，我们提倡考生采用“三步”学习法。第一步要在专业老师的指导下认真学习基本讲义，掌握好基础知识内容，明确基本知识点，并结合课后习题复习巩固所学知识，做到融会贯通；第二步要结合思维导图，把学过的知识点进行全面的总结归纳，建立起知识构架，加深对知识内容的理解和消化，并有针对性地对每章的考点内容进行系统强化；第三步要全面查缺补漏，及时发现知识内容上的薄弱点或容易混淆的知识点，对症下药，彻底搞懂弄透，并进行一定量的习题训练和模拟测试，提高考生应试得分的能力。

考点精讲

第一讲　管理概述

考点一　管理与管理人员

一、管理的含义

管理就是管理者在一定的环境和条件下，为了实现特定目标，动员和运用有效资源而

笔记

进行的计划、组织、领导和控制等社会活动。

核心提示：

(1)管理的主体是管理者。

(2)管理的客体是以人为中心的各种资源。

(3)管理的目的是实现组织的既定目标。

(4)管理的本质是协调和追求效率。

(5)管理的载体是组织。

(6)管理活动是在一定的环境下进行的。

二、管理人员与管理技能

(1)管理人员的类型：高层管理人员、中层管理人员和基层管理人员。

(2)管理人员的基本技能：技术技能、人际技能和概念技能。(罗伯特·卡茨)

核心提示：任何管理者都需要三种基本技能，但不同层级的管理者侧重不同。

(1)高层管理者：概念技能—人际技能—技术技能。

(2)中层管理者：人际技能—概念技能—技术技能。

(3)基层管理者：技术技能—人际技能—概念技能。

三、管理者角色

(1)亨利·明茨伯格把管理者的角色划分为决策角色、人际角色和信息角色。

(2)决策角色包括：企业家、冲突调解者、资源分配者、谈判者。

(3)人际角色包括：挂名首脑(代表者)、领导者和联络者。

(4)信息角色包括：监督者、传播者、发言人。

考点练习

【例题 1】某公司总经理在新产品发布会上进行了产品宣传，该总经理扮演的角色是(　　)。

A. 人际角色　　B. 信息角色　　C. 决策角色　　D. 创新角色

考点二　管理的特性与管理职能

一、管理的特性

管理的特性(二重性)：自然属性、社会属性。

考点练习

【例题 2】(单选)管理的两重性首先是指(　　)。

A. 艺术性与科学性　　B. 基础性与边缘性

C. 自然属性与社会属性　　D. 普遍性与重要性

笔记

二、管理的职能

(1)计划、组织、指挥、协调、控制。(亨利·法约尔)

(2)计划、组织、人事、指挥、协调、报告、预算。(卢瑟·古利克)

(3)计划、组织、领导、控制。(哈罗德·孔茨)

核心提示:管理的核心职能是领导职能。

思维导图

(请登录"追求卓越官网 www.365zhuoyue.com"免费下载)

专项训练

一、单项选择题

1. 管理或者管理活动的存在,必须具备的条件是(　　)。

A. 两个人以上的集体活动和一定数量的生产资料

B. 两个人以上的集体活动和一定规模的固定资产

C. 两个人以上的集体活动和一致认可的目标

D. 一定数量的生产资料和一致认可的目标

2. 对中层管理人员来说,相对更重要的技能是(　　)。

A. 形成概念的技能　　B. 人际关系技能

C. 计划技能　　D. 技术技能

3. 管理者在进行经营决策时扮演着下列哪种角色?(　　)

A. 企业家　　B. 纠纷调解者

C. 信息传递者　　D. 组织发言人

二、多项选择题

下列体现管理者扮演代表人角色的活动有(　　)。

A. 参加社区集会

B. 调解员工争端

C. 作为信息传递中心和渠道

D. 宴请重要客户

三、判断题

1. 管理人员通过对资源进行组合和协调来实现组织目标。(　　)

2. 管理的基本活动对任何组织都有着普遍性,但营利性组织比非营利性组织更需要加强管理。(　　)

3. 高层管理人员花在计划决策上的时间相对更多一些。(　　)

4. 组织中向外界发布信息的管理角色称为组织发言人。(　　)

笔记

第二讲　计划与决策

考点一　目标、计划与决策

(1)目标是指个人或组织在一定条件下,经过努力而期望获得的成果。

(2)计划是指使人们工作或行动之前预先拟定的具体内容与行动步骤(凡事预则立,不预则废)。

(3)决策是指为了实现某种目标,在两种或两种以上的可行方案中选择一个最佳方案的过程。

核心提示:决策的关键是选择方案;先有目标,后有计划;决策贯穿于目标制定与实现的整个过程;计划因决策方案而定,是决策方案的具体落实。

考点练习

【例题 1】(2015 年单选)“凡事预则立,不预则废”,这句话强调了(　　)的重要性。

A. 计划　　B. 控制

C. 领导　　D. 组织

考点二　计划概述

1. 计划的概念

计划有广义和狭义之分,广义计划是指制定计划、执行计划和检查计划执行情况三个紧密联系、紧密衔接的工作过程。而狭义计划则指制定计划。

2. 计划的类型

(1)按计划期的时间长短划分:长期计划、中期计划和短期计划。

(2)按计划制定者的层次划分:战略计划、战术计划和作业计划。

(3)按计划对象划分:综合计划、局部计划和项目计划。

考点三　决策

从管理的角度来说,决策是管理工作的核心。

一、决策的分类

(1)按决策所要解决的问题在组织中的地位划分:战略决策、战术决策和业务决策。

(2)按决策重复程度划分:程序化决策和非程序化决策。

(3)按决策可靠程度划分:确定型决策、风险型决策和不确定型决策。

(4)按决策时间长短划分:长期决策、中期决策、短期决策。

(5)按决策人数多少划分:个体决策和集体决策。

笔记

考点练习

【例题 2】(2018 年单选)决策是指决定的策略或办法,是人们为各种事件出主意、做决定的过程。决策过程中遇到首次出现的问题,无先例可循,此类决策属于(　　)。

A. 确定型决策　　B. 风险型决策

C. 单一型决策　　D. 非程序性决策

二、决策的程序

决策程序包括:①识别问题;②分析问题;③确定决策目标;④拟定各种可行方案;⑤分析选择方案;⑥决策方案的实施与反馈。

考点四　目标管理

(1)目标管理是指组织在一定时期内,通过确定组织目标、落实组织目标而实现组织目标所展开的一系列管理活动。目标管理是参与管理的一种形式,体现的是一种现代管理思想和方法。

(2)特点:重视参与管理、强调自我控制、讲求整体效果。

(3)目标管理的程序:制定目标、目标分解(横向到边、纵向到底)、实施目标、目标考评。

思维导图

(请登录"追求卓越官网 www.365zhuoyue.com"免费下载)

专项训练

一、单项选择题

1. 该项决策具有极大偶然性和随机性,又无先例可循且有大量不确定因素。其方法和步骤也难以程序化和标准化,这项决策就是(　　)。

A. 风险型决策　　B. 不确定型决策

C. 程序化决策　　D. 非程序化决策

2. 战略决策与战术决策的划分标准是(　　)。

A. 决策权限的制度安排

B. 按照决策条件的可控性程度

C. 按照后来决策与先前决策的一致性程度

D. 按照决策目标的影响程度不同

笔记

二、多项选择题

1. 按参与决策的决策主体的不同，可分为(　　)。

A. 确定型决策　　B. 非确定型决策

C. 个人决策　　D. 群体决策

2. 集体决策的缺点主要表现在(　　)。

A. 耗时　　B. 集思广益

C. 决策质量差　　D. 责任不清

三、判断题

1. 在管理决策中，通常不考虑决策本身的经济性。　　(　　)

2. 按照决策问题的可控程度可以分为程序和非程序决策两类。　　(　　)

3. 战术决策主要解决组织日常工作中的业务问题，多为程序化决策。　　(　　)

第三讲　组　　织

考点一　组织的含义及内容

1. 含义

组织是指根据组织目标和计划的需要设置部门、岗位，为每个部门和岗位配备人员，明确其职责、职权之间的相互关系。

2. 组织的基本内容

组织结构的设计、组织的有效运行、组织的变革。

考点二　组织设计

1. 组织设计的任务

组织设计的任务就是建立组织结构，明确组织内部横向与纵向之间的相互关系，提供组织结构图和职务说明书。

2. 组织设计的依据

战略、环境、技术、规模。

3. 组织结构的横向设计

主要是解决各部门的划分问题。

4. 部门划分的方法

按人数划分(最原始、最简单)、按时间划分(最古老)、按职能划分(最广泛)、按产品划分(多元经营的企业)、按地区划分、按用户划分。

5. 组织结构的纵向设计

主要解决各层级的划分问题。

笔记

6. 管理幅度与管理层次

管理幅度与管理层次之间是反比关系。

考点练习

【例题 1】(2016 年判断)一般而言,行政组织幅度与层次成正比例关系,即幅度越宽,则层次越多。 ( )

7. 组织形态

按照管理幅度的大小及管理层次的多少可形成两种结构模式,即扁平型结构和锥型结构。

8. 组织结构的类型

组织结构的类型包括:直线型组织结构、职能制组织结构、直线职能制组织结构、事业部制组织结构、矩阵制组织结构。

核心考点:注意区分各类型组织结构的优点、缺点和适用性。

考点练习

【例题 2】(2016 年单选)直线职能型组织结构中的下级机构既受上级部门的管理,又受同级职能管理部门的业务指导和监督,各级行政领导人逐级负责,高度集权,面对市场时,这种组织结构的主要缺点是( )。

A. 工作枯燥、满意度低

B. 沟通不畅、协调困难

C. 管理成本高、难以检测控制

D. 反应缓慢、难以适应变化

考点三 组织有效运行

一、组织的职权配置

1. 定义

职权是指在组织某职位上拥有的发布命令、要求下级遵从执行的权力,**职权是构成组织结构的核心要素。**

2. 职权的类型

直线职权、参谋职权与职能职权。

3. 集权与分权

集权:绝大多数决策权集中在高层。

分权:权力分配(即制度分权)与授权。

4. 授权的过程

分派任务;授予权力;明确职责;确立监控权。

笔记

二、人员配备

1. 人员配备的任务与核心

(1)任务:配备各类管理人员和一般员工。

(2)核心:管理人员的选聘(内升制、外求制)、培训和考评。

2. 管理人员的考评

(1)管理人员考评的目的和作用:将考评作为决定人事提拔、调整薪酬或进行奖励的依据;将考评作为激励和改进人员配备的手段。

(2)管理人员考评的内容:贡献考评、能力考评。

考点练习

【例题3】(单选)知人、用人最简洁的途径在于考核贡献,如果贡献、功劳考核清楚了,那么治和乱的情况也就明了了。人的人品好坏、能力高低也就由此反映出来了。这反映了(　　)的重要性。

A. 职业发展规划　　B. 绩效考核

C. 能力测评　　D. 品德考核

思维导图

(请登录"追求卓越官网 www.365zhuoyue.com"免费下载)

专项训练

一、单项选择题

1. 所谓锥型组织是指其(　　)。

A. 管理幅度大,管理层次多

B. 管理幅度大,管理层次少

C. 管理幅度小,管理层次多

D. 管理幅度小,管理层次少

2. 所谓集权是指(　　)。

A. 将所有权力集中在基层

B. 将决策权集中在基层

C. 全部权力集中在高层

D. 绝大多数的决策权集中在高层

3. 所谓授权就是(　　)。

A. 临时分权　　B. 按照规定分权与下属

C. 将自己的部分权力委派下属　　D. 上述答案都不正确

笔记

二、多项选择题

1. 下列关于扁平化组织结构和锥形化组织结构的描述，正确的有（　　）。

A. 扁平化组织结构管理费用较低

B. 锥形化组织结构管理费用较低

C. 扁平化组织结构信息纵向流动较快

D. 扁平化组织结构有利于缩短上下级之间的关系

2. 下列关于管理学中授权原则的表述，正确的有（　　）。

A. 授权必须以上级和下级之间相互信任的关系为基础

B. 授权必须以工作的需要和授权对象能力大小、水平高低为依据

C. 授权通常不宜公开进行以免造成组织内部不必要的层级混乱，打击其他同志的积极性

D. 授权后要做到适度控制，对可能出现的目标偏离进行协调

三、判断题

1. 企业人员素质普遍较高，对领导意图能很好领会，则适合采取集权管理。（　　）

2. 组织结构的具体模式有许多种，但其中最主要的是直线制和事业部制。（　　）

第四讲　领　导

考点一　领导的概念及作用

1. 含义

领导是指引导和影响人们为实现组织和群体目标而做出努力与贡献的过程。而领导者就是实施这种行为的人。

核心提示：领导者与管理者的区别。

考点练习

【例题1】杰克·韦尔奇对经理人说："别沉溺于管理了，赶紧领导吧！"以下对这句话的理解，错误的是（　　）。

A. 管理者应当加强程序化的控制工作

B. 管理者应当学会授权，而不是亲力亲为

C. 管理者应站在整体的高度观察、分析和解决问题

D. 管理者应当具有前瞻性的眼光，不能只管当前的事

2. 领导者的权力和职责

（1）领导者的权力：职务权力＋个人权力。

笔记

(2)领导者职权的基本内容:对组织活动的决定权、指挥权、对组织成员的奖惩权。

(3)领导者的个人权力是由领导者自身的一些特殊条件决定的,如品德、才能、知识和情感。

(4)领导者的职责:一般包括政治责任、法律责任和工作责任。

3. 领导者的作用

组织作用、指挥作用、表率作用。

考点练习

【例题 2】 班固在《白虎通·三教》中提到,"教者,效也,上为之,下效之。"这反映了在组织当中(　　)。

A. 领导与员工的亲密度高

B. 领导应以身作则,做好表率

C. 员工对领导的服从度高

D. 领导和员工应保持良好的内涵

考点二 领导者的素质

(1)领导者素质是指一个领导者应具备的各种条件、能力在质量上的综合。

(2)领导者的素质该包括:政治素质、知识素质、能力素质和身心素质等方面。

思维导图

(请登录"追求卓越官网 www.365zhuoyue.com"免费下载)

专项训练

一、单项选择题

1. 领导的实质在于影响力,构成领导者非权力性影响力的因素包括(　　)。

A. 品德、学识、能力、情感　　B. 品德、学识、能力、资历

C. 品德、学识、资历、情感　　D. 品德、威信、能力、情感

2. 领导是由领导者、被领导者、领导行为、组织目标、行为结果等共同构成的内容体系,其中,领导行为的主体是(　　)。

A. 组织目标　　B. 行为结果

C. 领导者　　D. 被领导者

3. 领导的实质在于(　　)。

A. 权力　　B. 影响力　　C. 资源　　D. 能力

二、多项选择题

1. 领导活动的基本要素包括(　　)。

A. 领导者　　B. 被领导者

C. 领导环境　　D. 领导目标

2. 领导过程包括的基本要素有（　　）。

A. 领导者　　B. 被领导者

C. 群体目标　　D. 客观环境

E. 领导科学

三、判断题

1. 领导和管理实际上是同一概念。（　　）

2. 专家权力来自组织等级制度中的职位。（　　）

第五讲　激励理论

考点一　行为、动机与需要

行为是由动机产生，动机是由需要产生。动机是行为产生的直接原因，需要是行为产生的根本性原因。因此，要使人们产生良好的行为，必须从需要出发予以激励。

核心提示：需要是激励的起点和基础。

考点二　激励理论

激励理论包括：内容型激励理论、过程型激励理论和行为改造型激励理论。

1. 内容型激励理论

专门研究人类需要结构，以及如何调动人们行为积极性的理论。

(1)需要层次论：生理需要、安全需要、社交需要、尊重需要、自我实现需要（马斯洛）。

(2)双因素理论：激励因素和保健因素。（赫茨伯格）

核心提示：注意区分激励因素和保健因素。其中，保健因素是指那些防止人们产生不满情绪的因素，如工作条件、人际关系、薪酬待遇、福利津贴等。

(3)成就需要激励理论：成就需要、权力需要、对归属和社交的需要。（麦克利兰）。

核心提示：管理者一般都对成就需要、权力需要要求较高，而对归属需要要求较低。

2. 过程型激励理论

过程型激励理论是以人们所进行的行为过程作为研究对象，并提出激励方法的一套理论。

公平理论：个人的所得报酬与所做的贡献之比和他人的所得报酬与所做的贡献之比进行比较，如果两者之比相等，就认为分配公平合理，内心就会感到满意，从而心情舒畅努力工作。反之亦然。（亚当斯）

3. 行为改造型激励理论

行为改造型激励理论是一种研究如何改造和转化人们行为，变消极行为为积极行为

笔记

的理论。行为改造型激励理论主要有强化理论、挫折理论和归因理论三种。

强化理论：人们的行为是外部环境刺激的结果，只要改变外部环境刺激，就可以达到改变人们或强化人们行为的目的。根据性质和目的不同，强化可分为正强化和负强化。

核心提示：注意区分正强化、负强化、惩罚和自然消退。

考点练习

【例题1】(单选)负强化，是指通过撤销或减弱原来存在的消极刺激或者条件以使这些行为发生的频率提高。下列属于负强化的是(　　)。

A. 某单位规定，员工上班迟到一次，扣发当月10%的奖金

B. 某单位规定普通工人发明的技术革新成果将以该工人的名字命名

C. 某单位在绩效反馈中，让那些绩效差的员工在大会上检讨自己的不是

D. 某单位每月对所有员工进行分档考评，年底考评分数为负数的就要淘汰

考点三　激励的艺术

激励艺术通常是指激励的执行者，在实施激励的过程中，针对不同的对象、场合、时机、为了迅速有效地实现激励目标，创造性地运用激励理论和方法，而使用的各种技巧和能力。包括：榜样激励、目标激励、荣誉激励、情感激励、工作内容激励、沟通激励、批评与表扬。

考点练习

【例题2】(单选)一个公司在网上开辟了员工意见栏，员工可以随时发表自己的观点，公司有专职人员处理，迅速做出回应。此举属于(　　)。

A. 授权激励　　B. 沟通激励　　C. 自我激励　　D. 团队激励

思维导图

(请登录“追求卓越官网 www. 365zhuoyue. com”免费下载)

专项训练

单项选择题

1. 激励过程就是一个由(　　)开始，到(　　)得到满足为止的连锁反应。

A. 需要　需要　　B. 需要　动机

C. 动机　需要　　D. 动机　动机

2. 赫茨伯格提出的双因素理论认为，(　　)不能直接起到激励的作用，但能防止人们产生不满情绪。

A. 保健因素　　B. 激励因素　　C. 成就因素　　D. 需要因素

3. 当人们认为自己的报酬与劳动之比，与他人的报酬与劳动之比是相等的，这时就会有较大的激励作用，这种理论称为(　　)。

A. 双因素理论　　B. 效用理论　　C. 公平理论　　D. 强化理论

笔记

第六讲　沟通理论

考点一　沟通的概念及功能

沟通是意义的传递与理解。包括以下两个方面：

(1)沟通是一个关于意义或信息的分享活动；

(2)沟通是一个完整的过程。

核心提示：成功的信息沟通，不仅包括意义的传递，更重要的是对意义的理解。

沟通的功能：控制、激励、情绪表达、获取信息。

考点二　沟通过程

沟通过程可以分解为信息发布者、编码、通道、译码、信息接收者、噪音、反馈、环境八大要素。

核心提示：沟通过程的主要内容包括信息发出者、信息接收者和信息内容。

考点三　沟通的类型

按照不同的划分标准，大致可分为以下几种类型。

(1)按沟通的方式划分：口头沟通、书面沟通、非语言沟通及电子手段沟通。

(2)按信息沟通渠道划分：正式沟通、非正式沟通。

(3)按组织内信息流向划分：下行沟通、上行沟通、横向沟通。

(4)按信息沟通网络的形态划分：链式、环式、Y式、轮式、全通道式。

(5)按信息能否进行反馈划分：单向沟通、双向沟通。

考点四　有效沟通的原则

有效沟通的原则：及时反馈、简化语言、控制情绪、积极倾听。

考点练习

【例题1】(单选)张某在知晓其下属的父母在车祸中身亡后，私下对其进行安慰疏导并表示自己愿意提供帮助，这种沟通属于(　　)。

A. 工具式沟通　　B. 感情式沟通

C. 正式沟通　　D. 非正式沟通

笔记

【例题 2】(多选)下列属于有效沟通的原则的有(　　)。

A. 及时反馈　　B. 简化语言　　C. 释放情绪　　D. 积极倾听

思维导图

(请登录“追求卓越官网 www.365zhuoyue.com”免费下载)

专项训练

一、单项选择题

有了(　　),信息沟通进入一个更高、更新的阶段,从而沟通更有效、更及时和更全面。

A. 通畅的信息传递途径　　B. 信息的及时传递

C. 信息的传递与被理解　　D. 现代管理信息系统

二、多项选择题

1. 组织正式沟通的方式包括(　　)。

A. 向上沟通　　B. 向下沟通　　C. 横向沟通　　D. 外向沟通

E. 跳跃式沟通

2. 非正式沟通的缺点有(　　)。

A. 沟通难于控制　　B. 传递的信息不确切

C. 可能导致小圈子　　D. 容易失真

E. 层层传递速度慢

3. 沟通的主要障碍主要表现在(　　)。

A. 信息发出者　　B. 信息接收者

C. 信息渠道　　D. 沟通环境

E. 信息内容

三、判断题

1. 由于相同背景,相同资历的人易于沟通,因此,一个单位只要全招聘相同背景、资历的人,就能提高工作效率。(　　)

2. 组织中,当人们偏好非正式沟通时,说明正式沟通出现了问题。(　　)

第七讲　控　　制

考点一　控制的概念、特点及功能

控制就是按照既定的标准,检查和衡量管理工作是否按计划进行,若有偏差就要分析原因,发出指令,并做出改进,以确保组织目标的实现。

核心提示:(1)控制活动的主体是控制机构或控制中心(各级管理者或组织)。

(2)控制的关键是纠正偏差。

(3)控制的功能:监督功能、纠偏功能、协调功能、激励功能。

笔记

考点二 控制活动的必要性、条件及原则

控制的条件:①制定控制标准;②确立控制主体;③建立沟通渠道。

考点三 控制的类型

按照控制活动的性质划分:预防性控制和更正性控制。

按照控制点的位置划分:事先控制、事中控制和事后控制。

按照控制信息的性质划分:反馈控制和前馈控制。

按照控制的手段划分:直接控制和间接控制。

考点练习

【例题1】(单选)秋冬季节人们为了预防感冒常常冲饮板蓝根。从管理学视角分析,该行为属于(　　)。

A. 前馈控制　　B. 初期控制

C. 反馈控制　　D. 间接控制

【例题2】(单选)某单位对员工违反生产安全的行为采取了一系列措施进行控制。下列属于预先控制的是(　　)。

A. 领导及相关科室干部到一线岗位进行相关检查

B. 对经检查发现违反相关规定的个人扣除当月奖金

C. 大力进行相关教育,并制定了一系列检查和奖罚措施

D. 发现各项措施不明显时,厂长带队到相关单位取经

考点四 控制的过程

控制活动的过程大致分三个阶段。

(1)制定控制标准。

(2)衡量现实,发现偏差。

(3)发布指令,纠正偏差。

思维导图

(请登录"追求卓越官网 www.365zhuoyue.com"免费下载)

笔记

专项训练

一、单项选择题

1. 控制是控制者与受控者之间交流信息、沟通情况的行为和过程，它是一种动态的、适时的信息(　　)过程。

A. 反馈　　B. 扩散

C. 上传　　D. 下达

2. 在集中控制中，信息处理、偏差检测、纠偏措施的拟定等都是由(　　)统一完成的。

A. 最高决策层　　B. 控制中心

C. 中级管理层　　D. 监督机构

3. 控制应当从实际目标出发，采用各种控制方式达到控制目的，不能过分依赖正规的控制方式，也要采用一些能随机应变的控制方式和方法。这就是控制的(　　)。

A. 随机性原则　　B. 多变性原则

C. 灵活性原则　　D. 弹性原则

二、多项选择题

1. 控制是一个信息反馈过程，它有两个前提条件，即(　　)。

A. 控制标准　　B. 控制人员

C. 控制突破　　D. 控制机构

E. 控制目标

2. 控制工作的基本步骤包括(　　)。

A. 拟定标准　　B. 衡量成效

C. 纠正偏差　　D. 职责分配

E. 事后跟踪

3. 下列属于运用前馈控制的有(　　)。

A. 企业根据现有产品销售不畅的情况，决定改变产品结构

B. 根据虫情预报，农业公司做好农药储备

C. 汽车驾驶员在上坡时，为了保持一定的车速，提前踩加速器

D. 瞄准靶心射击

第八讲　公共行政概述

考点一　公共行政的含义及主要特点

公共行政是指国家行政机构为了公共的利益和目的，以公共权力和法律为基础，对社会公共事务和政府自身内部事务所进行的管理和服务活动。

核心提示：①公共行政的基础是公共权力；②公共行政的主体是公共行政组织（政

府);③公共行政的客体是公共事务;④公共行政的核心是处理公共事务,履行公共职责;⑤公共行政的目的是实现公共利益;⑥公共行政的功能是有效提供公共产品和公共服务。

公共行政的主要特点:公共性(首要特征)。

笔记

考点二 公共行政组织

一、公共行政组织的含义

狭义:是指依一定法律程序建立的、行使国家行政权力、管理社会公共事务的政府组织机构实体。在我国专指中央人民政府(国务院)、地方各级人民政府及其办事机构。

二、公共行政组织类型

1. 领导机关(首脑机关)
2. 职能机关
3. 辅助机关
4. 参与咨询机关
5. 派出机关
6. 临时机关

考点三 公共行政组织体制

1. 含义

行政组织体制是指行政组织内部层级,各部门之间权力关系制度化的表现形式。

2. 公共行政组织体制类型

(1)首长制与委员会制(决策人数多少)。
(2)集权制与分权制(决策权的集中程度)。
(3)层级制与职能制(组织内部纵横向关系)。
(4)完整制与分离制(下级对应上级数目多少)。

考点四 现代公共行政原则

现代公共行政的原则:法治、服务、效率、责任

思维导图

(请登录“追求卓越官网 www.365zhuoyue.com”免费下载)

专项训练

单项选择题

1. 在行政组织体制上,我国实行(　　)。

A. 完整制　　B. 委员会制
C. 党委书记负责制　　D. 行政首长负责制

笔记

2. 中央人民政府设置的部、委机构，地方各级人民政府设置的厅、委、局都是(　　)。

A. 领导机关　　B. 办公机关

C. 职能机关　　D. 派出机关

3. 行政组织中的行政领导机关也被称为(　　)。

A. 职能机关　　B. 办公机关

C. 首脑机关　　D. 主管机关

第九讲　公共行政运行

考点一　行政领导

一、行政领导的含义

行政领导是指国家机关及其管理者，依法行使国家权力，为完成行政目标、组织和管理国家行政事务所进行的决策、指挥、协调、控制、监督等行政活动及其过程。

行政领导者是行政行为过程的指挥者、组织者、引导者和协调者。

二、行政领导者的职位、职权和职责

1. 行政领导的职位

职务＋职权＋职责。

2. 行政领导的职权

行政领导的职权包括指挥权、任命权、奖励权、报告权、编制预算权。

行政领导者的职权是由职位衍生出来的，职位的性质决定职权的性质。

3. 行政领导者的素质和技能

(1)行政领导者的素质：政治素质、知识素质、能力素质、身心素质等。

(2)行政领导者的技能：技术技能、人际技能和概念技能。

三、行政领导体制的类型

(1)首长制、委员会制与混合制。

(2)集权制、分权制与均权制。

(3)完整制与分离制。

(4)层级制、职能制与并用制。

四、我国政府行政领导体制

1. 含义

我国政府实行行政首长负责制。行政首长负责制是指行政首长全面领导本机关的工作，对机关的事务有最后决定权，行政机关所属各机构及工作人员的工作都要对行政首长

负责，行政首长对本机关工作负全部责任的体制。

笔记

2. 行政首长的职责

公务员责任（具体包括接受辞退，行政处分，承担行政赔偿，承担刑事法律责任）、行政责任、政治责任、领导责任。

考点练习

【例题】（单选）现实中权力与责任常常错位。人们面对权力分配时，积极性很高，而拥有权力之后，却不能尽到相应责任。下列管理措施可以有效防止这种状况出现的是（　　）。

A. 民主投票，选用德高望重的老干部

B. 选贤任能，大力开发人力资源

C. 完善管理制度，加强绩效考核

D. 监督权力使用，严厉惩治腐败

五、行政领导者产生的方式

行政领导者产生的方式：选任制、委任制、考任制、聘任制。

考点二 行政沟通

一、行政沟通的含义

行政沟通是指行政系统内部各部门之间、层级之间、人员之间借助一定媒介和通道传递思想观念和情感信息，交流情报信息，以期达到相互了解、协同合作的一种管理活动。

二、行政沟通的类型

（1）按沟通的确定性划分：有正式沟通和非正式沟通两种。

（2）按沟通的线路划分：有单向沟通和双向沟通两种。

（3）按信息流向划分：有下行沟通、上行沟通和平行沟通三种。

（4）按沟通工具划分：有口头沟通、书面沟通和网上沟通三种。

三、行政沟通的模式

行政沟通的模式有：链式沟通、环式沟通、Y 式沟通、轮式沟通、全通式沟通。

四、行政沟通的障碍

沟通的障碍来自沟通主体、沟通对象和沟通渠道。

笔记

考点三 行政协调

一、行政协调的含义

行政协调是指协商、调整行政系统与其外部环境之间、行政系统内部纵横向之间的各种关系，使之分工合作、权责清晰，相互配合，有效地实现行政目标和提高整体效能的行为。它包含三层意思：

(1)协调与外部环境的关系，增强行政系统的适应力、创新力；

(2)协调内部纵横向的关系，增强行政系统的协作力、整合力；

(3)协调内外部、纵横向的人际关系，增强行政系统的凝聚力、驱动力。

二、行政协调的类型

(1)以协调的主客体及其内容为标准：与外部环境的行政协调；内部纵横向的行政协调；内外部、纵横向人际关系的行政协调。

(2)以协调所解决的中心问题及其具有的性质为标准：以解决与外部环境之间矛盾冲突为中心的，即适应性的行政协调；以解决内部纵横向之间矛盾冲突为中心，即结构性的行政协调；以解决内部运作过程中各环节之间矛盾冲突为中心，即动态性的行政协调；以解决内外部、纵横向之间矛盾冲突为中心，即沟通性的行政协调。

(3)以协调所涉及的管理层次和管理手段为标准：高层协调、中层协调、基层协调；权责体制协调与规制协调，利益协调与心理协调等。

核心提示：注意区分适应性行政协调、结构性行政协调、动态性行政协调、沟通性行政协调。

考点四 行政监督

一、行政监督的含义

行政监督是指各类监督主体依法对国家行政机关及其工作人员的行政行为所实施的监督活动，以达到改善行政管理，规范行政行为，从而达到提高行政效率的目的。

行政监督主要通过对决策、执行的整个过程和执行结果进行督促、检查，防止和克服偏差。

二、行政监督体系

行政监督体系主要包括行政内部监督系统和行政外部监督系统。

1.行政内部监督系统

行政内部监督系统是指行政机关在国家行政系统内部实施的各种监督所组成的行政监督系统。行政内部监督系统主要以提高行政效力为中心任务，它们主要包括自我行政监督和专门行政监督两种形式。

自我行政监督：一般监督、职能监督和主管监督。

专门行政监督：审计机关监督。

审计监督：审计机关进行审计监督职权包括检查权、调查权、建议权、通报权、处理权。

2. 行政外部监督系统

行政外部监督系统是由立法监督（听取和审议工作报告；审查和批准国民经济计划和财政预决算；审查政府的法规、规定和命令；质询和询问；代表视察和执法检查；罢免政府组成人员）、司法监督、政党监督（各级党委、基层党组织、各级纪委）、监察监督、社会监督所构成的统一完整的监督系统。

笔记

思维导图

（请登录“追求卓越官网 www.365zhuoyue.com”免费下载）

专项训练

一、单项选择题

1. 非执政党和非国家机关对行政行为的监督称为（　　）。

A. 法制监督　　B. 事前监督

C. 事中监督　　D. 社会监督

2. 我国的国家行政机关实行行政首长负责制的领导制度，即重大问题由（　　）。

A. 行政首长个人作出

B. 集体讨论后，按少数服从多数原则作出

C. 集体讨论后，交上级主管机关作出

D. 集体讨论后，行政首长根据权力机关的决定和上级的指示，结合实际情况作出

3. 依据下级对应上级的数目划分，可将现代领导体制分为（　　）。

A. 集权制和分权制　　B. 完整制和分离制

C. 层级制和职能制　　D. 首长负责制和委员会制

二、多项选择题

1. 社会监督的主体有（　　）。

A. 公民个人　　B. 各民主党派

C. 各社会团体　　D. 新闻机构

E. 政协

2. 事中监督的主要形式有（　　）。

A. 侦查监督　　B. 职务犯罪监督

C. 跟踪监督　　D. 专案调查

E. 现场监督

3. 对行政机关及其工作人员进行监督，公民可以采用的方式有（　　）。

A. 建议、信访　　B. 申诉

C. 检举、控告　　D. 诉讼

E. 处分

笔记

第十讲　公共行政过程

考点一　行政决策

一、行政决策的含义及作用

1. 行政决策的含义

行政决策是指行政领导在处理政务时，从公共利益和公平与公正原则出发，依照法律和有关规定，所做出决定的行政行为。

2. 行政决策的作用

(1)行政决策在行政过程中具有决定性作用，处于核心地位。

(2)行政决策主导着公共行政管理的全过程。

(3)行政决策是行政管理成功与失败的决定因素。

(4)行政决策是贯彻国家意志和加强政府合法性的必要途径。

二、行政决策的类型

1. 按可靠性程度划分

确定性决策、风险型决策和不确定型决策。

2. 按重复性程度划分

程序性决策和非程序性决策。

3. 按决策人数划分

个人决策和集体决策。

核心提示：注意区分程序性决策与非程序性决策。

三、行政决策体制

现代行政决策体制应该包括：领导决策系统、公民协商与参与系统、专家咨询系统和信息支持系统。

四、行政决策转向科学决策的标志

(1)决策主体由个人转向集体。

(2)决策过程由主观随意转向程序化。

(3)“谋”与“断”的相对分离。

(4)“断”与“行”的相对分离。

(5)决策手段量化和技术化。

考点二　行政执行

一、行政执行的含义

行政执行是行政机关及行政人员依法实施行政决策，以实现预期行政目标和社会目标的活动的总和。

核心提示:行政执行的对象是行政决策。

笔记

二、行政执行的层级和主要手段

1. 行政执行层级

中央级、省级、市级、县级、乡级五个层次。

2. 行政执行手段

法律、经济、行政、教育。

思维导图

(请登录“追求卓越官网 www.365zhuoyue.com”免费下载)

专项训练

一、单项选择题

1. 行政决策体制的核心是(　　)。

A. 专家咨询系统

B. 公民磋商与参与系统

C. 信息支持系统

D. 领导决策系统

2. 行政管理中最经常、最频繁的活动是(　　)。

A. 行政决策　　B. 行政执行

C. 行政法制　　D. 行政计划

3. 行政决策咨询系统,又称“智囊团”,指由研究咨询人员组织的官方和非官方的专门从事研究咨询活动的组织体系,下列属于我国行政决策咨询系统的是(　　)。

①国务院发展研究中心　　②外交部

③人力资源和社会保障厅　　④中国社会科学院

A. ①②③　　B. ①④

C. ①②③④　　D. ②③④

二、多项选选择题

现代行政决策体制应该包括(　　)。

A. 领导决策系统

B. 公民磋商与参与系统

C. 专家咨询系统

D. 信息支持系统

E. 行政评估系统

笔记

第十一讲 政府职能、政府机构及其改革

考点一 政府职能的概念及作用

一、政府职能的概念

政府职能是指政府为实现国家利益和满足社会发展需要而负有的职责和所应发挥的功能。政府职能是国家职能的重要组成部分。

核心提示：我国政府职能归为：经济调节、市场监管、社会管理、公共服务。

考点练习

【例题1】下列选项中，不属于行政管理职能的是(　　)。

A. 执行国家意志　　B. 弥补市场缺陷

C. 促进社会公平　　D. 行使司法权力

【例题2】在新时期，我国政府职能转变的主要目标是(　　)。

A. 市场监管　　B. 社会管理

C. 公共服务　　D. 经济调节

【例题3】既包含政府的行政职责，也包含政府的行政功能的是(　　)。

A. 行政计划　　B. 行政领导

C. 行政职能　　D. 机关管理

二、政府职能的作用

(1)政府职能体现了公共行政的本质要求，是公共行政的核心内容，也是公共行政的本质体现，直接体现公共行政的性质和方向。

(2)政府职能是政府机构设置的根本依据。

(3)政府职能的转变是行政管制体制和机构改革的关键。

(4)政府职能的实施情况是衡量行政效率的重要标准。

(5)政府职能的实施手段主要是依法行政。

考点练习

【例题4】(2016年多选)关于政府职能的地位，下列哪些论述是正确的？(　　)

A. 政府职能满足了公共行政的根本要求

B. 政府职能是政府机构设置的根本依据

C. 政府职能转变是行政管理机制和机构改革的关键

D. 政府职能是公共行政的核心内容

笔记

三、政府职能体系

(1)政治职能:军事保卫职能、社会治安职能、民主职能、国际交往职能。

(2)经济职能:收入分配职能、经济稳定与发展职能、资源配置职能、市场管制职能等。

(3)文化职能:发展科技技术的职能、发展教育的职能、发展文化事业的职能、发展体育职能。

(4)社会职能:社会福利职能、社会救济职能、社会保险职能、环境保护职能、社会服务职能、卫生职能。

四、转变政府职能

政府职能的外部转移;政府职能的系统转移;行政管理方式的转变。

政府职能转变的关键是政企分开。

考点二 政府机构改革

一、机构编制工作

我国的机构编制工作采取“统一领导,分级管理”的领导体制。

主要任务是:职能管理、机构管理、人员管理。

机构编制三定原则:定职能、定机构、定人员编制。

二、政府机构改革

核心提示:政府机构改革的关键是转变政府职能。

思维导图

(请登录“追求卓越官网 www.365zhuoyue.com”免费下载)

专项训练

一、单项选择题

1. 不属于现代政府行政职能的特点的是(　　)。

A. 不断提升社会服务职能,由“管制”型政府向“服务”型政府转变

B. 行政职能日益社会化,由“全能”型政府向“有限”型政府转变

C. 行政管理日益法治化,由“人治”型政府向“法治”型政府转变

D. 中央政府作用加大,由“放权”型政府向“集权”型政府转变

2. 转变政府职能是当前我国行政管理体制改革的核心内容和根本途径。某区政府下列行为不符合转变政府职能要求的是(　　)。

A. 为美化市容强制要求拆除居民住宅防盗窗

B. 实现与下属企业的管理权脱钩并推进股份制改造

笔记

C. 社会政府基金支持各种形式的社会养老机构建设

D. 出台扶持政策为民办中小学的发展创造良好环境

二、多项选择题

1. 从现代社会和各国政府行政实践来看，政府的基本职能可以分为(　　)。

A. 政治职能　　B. 文化职能

C. 社会职能　　D. 协调职能

E. 经济职能

2. 政企分开后，政府职能主要有(　　)。

A. 自主经营，自负盈亏

B. 统筹规划，掌握政策

C. 信息引导，组织协调

D. 提供服务，检查监督

三、判断题

1. 转变政府职能是行政管理体制和机构改革的关键。　(　　)

2. 改善收入分配属于政府的经济职能。　(　　)

第十二讲　国家公务员制度

考点一　公务员的含义

公务员是指依法履行公职、纳入国家行政编制、由国家财政负担工资福利的工作人员。公务员是干部队伍的重要组成部分，是社会主义事业的中坚力量，是人民的公仆。

考点二　公务员的任用

坚持德才兼备、以德为先，坚持五湖四海、任人唯贤，坚持事业为上、公道正派，突出政治标准，注重工作实绩。

考点三　不得录用为公务员的情况

(1)因犯罪受过刑事处罚的。

(2)被开除中国共产党党籍的。

(3)被开除公职的。

(4)被依法列为失信联合惩戒对象的。

(5)有法律规定不得录用为公务员的其他情形的。

笔记

考点四 公务员的考核

(1)公务员的考核应当按照管理权限,全面考核公务员的德、能、勤、绩、廉,重点考核政治素质和工作实绩。考核指标根据不同职位类别、不同层级机关分别设置。

(2)公务员的考核分为平时考核、专项考核和定期考核等方式。

考点五 公务员处分的种类

行政处分的种类有警告、记过、记大过、降级、撤职、开除共六种。

公务员在受处分期间不得晋升职务、职级和级别,其中受记过、记大过、降级、撤职处分的,不得晋升工资档次。受处分的期间为:警告,6 个月;记过,12 个月;记大过,18 个月;降级、撤职,24 个月。受撤职处分的,按照规定降低级别。

考点六 公务员辞退制度

公务员有下列情形之一的,予以辞退:①在年度考核中,连续两年被确定为不称职的;②不胜任现职工作,又不接受其他安排的;③因所在机关调整、撤销、合并或者缩减编制员额需要调整工作,本人拒绝合理安排的;④不履行公务员义务,不遵守法律和公务员纪律,经教育仍无转变,不适合继续在机关工作,又不宜给予开除处分的;⑤旷工或者因公外出、请假期满无正当理由逾期不归连续超过 15 天,或者一年内累计超过 30 天的。

考点练习

【例题 1】(单选)根据我国公务员法的规定,下列情形会导致公务员被辞退的是(　　)。

A. 不能胜任现职工作,又不接受其他安排

B. 连续旷工 10 天

C. 在年度考核中,首次被确定为不称职

D. 因公致残,被确认丧失工作能力

【例题 2】(判断)我国公务员制度规定,公务员旷工或无正当理由逾期不归连续超过 10 天的,予以辞退。　　(　　)

考点七 公务员的回避

1. 公务员的回避包括任职回避、公务回避和地域回避。

(1)公务员之间有夫妻关系、直系血亲关系、三代以内旁系血亲关系以及近姻亲关系的,不得在同一机关双方直接隶属于同一领导人员的职位或者有直接上下级领导关系的

笔记

职位工作，也不得在其中一方担任领导职务的机关从事组织、人事、纪检、监察、审计和财务工作。

(2)公务员不得在其配偶、子女及其配偶经营的企业、营利性组织的行业监管或者主管部门担任领导成员。

2. 公务回避是指公务员在执行公务时，遇到涉及本人利害关系等法定情形时，为避免影响正当履行公务而进行的回避。主要包括如下方面：

(1)涉及本人利害关系的；

(2)涉及与本人有亲属关系人员的利害关系的；

(3)其他可能影响公正执行公务的。

3. 地域回避是指担任一定职务的公务员，为了公正履行职务，不得在亲属比较集中的原籍地、出生地、成长地任职。需要实行地域回避的公务员，包括乡级机关、县级机关、设区的市级机关及其有关部门主要领导职务的，应当按照有关规定实行地域回避。

第八篇

计算机应用基础

命题趋势

从2016年至2019年公共基础知识考试内容来看，计算机应用基础部分的考试内容主要以计算机病毒的理论为主，适当穿插最基本的Office知识，所占分值较少，但是学以致用是此部分命题最基本的出发点，这种特点在2020年考试中体现得非常明显，而且题量较多，题型也从以单项选择题为主变成了包括单项选择题、多项选择题、判断题。

在2021年的考试中，由于出现了大量的常识类及时政类考试，各科目所占比例下降，因此计算机试题的分值也不多，考生需要对这一特点变化加以注意。

预计2022年，计算机应用基础部分主要以考查5G、物联网、人工智能为主，并且有可能出现比较新颖的科普常识题目。

核心考点

计算机应用基础考试考点包括：计算机基础概念、操作系统常识、计算机网络、Office办公软件。重点是软硬件概念，计算机安全常识，数制转换，计算机应用领域；操作系统文件概念与操作，操作系统功能与分类，网络的基本功能与分类，网络系统组成，IP地址与域名，网络的基本服务；Office办公软件常用的文档操作，排版与打印；电子表格的制作与公式计算，图表的生成与常用排序、筛选、分类、汇总等核心功能使用；演示文稿的设计、布局、动画效果的实现与放映。

备考方法

对于计算机应用基础知识的学习：一是概念要精准，可对比着理解、记忆；二是对名称或作用相近的概念，应清晰把握区别；三是对常用与实用的办公软件功能要掌握并熟练地使用；四是计算机中习惯用特定简称表述某项技术，要掌握常用与有用的英文名称；五是做题时，一定学会先根据题干来判断考点是什么，然后根据所学知识对选项进行排除，最终选出正确选项；六是学习Office系统软件时要做到理论和实际操作相结合，切实理解其功能与操作方式。

计算机要考得好，概念是第一，强化练习是第二，对比分析是关键。

笔记

笔记

第一讲　计算机的基础知识

考点一　计算机发展

世界上第一台电子数字式计算机于 1946 年 2 月 14 日在美国宾夕法尼亚大学正式投入运行，它的名称叫 ENIAC(埃尼阿克)，所使用电子元件为电子管。

电子计算机向以下四个方面发展：巨型化、微型化、网络化、人工智能化。计算机发展四代：电子管、晶体管、中小规模集成电路、大规模超大规模集成电路。

考点二　计算机分类

按工作原理分类：数字电子计算机、模拟电子计算机。

按规模分类：巨型机(超级计算机)、大型机、中型机、小型机、微型机。

目前应用、普及最广的计算机属于微型计算机。微型机属于第四代电子计算机产品。

按字长分类：8 位机、16 位机、32 位机、64 位机。

按用途分类：专用计算机和通用计算机。

考点三　应用领域

1. 科学计算

计算机最早应用于计算，计算机的名字也由此而来，如科学研究和工程技术。

2. 数据处理

数据处理，又称为信息处理，也是目前计算机最广泛的应用领域，如办公自动化等。

3. 过程控制

过程控制即自动控制，是指在没有人直接参与的情况下，利用外加的设备或装置，使机器、设备或生产过程的某个工作状态、参数自动地按照预定的规律运行，如集中供暖系统、数控机床、装配流水线、全自动洗衣机、中央空调等。

4. 计算机辅助应用

计算机辅助工程(CAE)、计算机辅助测试(CAT)、计算机辅助制造(CAM)、计算机辅助教学(CAI)、计算机辅助设计(CAD)。

5. 人工智能

人工智能方面的应用是计算机应用研究最前沿的学科，主要有图像识别、语音输入、专家系统、医疗诊断、定理证明、无人驾驶、人机对弈、自动泊车、机器翻译等。

6. 电子商务

中国的电子商务起源于 1990 年，在 1993 年正式运行。

电子商务的营销模式包括：B to B、B to C、C to C、O to O。

笔记

考点四 发展趋势

巨型化、微型化、网络化、人工智能化、多媒体化。

考点五 计算机新技术

计算机的新技术涉及以下术语：

云计算、分布式存储分层、移动云、物联网、虚拟化、移动办公、嵌入式、人工智能、移动互联网、框计算、固态硬盘、自动驾驶、可视化电子地图、5G网络、VR交互式视频、液体活检。

1. 五次信息技术革命

第一次信息技术革命是以语言的产生和应用为特征的。

第二次信息技术革命是以文字、纸张的产生和使用为特征。

第三次信息技术革命是以印刷术的发明为特征。

第四次信息技术革命是以电信传播技术的发明为特征的。

第五次信息技术革命是以电子计算机和通信卫星的出现为特征的。

2. 新型计算机

新型计算机有量子计算机、生物计算机、纳米计算机、光子计算机、超导计算机等。

量子计算机：以量子状态的原子作为中央处理器，运算速度比奔腾4快10亿倍，可以轻易破解任何安全密码。2020年12月4日，中国科学技术大学宣布该校潘建伟等人成功构建76个光子的量子计算原型机“九章”，求解数学算法高斯玻色取样只需200秒，而目前世界最快的超级计算机要用6亿年。2021年6月28日，高精度、可编程的量子计算平台（祖冲之号），为探索新的多体现象和实现复杂的量子算法，打开了新大门。

生物计算机：用蛋白质制造的电脑芯片，最大特点可实现分布式联想记忆，并在一定程度上模拟人和动物的学习功能。

纳米计算机：最终目标是人类按照自己的意志直接操纵单个原子，制造出具有特定功能的产品。

光子计算机：基本组成部件是集成光路，它的存储量是现代计算机的几万倍，还可以对语言、图形和手势进行识别与合成。

超导计算机：目前制成的超导开关器件的开关速度已达到几皮秒（1皮秒$=10^{-12}$秒）的高水平。这是当今所有电子、半导体、光电器件都无法比拟的，比集成电路要快几百倍。超导计算机运算速度比现在的电子计算机快100倍，而电能消耗仅是电子计算机的千分之一。

3. 物联网(IoT)

三层：应用层、网络层、感知层。

关键技术：传感器技术、RFID标签、嵌入式系统技术、纳米技术。

特征：跟踪、监控、定位。

人工智能+物联网是下一阶段企业竞争的关键。

4. 5G技术

第五代移动通信技术，简称5G，是具有高速率、低时延和大连接特点的新一代宽带移

笔记

动通信技术，是实现人机物互联的网络基础设施。

国际电信联盟(ITU)定义了5G的三大类应用场景，即增强移动宽带、超高可靠低时延通信和海量机器类通信。

5. 二维码技术

二维码又称二维条码，是用某种特定的几何图形按一定规律在平面(二维方向上)分布的、黑白相间的、记录数据符号信息的图形。常见的二维码为QR是近几年来移动设备上流行的一种编码方式，它比传统的条形码能存更多的信息，也能表示更多的数据类型。

分类：矩阵式二维码和堆叠式二维码。

6. 五网及三C

五网：计算机网、电信网、广播电视网、智能电网、物联网。

三C：计算机技术、通信技术、控制技术。

7. 新技术革命

从20世纪40年代末起，开始了以电子计算机、原子能、航天空间技术为标志的第三次科学技术革命。

从20世纪70年代初开始，又出现了以微电子技术、生物工程技术、新型材料技术为标志的新技术革命。

目前，国际上公认的并列入21世纪重点研究开发的高新技术领域，包括信息技术、生物技术、新材料技术、新能源技术、空间技术和海洋技术等。

考点练习

【例题1】(2020年单选)下列奖项与所属领域对应正确的是(　　)。

A. 菲尔兹奖——计算机　　B. 图灵奖——数学

C. 普利策奖——新闻　　D. 阿贝尔奖——护理学

【例题2】(2019年单选)下列智慧城市四个层次要素中，哪一个是支撑城市更加"智慧"的关键？(　　)

A. 物联感知层　　B. 网络通信层

C. 智慧应用层　　D. 数据及服务支撑层

【例题3】(2019年单选)2017年6月19日，全球超级计算大会公布的第一期超级计算机500强榜单中，由国家并行计算机工程技术研究中心使用中国自主芯片研制的(　　)实现三连冠。

A. 银河二号　　B. 神威·太湖之光

C. 天河二号　　D. 曙光二号

【例题4】(单选)下列选项中，物联网感知层所涉及的代表性技术不包括(　　)。

A. 云计算　　B. 射频识别

C. 传感技术　　D. 智能嵌入技术

【例题5】(单选)下列智慧城市支撑技术中，最受企业关注的是(　　)。

A. SOA技术　　B. 物联网技术

C. 云计算技术　　D. 移动互联网

笔记

【例题 6】(2019 年单选)下列有关 5G 的说法,错误的是(　　)。

A. 5G 比 4G 具有更高的速率、更宽的带宽,可以满足消费者对虚拟现实、超高清视频等更高网络体验的需求

B. 5G 具有更高的可靠性和更低的时延,能够更好地满足自动驾驶、智能制造等行业的应用需求

C. 标准化的 5G 网络预计 2025 年实现商业应用

D. 5G 将渗透到物联网及各种行业领域,与工业设施、医疗仪器、交通工具等深度融合,实现真正的"万物互联"

【例题 7】(单选)物联网就是"物物相连的互联网",下列不属于物联网应用的是(　　)。

A. 商品条形码　　B. 二维码

C. 射频识别(RFID)　　D. 智能制造

【例题 8】(2019 年单选)二维码目前广泛应用于汉字、数字、图片、指纹、声音等信息的存储,下列关于二维码的说法,正确的是(　　)。

A. 中国目前还没有制定二维码的国家标准

B. 扫一扫加关注是目前二维码应用的重要方式

C. 二维码在窗孔无损引起局部损坏时就无法得到视读

D. 扫描二维码可能感染病毒,是因为二维码本身携带病毒

【例题 9】(2020 年单选)下列关于二维码的说法,错误的是(　　)。

A. 可加入加密措施,防伪性好　　B. 具有高精度、应用性广等特点

C. 出现破损后,二维码为失效　　D. 角落里的三个方块有定位作用

【例题 10】(2020 年单选)下列关于不同类型计算机的说法,错误的是(　　)。

A. 超级计算机应用于石油勘测等领域

B. 工作站中有较强的联网功能

C. 台式计算机属于微型机

D. 巨型机多用于大银行

【例题 11】(2020 年单选)关于通信技术,下列说法错误的是(　　)。

A. 第一代移动通信技术只能传输语音流量

B. 第二代移动通信技术只能传输语音流量

C. 第三代移动通信技术能够同时传送声音及数据信息

D. TD－LTE 是由欧盟主导开发的第四代宽带移动通信技术

【例题 12】(2021 年单选)关于载人航天工程,下列说法错误的是(　　)。

A. 神舟五号——是中国第一艘载人飞船

B. 神舟七号——实现了中国人第一次太空漫步

C. 神舟八号——搭载了中国第一位女性宇航员

D. 神舟十一号——创造了中国载人航天飞行最长时间纪录

【例题 13】(2021 年单选)下列有关磁悬浮技术的说法正确的是(　　)。

A. 电磁铁的异性相吸牵引着列车前进　B. 磁悬浮列车始终是与轨道不接触的

C. 同名磁极相互排斥力大可忽略重力　D. 磁悬浮列车速度快且没有任何污染

【例题 14】(2020 年多选)北斗导航系统是中国自行研制的全球卫星导航系统,它能够提供的服务包括(　　)。

A. 高精度定位　B. 高精度导航

C. 授时服务　D. 短报文通信

【例题 15】(2021 年多选) 2021 年 5 月 15 日,我国首次火星探测任务取得圆满成功,关于火星,下列说法正确的有(　　)。

A. 直径是地球的一半　C. 地表被赤铁矿覆盖

B. 大气以氧气为主　D. 是离太阳最近的行星

【例题 16】(多选)由于现代信息社会的三个技术支柱的英文首字母都是"C",所以简称"3C"技术,下列选项中属于"3C"技术的是(　　)。

A. 通信技术　B. 交通技术

C. 计算机技术　D. 控制技术

【例题 17】(2020 年多选)北斗导航系统是中国自行研制的全球卫星导航系统,它能够提供的服务包括(　　)。

A. 高精度定位　B. 高精度导航

C. 授时服务　D. 短报文通信

【例题 18】(2020 年多选)关于中国航天技术,下列说法正确的是(　　)。

A. 已建成酒泉、西昌、太原等航天器发射场

B. 已建立完整的航天测控网

C. 已成功回收"神舟"无人实验飞船

D. 已研制出不同类型的系列运载火箭

【例题 19】(2019 年判断)2019 年,人类历史上首张黑洞照片问世。(　　)

【例题 20】(2021 年判断)2021 年 6 月 17 日,神舟航天员聂海胜、刘伯明、景海鹏先后进入天和核心舱,标志者中国人首次进入自己的空间站。(　　)

第二讲　数制与编码

考点一　计算机单位

计算机内所有的信息均以二进制形式表示,数据的最小单位是位,存储容量的基本单位是字节。

1. 计算机中数据的常用单位

位是度量数据的最小单位,代码只有 0 和 1,采用多个数码表示一个数,其中每一个

数码称为1位(bit)。

笔记

字节是信息组织和存储的基本单位,一个字节由8位二进制数字组成。字节也是计算机体系结构的基本单位。为了便于平衡存储器的大小,统一以字节(Byte,B)为单位。

单位	名称	含义	说明
KB	千字节	1KB=1 024B	适用于文件计量
MB	兆字节	1MB=1 024KB	适用于内存、软盘、光盘计量
GB	吉字节	1GB=1 024MB	适用于硬盘计量
TB	太字节	1TB=1 024GB	适用于硬盘计量

2. 字长

人们通常将计算机一次能够并行处理的二进制数的位数称为字长,也称为计算机的一个"字"。字长是计算机的一个重要指标,直接反映一台计算机的计算能力和精度,字长越长,说明计算机的数据处理速度越快。计算机的字长通常是字节的整倍数,如8位、16位、32位,发展到今天,微型机已达到64位,大型机已达128位。

考点二 中西文编码

1. 西文编码

用以表示字符的二进制编码称为字符编码。计算机中常用的字符(西文字符)编码有两种:EBCDIC码和ASCII码。

ASCII码是美国信息交换标准代码(American Standard Code for Informafion Interchange)的缩写,被国际标准化组织指定为国际标准,它有7位码和8位码两种版本。标准ASCII码有128个,扩展ASCII码有256个

ASCII码中,码值由小到大的排列顺序:空格字符、数字符、大写英文字母、小写英文字母。

2. 中文编码

(1)汉字的输入码(外码)。

(2)国标码与区位码(信息交换用汉字编码字符集)。

1980年,我国发布了国家汉字编码标准GB 2312—1980,这种编码称为国标码。

一个汉字所在的区号与位号,简单地组合在一起就构成了该汉字一种外码——"区位码",汉字的区位码是唯一的。

(3)汉字的机内码。

汉字的机内码是供计算机系统内部进行存储、加工处理、传输统一使用的代码,简称机内码。每个汉字机内码长度为2字节。

(4)汉字的字形码。

汉字字形码,又称汉字字模,用于汉字的显示和打印。

汉字字形点阵有16×16点阵、24×24点阵、32×32点阵、64×64点阵、96×96点阵、128×128点阵、256×256点阵等。Windows中的TrueType属于汉字矢量表示形式。

考点三 数制转换

二进制数:B,逢2进1,用0、1的数表达,比如,10110B或$(10110)_2$。

八进制数:O,逢8进1,用0~7的数表达,比如,345O或$(345)_8$。

笔记

十进制数:D,逢10进1,用0～9的数表达,比如,196D或$(196)_{10}$。

十六进制数:H,逢16进1,用0～9和A、B、C、D、E、F字母表示,比如,1ABH或$(1AB)_{16}$。

十进制与二进制的转换:除2逆取余。

考点练习

【例题1】(单选)将二进制数00101101转换为十进制数应该是(　　)。

A. 48　　B. 47　　C. 45　　D. 46

【例题2】(单选)将十进制数169的整数转化为二进制整数为(　　)。

A. 10101001　　B. 10011010　　C. 10010110　　D. 10100110

【例题3】(单选)在计算机内,一切信息的存取、传输和加工都是以(　　)形式进行的。

A. ASCII码　　B. 二进制码　　C. 十六进制　　D. BCD码

【例题4】(单选)1 024个32×32点阵的汉字约占磁盘空间(　　)K。

A. 32　　B. 64　　C. 128　　D. 256

【例题5】(单选)假设甲电脑使用的是32位Windows 7操作系统,乙使用的是64位Windows 7操作系统,下列关于甲、乙两台电脑的说法,正确的是(　　)。

A. 乙电脑的数据处理性能一定比甲电脑好

B. 某软件安装程序有可能只能在乙电脑运行,而不能在甲电脑运行

C. 甲电脑可能管理的内存容量不超过3.25GB,乙电脑无限制

D. 甲乙两台电脑不能通过聊天软件进行聊天

【例题6】(2020年判断)计算机中的某些特殊信息不能用二进制数据形式来表示。(　　)

第三讲　计算机系统的基本组成

- 计算机系统
  - 硬件系统
    - 主机
      - CPU
        - 运算器：算术运算+逻辑运算
        - 控制器：协调计算机各部件一致的工作
      - 内存
        - RAM（主存）：断电后信息丢失
        - ROM（固化）：断电后信息不丢失
    - 外部设备
      - 输入设备：键盘、鼠标、扫描仪
      - 输出设备：显示器、打印机、绘图仪
      - 外存储器：光盘、硬盘、可移动磁盘
  - 软件系统
    - 系统软件：DOS、Windows、UNIX、Linux
    - 应用软件：Word、腾讯QQ、酷狗音乐等

笔记

考点一 内存储器

1. 存储容量

位(bit,简写为 bit):一位二进制数,即 0 或 1。

字节(Byte,简写为 B):1B=8bit。

存储容量:度量存储容量的基本单位是字节(Byte)。

地址:内存分成若干个存储单元,标识每个单元的唯一编号称为内存地址,简称地址。

2. 内存储器

内存储器分为随机存储器(RAM)和只读存储器(ROM)两类。

RAM 特点:存储的信息既可读,又可写。断电后,信息全部丢失。

ROM 特点:存储的信息只能读出,不能写入。断电后,信息也不丢失。

高速缓冲存储器(CACHE):在计算机存储系统的层次结构中,介于中央处理器和主存储器之间的高速小容量存储器。由 SRAM 构成,一般在 CPU 内部,属于内存。

3. 外存储器

外存特点:存储容量大、价格较低。断电后,信息可以长期保存。

常用外存:硬盘、U 盘、移动硬盘和光盘。

考点二 中央处理器(CPU)

中央处理器包括运算器(ALU)、控制器(CU)、寄存器、程序计数器(PC)和高速缓冲存储器。

ALU 算术逻辑单元,执行算术与逻辑运算。CU 控制单元,负责控制 CPU 的各个部件协调一致的工作。计算机的性能指标主要由 CPU 性能指标决定。

计算机能自动执行,关键是 CPU 知道下一条要执行的指令存放在哪里。程序计数器(PC)又称为指令计数器,PC 永远指向下一条即将执行指令的地址。

考点三 总线与分类

总线(Bus)是计算机传输数据的公共通道,分为地址总线、数据总线和控制总线。数据总线、控制总线是双向的,地址总线是单向的。

考点四 计算机主要技术指标

字长:一次能并行处理的二进制位的个数。字长总是 8 的整数倍,如 16、32、64 位等。字长越长,则计算机的运算精度就越高;作为存储指令,字长越长,则计算机的处理能力就越强。

笔记

时钟频率：计算机中 CPU 的时钟周期，单位是 GHZ。

运算速度：计算机每秒所能执行加法指令的条数。单位是 MIPS(百万条指令每秒)。

存储容量：主要指内存容量，存储容量越大，软件运行越快。

存储周期：对存储器进行连续存储操作所允许的最短时间间隔，衡量存取速度。

考点练习

【例题 1】(2020 年单选)下列关于计算机的说法，正确的是(　　)。

A. 计算机用硬件实现的功能不能用软件实现

B. 莫尔斯电码是计算机最早使用的编码方式

C. 硬盘是电脑的主存储器

D. 目前广泛使用的个人计算机是第四代计算机

【例题 2】(2020 年多选)中央处理器主要由下列哪两部分组成？(　　)

A. 运算器　　B. 控制器

C. 输入设备　　D. 显示器

第四讲　软　件

1. 系统软件

系统软件分为操作系统、语言处理系统、服务程序和数据库管理系统四大类别。

2. 应用软件

应用软件可分为通用软件和专用软件两类。

常用的应用软件主要有办公软件(如 WPS、Microsoft Office 等)、多媒体处理软件、Internet 工具软件、财务软件、绘图软件(如 Photoshop)等。

3. 编译系统

一条指令包括操作码和操作数(指令码和地址码)两部分。程序就是一组计算机指令序列。

程序设计语言通常分为以下三种。

(1)机器语言：是计算唯一能够识别并直接执行的语言。

(2)汇编语言：符号化了的机器语言，必须把汇编语言源程序翻译成机器语言程序，才能被执行。

(3)高级语言：高级语言主要是相对于汇编语言而言的，它接近于自然语言和数学公式的编程，基本脱离了机器的硬件系统，具有良好的移植性和重用率。

一个高级语言源程序必须翻译成机器语言程序，才可以被计算机执行。

对于高级语言来说，翻译的方法有两种：解释和编译(“编译”和“链接”)。

高级语言编写的程序——源程序。

机器语言编写的程序——目标程序。

将源程序转换成目标程序的程序——编译程序。

对源程序中的语句翻译一条执行一条——解释程序。

常用的高级语言：BASIC、FORTRAN、PASCAL、C、C++、Java、C#等。

笔记

考点练习

【例题 1】（单选）在计算机中表示存储容量时，下列描述正确的是（　　）。

A. 1KB=1 024MB　　B. 1KB=1 000B

C. 1MB=1 024KB　　D. 1MB=1 024GB

【例题 2】（单选）下列计算机存储容量单位的关系错误的是（　　）。

A. 1byte=1 024bit　　B. 1 KB=1 024B

C. 1 MB=1 024KB　　D. 1 GB=1 024MB

第五讲　多媒体技术

考点一　多媒体

多媒体是指能够同时对两种或两种以上的媒体进行采集、操作、编辑、存储等综合处理的技术。它的实质就是将以各种形式存在的媒体信息数字化，用计算机对其进行组织加工，并以友好的形式交互地提供给用户使用。

与传统媒体相比，多媒体具有集成性、控制性、非线性、交互性、互动性、实时性、信息使用的方便性、信息结构的动态性等特点。其中，集成性和交互性是多媒体的精髓所在。具体表现在以下五个方面。

感觉媒体：指直接作用于于人的感觉器官，从而使人产生直接感觉的媒体。如文字、数据、声音、图像、动画、视频等，人们所说的媒体，一般指的都是感觉媒体。

表示媒体：指为了传输感觉媒体而人为研究出来的媒体，借助于此种媒体，能有效地存储感觉媒体或将感觉媒体从一个地方传送到另一个地方。如语言编码、电报码、条形码等。

表现媒体：指用于通信中使电信号和感觉媒体之间产生转换用的媒体。如输入输出设备，包括键盘、鼠标、显示器、打印机等。

存储媒体：指用于存放表示媒体的媒体，如纸张、磁盘、SDK 等。

传输媒体：指用于传输某种媒体的物理媒体，如双绞线、电缆、光纤等。

考点二　多媒体数字化

在计算机和通信领域，最基本的三种媒体是声音、图像和文本。

模拟信号转成数字信号的三个过程是：采样、量化、编码。

笔记

第六讲　操作系统及 Windows 基础

考点一　Windows 概述

1. 操作系统

(1)操作系统(简称 OS)概述

操作系统是管理和控制计算机硬件与软件资源的计算机程序;是直接运行在“裸机”上的最基本的系统软件,任何其他软件都必须在操作系统的支持下才能运行;为用户提供交互操作界面。

目前微机上常见的操作系统有 DOS、UNIX、Linux、Windows 等。

(2)操作系统功能

一个操作系统应包括五大功能模块:处理器管理、作业管理、存储器管理、设备管理和文件管理。

2. Windows 基础

Windows 7 有 6 种版本:初级版、家族普通版、家庭高级版、专业版、企业版、旗舰版。

Windows 7 的磁盘格式必须为 NTFS。

考点二　Windows 操作

1. 文件的操作

(1)文件的命名

①文件名最长不能超过 255 个西文字符及 127 个汉字。

②文件名不区分大小写。

③同一路径下,不允许文件及文件夹重名。

④不能出现 9 字符:\ / * ? < > : " |

(2)文件的查找

*:通配 0 个或多个字符。

?:通配 0 个或 1 个字符。

(3)文件的属性

存档、只读、隐藏、系统。

(4)文件的选取

单选、多选(连续:Shift 不连续:Ctrl)、全选、反选(编辑菜单)。

(5)文件的重命名、复制、移动、删除

同一磁盘的拖动是移动,若要复制,必须 Ctrl。

不同磁盘的拖动是复制,若要移动,必须 Shift。

2. 窗口的操作

(1)窗口的最大/最小/还原/关闭/扩缩。

(2)窗口的切换。

(3)窗口的排列:有层叠、堆叠、并排显示三种。

3. 输入法的操作

Ctrl+Space:中英文的切换。

Ctrl+.:中英文标点的切换。

Shift+Space:全半角的切换。

Ctrl+Shift:各种输入法的切换。

4. 菜单约定

菜单字母键: Alt+字母键。

长划线:对菜单分组。

三角箭头:弹出下一级子菜单。

实心圆点:单选。

对钩:复选。

...:表示弹出一个对话框。

5. 快捷方式

快捷方式是 Windows 提供的一种快速启动程序、打开文件或文件夹的方法;扩展名为 lnk。

常用创建快捷方式的方法。

(1)右键点击选中任意一个软件,显示快捷菜单后,点击[发送到]—[桌面快捷方式]。

(2)右键点击选中任意一个软件,显示快捷菜单后,点击[复制]。到目的文件夹后,右键单击,选择粘贴快捷方式。

(3)按住 ALT 键鼠标拖动。

(4)在资源管理器或我的电脑中,选择文件菜单创建快捷方式。

6. 文件的格式

常用文件类型及其扩展名:

文字	.txt	.doc	.html	.pdf 等	
图形图像	.jpg	.gif	.bmp	.png	.psd 等
动画	.gif	.swf 等			
音频	.wav	.mp3	.midi 等		
视频	.avi	.mpg	.mov	.rm 等	
压缩文件	.rar	.zip 等			
镜像文件	.iso	.gho 等			
备份文件	.bak				

7. Windows 常用快捷键

Ctrl+A:全选。

Ctrl+C:复制。

Ctrl+V:粘贴。

Ctrl+X:剪切。

F2 键:文件与文件夹的重命名。

中英文输入法切换:Ctrl+Space。

多种输入法切换:Ctrl+Shift。

全角和半角切换:Shift+Space。

笔记

笔记

中英文标点切换：Ctrl+.。

窗口切换：Alt+Tab。

关闭窗口：Alt+F4。

复制活动窗口：Alt+PrintScreen。

Win+M：最小化所有被打开的窗口。

Win+R：打开“运行”对话框。

任务管理器的打开：Ctrl+Alt+Del。

窗口顺序切换：Alt+Esc。

抓屏：PrintScreen。

Win+D：显示桌面。

Win+E：打开资源管理器。

F10：激活当前程序中的菜单条。

考点练习

【例题1】(单选)下列各种文件格式中，属于无格式文本文件的扩展名的是(　　)。

A. .dot　　B. .txt

C. .doc　　D. .rtf

【例题2】(单选)计算机操作系统的主要功能是(　　)。

A. 管理计算机系统的软硬件资源，以充分发挥计算机资源的效率，并为其他软件提供良好的运行环境

B. 把高级程序设计语言和汇编语言编写的程序翻译到计算机硬件可以直接执行的目标程序，为用户提供良好的软件开发环境

C. 对各类计算机文件进行有效的管理，并提交计算机硬件高效处理

D. 为用户提供方便地操作和使用计算机的方法

【例题3】(单选)在 Windows 7 操作系统下，采用 WinRAR 文件压缩分别对下列文件压缩，通常压缩率最高的是(　　)。

A. 文本文件　　B. JSP 图形文件

C. MP4 视频文件　　D. 应用程序安装文件

【例题4】(2020 年单选)下列哪一个文件格式不属于文本？(　　)

A. .txt　　B. .pdf

C. .html　　D. .gif

【例题5】(2021 年单选)备份文件的扩展名正确的是(　　)。

A. com　　B. bat

C. exe　　D. bak

【例题6】(2021 年单选)关于计算机 Windows 系统下的文件管理，下列说法正确的是(　　)。

A. 文件夹中可以再放置文件夹

B. PSD 是一种影像视频里文件

C. 从一个文件夹中可以有多个同名且不同类型的文件

D. 删除快捷方式不会影响这样的软件

【例题7】(多选)下列 Windows 文件命名，不合法的是(　　)。

A. 2022 + 三支一扶

B. 2022 - 特岗教育

C. 2022 * 事业单位

D. 2022 / 国家公务员

第七讲 计算机网络与病毒

笔记

考点一 计算机网络概述

指把分布在不同地理位置的相互独立的计算机，按照一定的网络协议连接起来，以达到资源共享和通信的目的。

计算机网络，按照覆盖面积分为：①局域网：LAN；②城域网：MAN；③广域网：WAN。

考点练习

【例题 1】（判断）无线局域网利用射频技术，使用电磁波，在空中进行通信连接。（ ）

考点二 计算机网络体系结构

1. 拓扑结构

网络拓扑结构，主要有以下五种：①星状拓扑结构；②环状拓扑结构；③树状拓扑结构；④网状拓扑结构；⑤总线型拓扑结构。

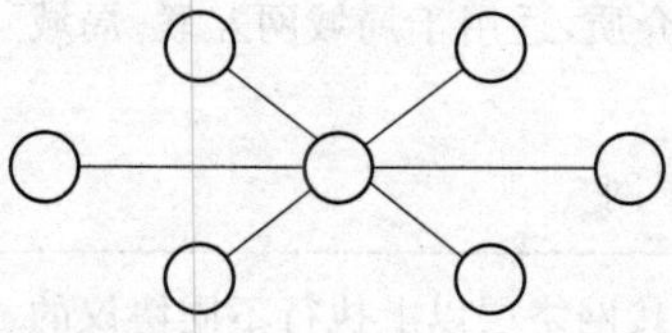

星状结构

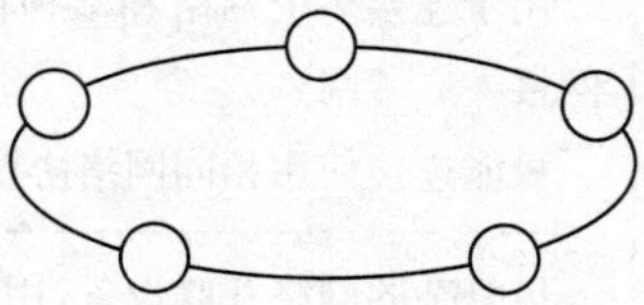

环状结构

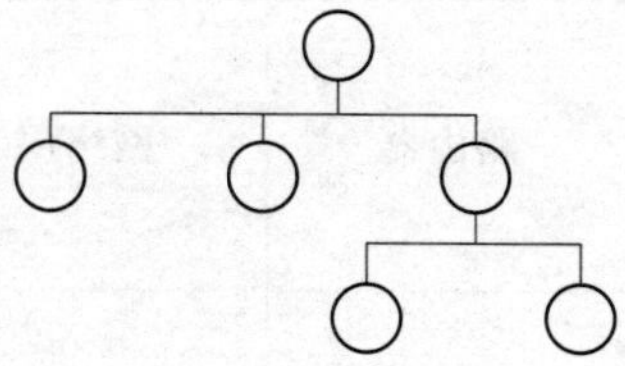

树状结构

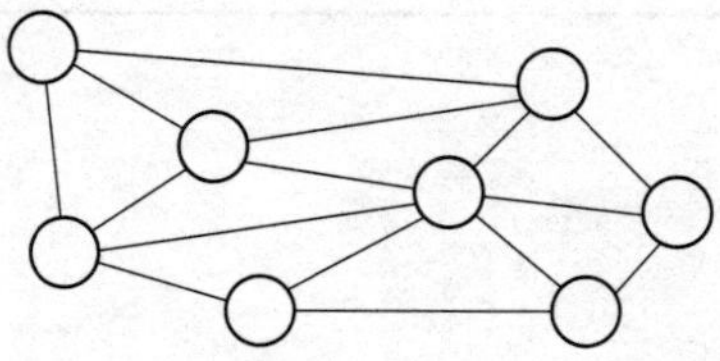

网状结构

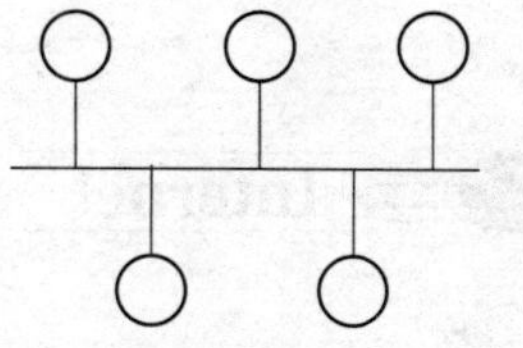

总线型结构

2. 参考模型

由于提供网络硬件设备的厂商很多，不同的硬件设备如何统一划分层次，并且能够保证通信双方对数据的传输理解一致，这需要通过单独的网络软件——通信协议来实现。

OSI 参考模型一共有七层，分别是：物理层、数据链路层、网络层、传输层、会话层、表示层、应用层。

通信协议就是通信双方都必须要遵守的通信规则，是一种约定。计算机网络中的协

笔记

议非常复杂，TCP/IP协议是当前最流行的商业化协议，被公认为是当前的工业标准或事实标准。TCP/IP参考模型将计算机网络划分为以下四个层次。

(1)应用层(Application Layer)

(2)传输层(Transport Layer)

(3)互联层(Internet Layer)

(4)主机至网络层(Host-to-Network Layer)

网络协议三要素：语法、语义、时序。

3. 网络传输介质及网络设备

常见网络传输介质分为无线和有线两种。

有线传输介质有 ：同轴电缆(包括粗缆和细缆)、细缆、双绞线及光纤。

无线传输介质有：电磁波、微波、红外线、激光。

互联设备	工作层次	主要功能
调制解调器	物理层	实现数字信号与模拟信号的转换
中继器	物理层	中继器的作用：信号整形、放大
集线器	物理层	多端口的中继器
网桥	数据链路层	过滤和转发功能，因此能起到网络的隔离作用，它能连接各种不同传输介质的网络 只能够连接相同MAC层的网络
二层交换机	数据链路层	指传统的交换机，多端口网桥
三层交换机(路由器)	网络层	带路由功能的交换机
路由器	网络层	用于连接多个网络和多种传输介质，适用于局域网互联；局域网接入广域网 只能连接使用相同网络协议的子网
网关	高层(第4～7层)	最复杂的网络互联设备，用户连接网络层以上执行不同协议的子网 网关的重要特点是具有协议转换功能

考点三 Internet

1. Internet发展史

1969年美国国防部创建了第一个分组交换网ARPANET，被认为是最早出现的计算机网络。

Internet的特点：开放性、平等性、技术通用性、广泛性。

Internet提供的典型服务：万维网(WWW)服务；电子邮件(E-mail)服务；文件传输(FTP)服务；远程登录(Telnet)服务；搜索引擎服务。下面重点介绍一下万维网(WWW)服务的相关知识。

万维网的内核部分是由三个标准构成:URL/HTTP/HTML。

万维网所用协议为:http(超文本传输协议),https(超文本传输安全协议)。

Web页面:采用html(超文本标记语言)编写。

2. IP地址

IP地址,又称为网络逻辑地址。按照其发展历史,主要分为以下两个版本。

IPv4,是互联网协议(Internet Protocol,IP)的第四版,全球唯一。占4个字节32位,一般用点分十进制格式来表示,比如,200.63.45.189。

IPv6,是用于替代现行版本IP协议(IPv4)的下一代IP协议,IPv6的地址长度为128位,采用十六进制表示,比如,21DA:0000:0000:0000:02AA:000F:FE08:9C5A。

IP地址可分为A类、B类、C类、D类网五类。以下为其判断依据。

(1)A类:0到127。

(2)B类:128到191。

(3)C类:192到223。

(4)D类和E类:D类组播地址,E类组留作特殊用途。

MAC地址,又称硬件地址或物理地址,是由6字节48位数组成,比如,AE—08—16—DC—95—B7。

3. 电子邮件

电子邮件发送协议:SMTP(简单邮件传输协议)。

电子邮件的接收协议:POP3(邮局协议),IMAP(交互邮件访问协议)。

电子邮件地址格式为:用户名@主机名。

4. 域名

(1)八大域名

.com 商业网站　.net 网络机构　.int 互联机构　.edu 教育网站

.mil 军事网站　.gov 政府网站　.org 组织机构　.ac 科研网站

(2)DNS

DNS为域名解析服务器,通常称域名解析,是实现域名与IP地址的转换关系。

IP与域名的关系是一对多的关系,一个域名只能对应一个IP地址,但是一个IP可以有多个不同的域名。通常情况下,一个域名同一时刻只能对应一个IP地址。

5. 其他

即时通信:是基于网络的一种新兴应用,它最基本的特征就是信息的即时传递和用户的交互性,并可将音频、视频、文件传输及网络聊天等业务集成为一体。常用的即时通信软件有QQ、微信、钉钉、CCTalk、虎牙等。

电子商务:指利用网络通信技术进行的商业活动。电子商务的营销模式主要有B to B、B to C、C to C和O to O等。

电子政务:指借助于数字网络技术和相关软件技术处理与政府有关的公开事务、内部事务的综合系统。

考点四 计算机病毒

计算机病毒,是指编制或者在计算机程序中插入的破坏计算机功能或者破坏数据,影

笔记

笔记

响计算机使用并且能够自我复制的一组计算机指令或者程序代码。

计算机病毒主要通过移动存储介质(如U盘、移动硬盘等)和计算机网络两大途径进行传播。

计算机病毒的特点如下:①寄生性;②破坏性;③潜伏性;④隐蔽性。

计算机病毒按寄生场所不同,分为文件型病毒和引导型病毒。

计算机病毒按破坏程度不同,分为良性病毒和恶性病毒。

考点练习

【例题2】(单选)计算机病毒是一个在计算机内部或系统之间进行自我繁殖和扩散的(　　)。

A. 文档文件　　B. 机器部件

C. 微生物病毒　　D. 程序

【例题3】(2019年单选)我们通常所说的计算机病毒来源于(　　)。

A. 用户计算机硬件故障

B. 计算机系统软件错误

C. 人为制造的一组计算机指令或者程序代码

D. 某种类型的致病微生物

【例题4】(单选)指出下面的IP地址中,哪个是C类地址?(　　)

A. 127.19.0.23　　B. 193.0.25.37

C. 225.21.0.11　　D. 170.23.0.1

【例题5】(单选)局域网络的物理拓扑结构可分为(　　)。

A. 星型、环型、树型和路径型

B. 星型、环型、路径型和总线型

C. 星型、环型、局域型和广域型

D. 星型、环型、树型和总线型

【例题6】(单选)OSI模型的最高层、最底层分别是(　　)。

A. 网络层/应用层　　B. 表示层/物理层

C. 应用层/物理层　　D. 传输层/链路层

【例题7】(单选)路由选择是OSI模型中(　　)层的主要功能。

A. 物理　　B. 数据链路

C. 网络　　D. 传输

【例题8】(单选)电子商务中,为了防止黑客攻击服务器所采用的关键技术是(　　)。

A. 防火墙　　B. 备份

C. 加密　　D. 身份识别

【例题9】(2019年判断)支持多设备进行短距离和长距离通信的无线电技术叫作蓝牙技术。(　　)

【例题10】(2018年判断)计算机网络是由负责信息处理全网提供可用资源的资源子网和负责通信的通信子网组成的。(　　)

笔记

第八讲　Office 办公软件

考点一　Word

1. Word 基本概念

Word 2003 扩展名为:. doc。

Word 2010 文件扩展名为:. docx。

Word 的常见视图:普通视图、Web 版式视图、大纲视图、页面视图和阅读版式。

Web 版式视图:最大限度利用屏幕宽度。

大纲视图:层次,可分级显示。

页面视图:默认视图,所见即所得。

阅读版式:阅读和审阅,可使用标注和注释工具。

文本区:双击鼠标选一个词、Ctrl＋鼠标单击选定一句、三击鼠标可以选定 1 个自然段。

选定区:单击鼠标选定一行、双击选定一段、三击选定全文。

选定区按住 Ctrl 键单击鼠标或者按快捷键 Ctrl＋A,可选定全文。

按住 Alt 键用鼠标拖动,可以选定矩形区域。

文档的对齐方式:两端对齐、居中、右对齐、左对齐、分散对齐。

文档的缩进方式:左缩进、右缩进、首行缩进、悬挂缩进。

各种分隔符:分页符、分栏符、分节符等。

2. 基本编辑

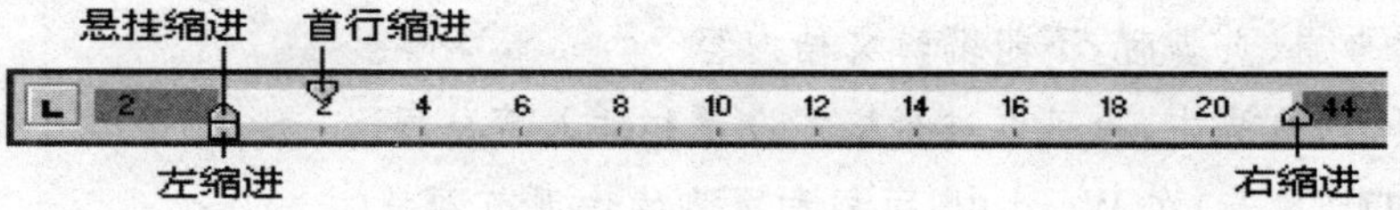

页面设置:

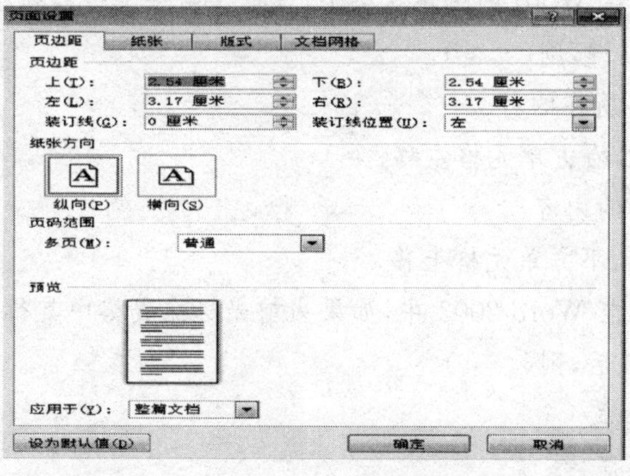

邮件合并功能其实就是 Word 文档与 Excel 等数据库建立关联,相互取长补短。应

笔记

用邮件合并功能可以做的事有很多,比如,打印标签、打印信封、打印考号、打印证件等。

邮件合并功能并不是一定要你发邮件,它的意思是先建立两个文档:一个包括所有文件共有内容的主文档和一个包括变化信息的数据源。然后使用邮件合并功能在主文档中插入变化的信息。合成后的文件,你可以保存为 Word 文档,可以打印出来,也可以以邮件形式发出去。

3. Word 常用快捷键

Ctrl+A(全选)　Ctrl+C(复制)　Ctrl+V(粘贴)　Ctrl+X(剪切)

Ctrl+N(新建文件)　Ctrl+O (打开文件)　Ctrl+S(保存)　Ctrl+P(打印)

Ctrl+Z (撤销功能)　Ctrl+Y(恢复撤销)

· 区分 Ctrl+Enter 和 Shift+Enter。

考点练习

【例题 1】(单选)Word 编辑文档时,所见即所得的视图是(　　)。

A. 普通视图　B. 页面视图

C. 大纲视图　D. Web 视图

【例题 2】(2019 年单选)要把插入点光标快速移到 Word 文档的尾部,应按组合键(　　)。

A. Ctrl+PageUp　B. Ctrl+↓

C. Ctrl+Home　D. Ctrl+End

【例题 3】(单选)关于编辑页眉、页脚,下列叙述中不正确的是(　　)。

A. 文档内容和页眉、页脚可在同一窗口编辑

B. 文档内容和页眉、页脚一起打印

C. 编辑页眉、页脚时,不能编辑文档内容

D. 在页眉、页脚中,也可以进行格式设置和插入剪贴画

【例题 4】(单选)在 Word 中,页眉和页脚的作用范围是(　　)。

A. 全文　B. 节

C. 页　D. 段

【例题 5】(单选)在 Word 的编辑状态下,设置了由多个行和列组成的表格,如果选中一个单元格,再按 Del 键,则(　　)。

A. 删除该单元格所在的行

B. 删除该单元格,右方单元格左移

C. 删除该单元格的内容

D. 删除该单元格,下方单元格上移

【例题 6】(单选)在 Word 2003 中,如果当前光标在表格中某行的最后一个单元格的外框线上,按 Enter 键后,则(　　)。

A. 光标所在行加宽

B. 光标所在列加宽

笔记

C. 在光标所在行下增加一行

D. 对表格不起作用

【例题7】(2019年单选)小王想做宣传海报,他最不该用哪个软件来做海报?(　　)

A. Word　　B. Photoshop

C. PPT　　D. Media Player

【例题8】(单选)将选定格式应用于不同位置的文档内容,应(　　)。

A. 双击“格式刷”按钮

B. 按住Ctrl键,单击“格式刷”按钮

C. 单击“格式刷”按钮

D. 按住Shift键,单击“格式刷”按钮

【例题9】(单选)小王由于工作失误,把多次出现的“李晓娟”全部打成了“李小娟”,要纠正这些错误,要用到Word中的(　　)功能

A. 拼写语法　　B. 自动更正

C. 查找替换　　D. 审阅下的修订

【例题10】(2020年单选)在Word文档中下列快捷键和作用对应错误的是(　　)。

A. Ctrl+A 全选　　B. Ctrl+P 打印

C. Ctrl+F 替换　　D. Ctrl+C 复制

【例题11】(单选)在Word中,对于邀请函、证书、请柬一类的大量内容相同、只是其中个人信息需要根据情况添加的大批量文档,均可使用(　　)来完成。

A. 合并记录　　B. 条件合并

C. 邮件合并　　D. 合并文档

考点二　Excel电子表格

1. 基本概念

Excel 2003的扩展名为:.xls。

Excel 2010的文件扩展名为:.xlsx。

1个工作簿默认______个工作表,最多______个工作表。

Excel 2003　行:______　列:______

Excel 2010　行:______　列:______

一个单元格最多__________个字符。

Alt+Enter:在一个单元格内换行。

&:表示强制连接。

2. 数据的操作

(1)数据的格式

数据格式是数据保存在文件或记录中的编排格式。

笔记

文本：　　　'居左　　　　　拖动:复制 Ctrl

数值：　　　居右（　）　　拖动:复制 Ctrl

★易错点：区分 3/4 =3/4　'3/4　"3/4"　="3/4"　0 3/4

日期：3－5　3/5　居右　　拖动:叠加 Ctrl

★等差/等比数列

(2)数据的选取

Ctrl——不连续。

Shift——连续。

(3)数据的引用

相对引用:单元格引用随公式位置的改变而改变，比如，B3、F4。

绝对引用:单元格引用不随公式位置的改变而改变，比如，B3、F4。

混合引用:单元格引用只有行变或列变，比如，$B3、B$3、$F4、F$4。

(4)数据的查找

可以工作簿，可以工作表，可以行，可以列。

(5)数据排序

无论升还是降空的单元格，永远排在最后。

多字段的排序：Excel 2003 最多有 3 个关键字，Excel 2010 最多有 64 个关键字。

(6)数据运算

数据运算包括算术运算、比较运算、连接运算、引用运算。

(7)数据筛选

数据筛选包括自动筛选和高级筛选。

(8)函数

函数主要包括文本函数、数学函数、日期函数、统计函数等。

考点练习

【例题 12】(单选)某公式中引用了一组单元格，它们是(C3:D6，A2，F2)，该公式引用的单元格总数为（　）。

A. 6　　B. 10　　C. 8　　D. 14

【例题 13】(单选)在 Excel 工作表中，第 D 列第 4 行交叉位置处的单元格的绝对单元格地址应该是（　）。

A. D4　　B. $D4　　C. D4　　D. D$4

【例题 14】(单选)在 Excel 工作表中，已知 D2 单元格的内容为=B2 * C2，当 D2 单元格被复制到 E3 单元格时，E3 单元格的内容为（　）。

A. =B2 * C2　　B. =C2 * D2

C. =B3 * C3　　D. =C3 * D3

【例题 15】(单选)在 Excel 工作表中，在单元格 A2 中输入（　），可使其显示 0.6。

A. 3/5　　B. = 3/5

C. ="3/5"　　D. "3/5"

笔记

【例题 16】(2021 年单选)下列 Excel 函数与功能相对应正确的是(　　)。

A. VLOOKUP—匹配数据　　B. VAR—计算方差

C. MOD—四舍五入，保留小数位数　　D. SQR—计算平方和

【例题 17】(单选)如果我们只需要数据列表中记录的一部分时，可以使用 Excel 工作表提供的(　　)功能。

A. 排序　　B. 自动筛选

C. 分类汇总　　D. 条件格式

【例题 18】(单选)对 Excel 工作表中的数据清单进行(　　)操作时，必须先执行“排序”操作。

A. 合并计算　　B. 筛选

C. 数据透视表　　D. 分类汇总

考点三　PowerPoint 演示文稿

1. 扩展名

PowerPoint 2003 扩展名为：. ppt。

PowerPoint 2010 文件扩展名为：. pptx。

2. 母版

演示文稿包括幻灯片母版、标题母版、讲义母版、备注母版。

3. 幻灯片常用操作

(1)幻灯片包括四种动画效果：进入、强调、退出和动作路径。

(2)幻灯片的切换：设置幻灯片整体的进入方式，也称为换页。

(3)幻灯片切换包括四个方面：切换效果，速度，声音，换片方式。

(4)幻灯片母板包括五种占位符：标题占位符、文本占位符、数字占位符、日期占位符、页脚占位符。

(5)幻灯片的放映。

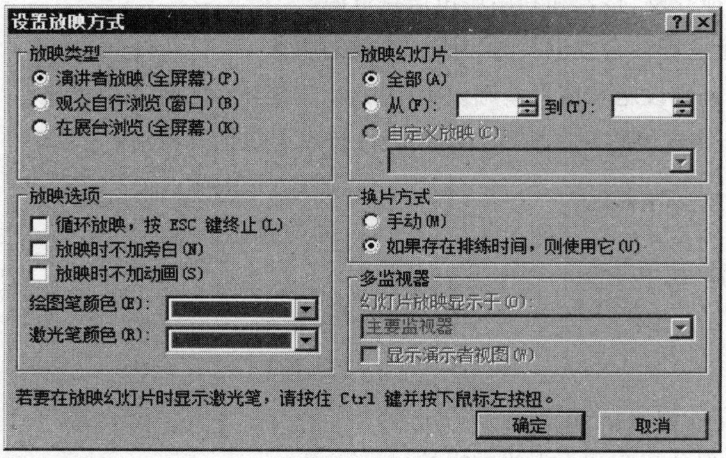

笔记

4. 超链接

超链接是指向特定位置或文件的一种连接方式，可以利用它指定程序的跳转位置。

超链接有效方式：超链接只有在幻灯片放映时才有效。

考点练习

【例题 19】（单选）在（　　）视图中可方便地对幻灯片进行移动、复制、删除等编辑操作。

A. 幻灯片放映　　B. 普通

C. 幻灯片浏览　　D. 以上都不行

【例题 20】（单选）幻灯片间的动画效果应通过“幻灯片放映”菜单的（　　）命令来设置。

A. 幻灯片切换　　B. 动画方案

C. 自定义动画　　D. 动作设置

【例题 21】（单选）PowerPoint 在幻灯片中建立超链接有两种方式：通过把某对象作为“超链接”和（　　）。

A. 文本框　　B. 文本

C. 图片　　D. 动作按钮

综合模考题

一、单项选择题

1. 无人驾驶场景属于对 5G 三大类应用场景网络需求中的哪一种？（　　）

A. 增强移动宽带　　B. 海量大连接

C. 低时延高可靠　　D. 低时延大带宽

2. 智慧城市的主线是（　　）。

A. 在城市各领域，充分运用新一代信息通信技术

B. 最大限度地开发、整合和利用城市信息资源

C. 为居民、企业和社会提供及时、互动、高效的服务

D. 推进实体基础设施和信息基础设施相融合、构建城市智能基础设施

3. 下列选项中，物联网感知层所涉及的代表性技术不包括哪项？（　　）

A. 云计算　　B. 射频识别

C. 传感技术　　D. 智能嵌入技术。

4. 在计算机领域，客观事物的属性表示为（　　）。

A. 数据　　B. 数值

C. 模拟量　　D. 信息

5. 下列关于 5G 的说法，不正确的是（　　）。

A. 支撑无人驾驶汽车和无人机的操控

B. 提供充足的网络地址和广阔的创新空间

C. 构建高宽带、低延迟、广覆盖的网络

D. 新波形和新编码是5G新的空口关键技术

6. 硬盘工作时，应特别注意(　　)。

A. 潮湿　　B. 震动

C. 高温　　D. 噪音

7. 在Word编辑状态下，格式刷可以复制(　　)。

A. 段落的格式和内容　　B. 段落和文字的格式和内容

C. 文字的格式和内容　　D. 段落和文字的格式

8. 在Excel 2010中，乘方运算符用(　　)来表示。

A. ＊＊　　B. ^　　C. &　　D. (　　)

二、多项选择题

1. 以下属于计算机输入设备的有(　　)。

A. 键盘　　B. 绘图仪

C. 扫描仪　　D. 数码相机

2. 下列关于矢量图的说法正确的有(　　)。

A. 使用像素值阵列表示的图

B. 用一系列计算机指令描绘的图

C. 放大后的图像不变色、不模糊

D. 图像元素对象可编辑，颜色的边缘顺滑

3. 电子邮件是互联网应用最广的服务，下列描述正确的是(　　)。

A. 收件人地址可以是发件人地址

B. zhenghong_123@263.net是合法的电子邮件格式

C. 用户收发电子邮件必须是实时的

D. 允许用户给收件人发送空邮件

4. 计算机网络中，数据通信的基本技术参数是(　　)。

A. 传输速率　　B. 传输延迟

C. 误码率　　D. 响应时间

5. 当代世界新技术革命的最主要的标志是(　　)。

A. 微电子技术的发明和应用　　B. 生物技术的发展和应用

C. 新能源的发明和应用　　D. 海洋技术的发展和应用

6. 计算机病毒的主要特点包括(　　)。

A. 传染性　　B. 隐蔽性

C. 破坏性　　D. 免疫性

7. 计算机技术发展的趋势是(　　)。

A. 微型化　　B. 巨型化

C. 网络化　　D. 人工智能化

笔记

笔记

三、判断题

1. 裸机是只安装了操作系统、没有安装其他软件的计算机。（ ）
2. 如果系统中安装了多台打印机，只能将一台打印机设置为默认打印机。（ ）
3. Windows7 中桌面的图标都是可以删除的。（ ）
4. 放映幻灯片的时候，只能按照幻灯片页码顺序放映。（ ）
5. 在计算机 RGB 颜色模型中，如果本基色的值都达到最大，将产生白色。（ ）
6. 二维码中的 QR 码属于堆叠式。（ ）

甘肃追求卓越教育简介

天水师院“追求卓越培训班”最早创立于 2009 年 8 月，2015 年 8 月正式成立了“天水追求卓越教育科技有限公司”，开始独立办学。2021 年 9 月更名为“甘肃追求卓越教育科技有限公司”。自成立以来，我们始终坚持以学生为中心，以教师为根本，以教材为关键，以质量为核心，以管理为主线，本着“用爱·责任与品质，追求卓越，成就梦想”的核心价值观，帮助每一个学子成功上岸。

历经 14 年的快速发展，培训学员超过十余万人，仅各县区、各岗位第一名人数就高达上千人，协议班特有的授课模式和较高的通过率，全程跟踪辅导，成为追求卓越教育独特的优势。高品质的系列教材，认真负责的教师团队，精准的预测，贴心的服务和温馨的教学环境，已在广大考生和家长心目中树立了追求卓越良好的口碑，也使追求卓越成为甘肃省享有盛誉的培训机构。

目前开设了公务员、事业单位、三支一扶、西部计划、特岗教师、教师招考、平凉四支、教师资格证、社区招考、人才引进等各类人才招录考试(笔试和面试)培训。同时开设了艺术素养教育、会计资格考试、研究生考试辅导课程。

开设的班型主要有 VIP 协议班、无忧畅学、私人定制优学班、短期智慧课堂和高品质网课等。

追求卓越教育的企业愿景是“打造西部区域化高品质教育机构”；企业使命是“让每一个学员成功上岗”；企业军规是“拒绝负能量、拒绝不成长、拒绝不创新、拒绝说假话”；我们的核心价值是“用爱·责任与品质，追求卓越，成就梦想”！

2022年追求卓越三支一扶、特岗、西部计划（天水校区）培训简章

序号	类型	课程	班型			时间	人数	备注
1	三支一扶 西部计划 特岗教师 兰州事业单位 临夏事业单位 定西事业单位	公共基础	班型①	协议A班	三支一扶、西部计划	1月11日—考前三天	40	提供住宿
					特岗教师	1月11日—考前三天	40	
				协议B班	（系统精讲＋高频考点突破＋强化冲刺＋考前预测）	1月11日开课（阶段学习）	40	提供住宿
			班型②	2022年公基寒假备考超车营		2021年12月15日—1月24日	40	免费提供住宿
			班型③	私人定制优学班	系统精讲班—30天	1月11日—2月25日（1月27日—2月11日春节放假）	40	地址：天水市秦州区上亿广场五楼
						2月18日—3月19日	40	
						3月10日—4月9日	40	
						4月1日—5月1日	40	
						4月15日—5月15日	40	
					高频考点突破班—15天	3月22日—4月4日	40	
					冲刺提高班—18天	5月5日—5月23日	40	地址：天水市秦州区上亿广场五楼
						5月24日—6月8日	40	
						5月29日—6月16日	40	
					考前预测班—5天	6月17日—6月21日	40	
						6月17日—6月21日	40	
					直通班（基础＋冲刺＋预测）—53天	系统精讲阶段4月15日—5月15日	40	地址：天水市秦州区上亿广场五楼
						冲刺提高阶段5月29日—6月16日		
						考前预测班6月17日—6月21日		
			班型④	智慧课堂	系统精讲班（中班）—18天	2月25日—3月14日	好座位提前抢	地址：天水市秦州区上亿广场五楼
						4月8日—4月26日		
					系统精讲极速班—14天	3月25日—4月7日	好座位提前抢	
						4月28日—5月10日		
					直通班（中班基础＋冲刺）—28天 赠送线上考前预测	5月18日—6月17日	80	
					冲刺提高班—10天	5月24日—6月3日		
						6月7日—6月17日		
					考前预测班—4天	6月18日—6月21日		

2022年追求卓越甘肃省省考公务员(天水校区)培训简章

<table>
<tr><th></th><th>班型</th><th>班次</th><th></th><th>课时</th><th></th><th>内容</th><th></th></tr>
<tr><td rowspan="11">省考公务员</td><td rowspan="3">卓越封闭系统精讲班</td><td rowspan="3">一期</td><td rowspan="3">1月15日至2月6日(19天)
2月8日—2月19日(放假)
年后2月20日至3月3日(共23天)</td><td rowspan="3">第一期</td><td>1月15日——1月21日</td><td>言语＋判断</td><td rowspan="8">地址：
天水市
秦州区
上亿广场
士林公馆
五楼</td></tr>
<tr><td>1月22日—1月25日</td><td>数量＋资料</td></tr>
<tr><td>2月10日— 2月20日</td><td>申论(①期)</td></tr>
<tr><td rowspan="5">21省考集训营</td><td rowspan="5">系统精讲＋全真模考</td><td rowspan="4">行测＋申论精讲</td><td rowspan="5">2022年省考集训营</td><td>2月21—2月22日</td><td>公务员时政</td></tr>
<tr><td>2月24日—3月3日</td><td>数量＋资料</td></tr>
<tr><td>3月4日—3月10日</td><td>言语＋判断</td></tr>
<tr><td>3月12日—3月21日</td><td>申论(②期)</td></tr>
<tr><td>①、3月25日至4月5日
(12天考前模考班)</td><td colspan="2">模考＋考题精讲＋晚间答疑</td></tr>
<tr><td colspan="2" rowspan="3">2022年省考</td><td rowspan="3">行测＋申论</td><td rowspan="3">系统精讲直播考</td><td>1月15日—1月21日</td><td>言语＋判断</td><td rowspan="3"></td></tr>
<tr><td>1月22日—1月25日</td><td>数量＋资料</td></tr>
<tr><td>2月12日—2月17日</td><td>申论</td></tr>
</table>

2022年追求卓越“支医”(天水)培训简章

<table>
<tr><th>序号</th><th>类别</th><th>培训内容</th><th>培训班型类别</th><th>班型</th><th>班型</th><th>培训期次</th><th>时间</th><th>人数</th></tr>
<tr><td rowspan="5">2</td><td rowspan="5">三支一扶支医</td><td rowspan="5">医学综合知识</td><td>班型①</td><td>天使圆梦班</td><td>系统精讲＋强化冲刺＋集训</td><td>一期</td><td>3月28日—6月16日</td><td>40</td></tr>
<tr><td rowspan="4">班型②</td><td rowspan="4">医疗无忧班</td><td rowspan="2">系统精讲班</td><td>第一期</td><td>3月28日—4月13日</td><td rowspan="4">40</td></tr>
<tr><td>第二期</td><td>4月26日—5月11日</td></tr>
<tr><td rowspan="2">冲刺提高班</td><td>第一期</td><td>5月15日—5月25日</td></tr>
<tr><td>第二期</td><td>6月6日—6月16日</td></tr>
</table>

2022年甘肃追求卓越线上直播课程计划简章

课程类别	课程	班型	时间	课时	上课模式
三支一扶、特岗、西部计划	公共基础知识	系统精讲班	2月20日	120课时	2022直播课
		强化冲刺班	4月10日	80课时	直播＋录播
		考前预测班	考试前10天	36课时	直播＋录播
支医	医学综合知识	系统精讲班	3月15日	72课时	直播＋录播
特岗（文综/理综）	文综	系统精讲班	3月10日	110课时	直播＋录播
		强化冲刺班	4月5日	64课时	直播＋录播
	理科	系统精讲班	3月10日	110课时	直播＋录播
		强化冲刺班	4月5日	64课时	直播＋录播
天水事业单位	综合岗(A)	系统精讲班	2月	112课时	直播＋录播
		考前预测班	3月	80课时	直播＋录播
	教育岗(D)	系统精讲班	2月	128课时	直播＋录播
		考前预测班	3月	88课时	直播＋录播
2022甘肃省考	行测＋申论	言语＋判断	1月15日—1月21日	申论网课考虑到写作训练，老师直接讲解	直播＋录播
		数量＋资料	1月21日—1月25日		直播＋录播
		申论	2月12日—2月17日		
甘南事业单位	系统精讲	系统精讲班	公共基础	188课时	直播＋录播
		系统精讲班	行测	72课时	直播＋录播

2022年追求卓越甘肃省事业单位考试培训简章

	培训类目	培训班型	培训内容		培训时间	课时
甘肃省事业单位	综合岗（A类）	系统精讲阶段	班型①——直播课	职测	2月25日——3月4日	78课时（980元）
				综合应用	3月5日——3月9日	
			班型②——直播＋面授	职测（直播课）	2月25日——3月4日	职测直播50课时
				综合应用（面授班）	3月16日——3月22日	综合应用面授7天
			班型③——面授课	综合应用（面授班）		
				职测（面授班）	3月24日——4月4日	114课时
				综合应用（面授班）	4月6日——4月12日	
		强化冲刺阶段	班型①——直播精讲＋面授冲刺	职测＋综合应用（直播课）	2月25日——3月9日	78课时＋85课时
				冲刺提高（面授班）	5月6日——5月17日	
			班型②——直通班	系统精讲＋冲刺提高阶段	3月16日——5月17日	200课时
			班型③——直通班	系统精讲＋冲刺提高阶段	3月24日——5月17日	200课时
			班型④——考前冲刺提高班	综合应用＋职测	5月6日——5月17日	85课时
	教育岗（D类）	系统精讲阶段	班型①——直播课	综合应用	2月25日——3月1日	76课时
				职测	3月2日——3月9日	
			班型②——直播＋面授	综合应用（直播课）	2月25日——3月1日	综合应用30课时
				职测（面授班）	3月16日——3月25日	职测面授10天
			班型③——面授课	职测（面授班）		
				综合应用（面授班）	3月26日——4月2日	108课时
				职测（面授班）	4月4日——4月13日	
		强化冲刺阶段	班型①——直播精讲＋面授冲刺	职测＋综合应用（直播课）	2月25日——3月9日	76课时＋85课时
				冲刺提高班（面授）	5月6日——5月17日	
			班型②——直通班	系统精讲＋冲刺提高阶段	3月16日——5月17日	108课时＋85课时
			班型③——直通班	系统精讲＋冲刺提高阶段	3月26日——5月17日	108课时＋85课时
			班型④——考前冲刺提高班	职测＋综合应用	5月6日——5月17日	85课时

2022年追求卓越“特岗教师”(天水校区)培训简章

3	特岗教师	特岗教师文科	文科专业课	系统精讲班	一期	4月10日—4月26日(14天)	60人	
				高分冲刺预测班	一期	5月12日—5月22日(8天)		
			特岗文科直通班	班型①	一期	①公共基础私人定制优学班①/②/③任选一期 ②4月10日—4月26日(文科精讲) ③5月12日—5月22日(文科冲刺预测) ④公共基础私人定制优学冲刺②/③期任选一期	60人	公基优学班根据学员情况任选一期
				班型②	一期	①4月10日—4月26日(文科精讲) ②3月25日—4月7日(公基极速班第一期)或4月28日—5月10日(公基极速班第二期) ③5月12日—5月22日(文科冲刺预测) ④5月24日—6月3日(智慧课堂公基冲刺)	60人	公基极速班根据学员情况任选一期
		特岗教师理科	理科专业课	系统精讲班	一期	4月10日—4月26日(14天)	60人	
				高分冲刺预测班	一期	5月12日—5月22日(8天)		
			特岗理科直通班	班型①	一期	①公共基础私人定制优学班①/②/③任选一期 ②4月10日—4月26日(理科精讲) ③5月12日—5月22日(理科冲刺预测) ④公共基础私人定制优学冲刺②/③期任选一期	60人	公基优学班根据学员情况任选一期
				班型②	一期	①4月10日—4月26日(理科精讲) ②3月25日—4月7日(公基极速班第一期)或4月28日—5月10日(公基极速班第二期) ③5月12日—5月22日(理科冲刺预测) ④5月24日—6月3日(智慧课堂公基冲刺)	60人	公基极速班根据学员情况任选一期
		特岗教师音、体、美	专业课	系统精讲班	一期	4月28日—5月12日(14天)	60人	
				高分冲刺预测班	一期	6月15日—6月23日(8天)		